ATLAS DU MONDE GLOBAL

Nouvelle édition revue et augmentée

Pascal Boniface
Hubert Védrine

Cartographie
Jean-Pierre Magnier

ARMAND COLIN fayard

Les auteurs remercient Jean-Pierre Magnier pour la pertinence et la qualité de sa cartographie.

Pascal Boniface
Hubert Védrine

ISBN : 978-2-200-24832-1

Image de couverture : Getty Images
Conception de la couverture : Atelier Didier Thimonier
Cartographie : Jean-Pierre Magnier
Conception de la maquette intérieure : Yves Tremblay
Mise en pages : Yves Tremblay
Assistants de recherche : Jérémie Lopez et Éléonore Tantardini

De nombreuses cartes des parties 1, 2 et 3 ont été établies en se référant à la projection de J. Bertin. Les cartes de la partie 4 utilisent les projections de J.-P. Magnier. La carte page 6 se réfère à la projection de W. Briesemeister.

Préface

Proposer au lecteur des clefs pour décrypter le monde global, si complexe, dans lequel nous vivons depuis la fin de la guerre froide, ses risques, ses opportunités : telle a été notre ambition dès la première édition de cet atlas en 2008. Elle l'est encore plus dans cette nouvelle version revue – car le monde change – et augmentée.

Informer, expliquer, éclairer sans surcharger, ni saturer ni embrouiller, alerter sans alarmer a été notre souci constant à travers ces 80 cartes et les textes qui les accompagnent.

Contrairement à la période de près d'un demi-siècle de guerre froide, dont la réalité n'était pas contestée, 18 ans après la fin du monde bipolaire il n'y a toujours pas aujourd'hui d'interprétation unanime de la situation du monde. Constitue-t-il déjà une « communauté internationale » où tous partagent les mêmes valeurs universelles ? Ou est-il encore divisé en systèmes de valeurs et de croyances différents, voire antagonistes ? Les affrontements de puissance sont-ils derrière nous ou vont-ils reprendre de plus belle pour des raisons géopolitiques, énergétiques, écologiques, religieuses et autres ? Nous avons voulu présenter au lecteur les différentes thèses pour qu'il se forme sa propre opinion. De même, nous ne nous en sommes pas tenus à l'occidentalo- ou à l'européo-centrisme habituels, qui empêchent souvent de voir et de prendre conscience des bouleversements en cours du monde. Même si l'interdépendance globale est une réalité, chaque pays, chaque peuple, a toujours sa propre vision du monde, façonnée par son histoire – où il se place naturellement au centre –, sa perception particulière des risques, des menaces et des opportunités, ses ambitions et ses craintes. Nous donnons des exemples variés de ces approches qui ne coïncident évidemment pas ! Pas encore ?

Ainsi conçu notre atlas est organisé en quatre parties : 1. *Les grands repères du passé*, partie très synthétique, neuf cartes et cinq « textes travelling » donnant à l'atlas sa profondeur historique ; 2. *Les diverses interprétations du monde global*, car il n'y a pas une interprétation unanime ; 3. *Les données globales* (démographiques, économiques, énergétiques, stratégiques, etc.) ; et enfin, 4. *Le monde vu par*, partie essentielle à nos yeux, où, au-delà de l'évidence pour nous (le monde vu par la France, par les Européens), nous avons essayé de représenter le monde vu par… les autres.

Toutes ces données, et ces regards croisés, font apparaître des convergences et des cohérences, mais aussi de formidables contradictions, des antagonismes avérés ou potentiels. Le monde tel qu'il sera dans les prochaines décennies y est inscrit de façon évidente ou en filigrane. À vous, à nous, de savoir le déchiffrer pour nous y préparer.

Pascal Boniface
Hubert Védrine

1

Les grands repères du passé

D'où vient le monde dans lequel nous vivons ? Quels sont les héritages historiques qui ont façonné les réalités stratégiques contemporaines ? Le passé éclaire le présent et permet de mieux situer les enjeux actuels. Cet atlas n'est pas un atlas « historique ». Néanmoins, notre monde actuel est inintelligible si l'on n'a pas en tête les enchaînements passés. Dans cette partie, nous mettons l'accent sur cinq moments ou étapes essentiels.

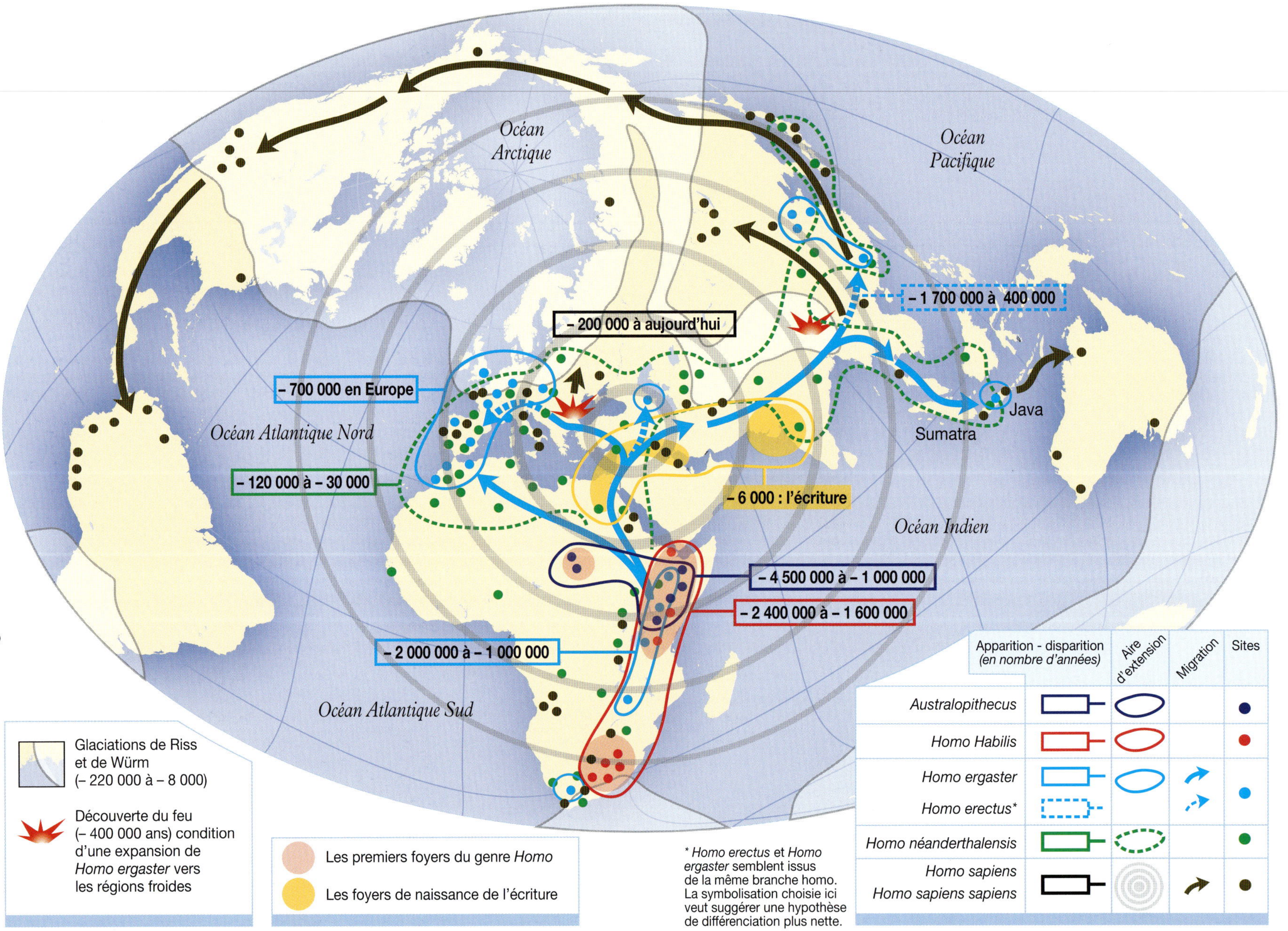
Océan Arctique
Océan Pacifique
Océan Atlantique Nord
Océan Atlantique Sud
Océan Indien
Sumatra
Java
– 1 700 000 à 400 000
– 200 000 à aujourd'hui
– 700 000 en Europe
– 120 000 à – 30 000
– 6 000 : l'écriture
– 4 500 000 à – 1 000 000
– 2 400 000 à – 1 600 000
– 2 000 000 à – 1 000 000
Apparition - disparition (en nombre d'années)
Aire d'extension
Migration
Sites
Australopithecus
Homo Habilis
Homo ergaster
Homo erectus*
Homo néanderthalensis
Homo sapiens
Homo sapiens sapiens
Glaciations de Riss et de Würm (– 220 000 à – 8 000)
Découverte du feu (– 400 000 ans) condition d'une expansion de Homo ergaster vers les régions froides
Les premiers foyers du genre Homo
Les foyers de naissance de l'écriture
* Homo erectus et Homo ergaster semblent issus de la même branche homo. La symbolisation choisie ici veut suggérer une hypothèse de différenciation plus nette.

Les premiers hommes peuplent la Terre

L'homme est une espèce récente dans l'histoire du monde. Alors que la vie est apparue il y a quelque 3,8 milliards d'années, l'homme moderne *Homo sapiens* n'a que 120 à 150 000 ans et l'*Homo sapiens sapiens*, nous, que 35 000 ans.

Pour dresser une généalogie, il semble utile de partir de la séparation des primates hominoïdes en deux branches distinctes, il y a au moins 8 à 9 millions d'années : les « singes supérieurs » (chimpanzés et bonobos, par exemple) et les hominidés.

Parmi les hominidés, les australopithèques apparurent, il y a 6 millions d'années environ, dans le sud de l'Afrique. Ces bipèdes arboricoles disparaissent il y a 1,7 million d'années.

Toujours en Afrique, mais dans l'Est, la première espèce du genre *Homo* apparaît vers – 2,5 millions d'années : c'est *Homo habilis*, cet « homme habile » à utiliser ses outils. Il est petit (1 mètre 20 à 1 mètre 50), pèse 40 kilogrammes et dispose d'un petit cerveau (600 cm³).

La deuxième espèce est *Homo ergaster.* Apparu vers – 1,7 million d'années, cet « homme artisan » est plus grand que son ancêtre *habilis* (1 mètre 50 à 1 mètre 70), plus lourd (60 kilogrammes) et plus intelligent, avec un crâne de 900 cm³. Il est le premier du genre *Homo* à s'aventurer hors du continent africain *via* le Nord-Est ; on en a découvert des traces près du lac de Tibériade ainsi que, plus au Nord, en Géorgie. Au bout de 400 000 ans, ce chasseur avait atteint l'Asie de l'Est et du Sud-Est. Et 300 000 ans plus tard (– 1 million d'années), il était présent en Europe du Sud. Encore 300 000 ans et il était en Europe tempérée (– 700 000 ans). Tous ces déplacements terrestres ont été facilités par le faible niveau des mers (période glaciaire).

Ce n'est que la domestication du feu (– 400 000 ans) qui lui permet de progresser dans des régions plus froides en Europe, en Asie (au Japon) et en Amérique. Notons que la désignation *Homo erectus* (« l'homme debout ») est plus souvent réservée à ses descendants asiatiques.

Serons-nous assez sages pour maîtriser les problèmes nés du succès de notre espèce ?

L'homme de Neanderthal est apparu il y a 300 000 ans. *Homo neanderthalensis* – que certains spécialistes font descendre de *Homo ergaster* ou de l'*Homo erectus* européen – enterre ses morts, vers – 100 000 ans. Il disparaît vers – 30 000 après avoir cohabité avec l'*Homo sapiens.*

Vers – 120 000 ans, descendant probablement des lignées *Homo ergaster* et *erectus* africaines, apparaît en Afrique *Homo sapiens* (« l'homme sage »), au cerveau volumineux (1 450 cm³) ; puis, vers – 35 000 ans, *Homo sapiens sapiens* (nous). Diverses théories scientifiques s'affrontent : selon la théorie « du chandelier », l'homme

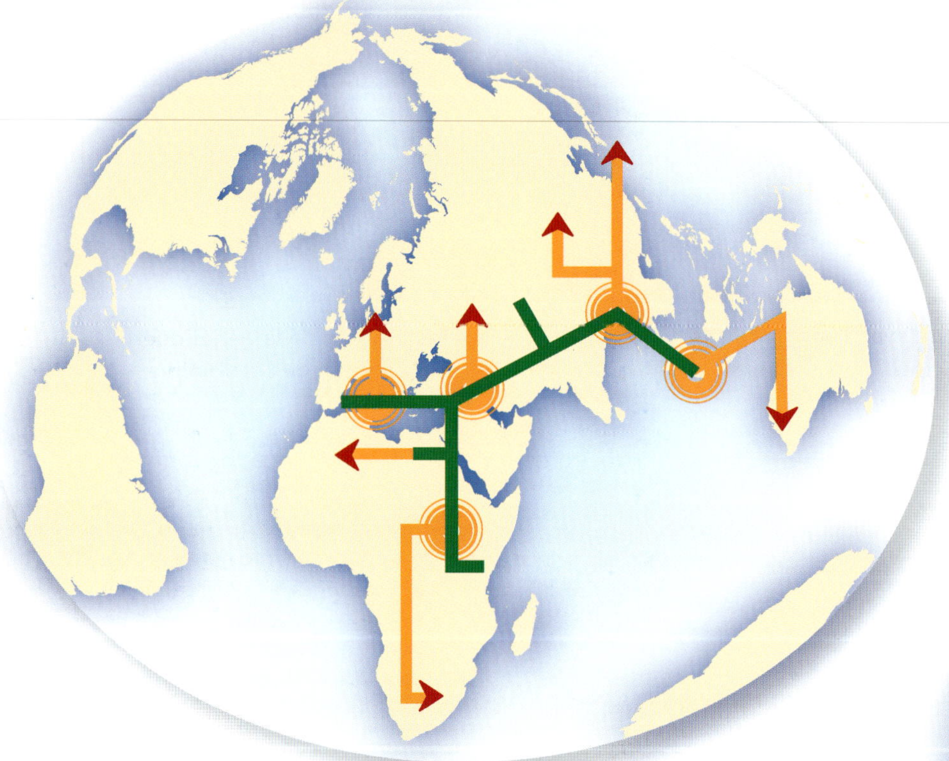

Théorie « du chandelier »
(Apparition de l'homo sapiens dans différents continents)

Théorie « de l'Arche de Noé »
(Origine africaine unique)

Les premiers hommes peuplent la Terre (suite)

moderne serait issu de mutations et d'évolutions diverses à partir de descendants de *Homo ergaster* en Europe et de *Homo erectus* en Asie ; la théorie « de l'Arche de Noé » soutient au contraire l'idée d'une origine africaine unique puis de migrations ayant peuplé la Terre. En suivant celle-ci, *Homo sapiens*, en moins de 100 000 ans et à partir de quelques milliers d'individus seulement, colonise le Proche-Orient, le Moyen-Orient (– 120 000 ans), l'Afrique (– 80 000 ans), l'Europe (choc probable avec les Néanderthaliens) et l'Asie donc avec les descendants des *Homo erectus* (– 60 000 ans), l'Amérique du Nord (– 40 000 ans).

La révolution du Néolithique ne survient que bien plus tard, progressivement vers – 7 000 ans. Et ce que nous appelons l'Histoire ne débute pour nous qu'avec l'apparition de l'écriture, vers – 6 000 ou – 5 000 ans, dans les cités-États du « croissant fertile », dans les vallées du Nil, de l'Euphrate et de l'Indus.

Il s'est écoulé 400 000 ans depuis la domestication du feu, 100 000 ans depuis les premiers rites funéraires. Et depuis déjà 30 000 ans l'homme utilise des outils, et donc des vêtements et des armes, peint des fresques et construit des radeaux. Même si nous n'en sommes pas conscients, notre héritage remonte à bien avant Sumer et les pharaons !

Quelle est l'origine de l'homme ? Plusieurs théories s'affrontent

D'innombrables controverses animent le monde très vivant des paléoanthropologues et des préhistoriens. De nouvelles découvertes de sites et les progrès de la génétique apporteront des précisions ou des corrections bouleversantes sur ces diverses espèces, leurs origines, leurs déplacements, leurs liens, et sur la chronologie générale. Mais une question s'impose : descendants de la seule lignée de *Homo* qui a survécu et qui a cru pouvoir se baptiser *sapiens* (« sage »), serons-nous donc assez sages pour maîtriser les problèmes dramatiques nés du développement de notre espèce qui comptera 9,5 milliards d'individus en 2050 ?

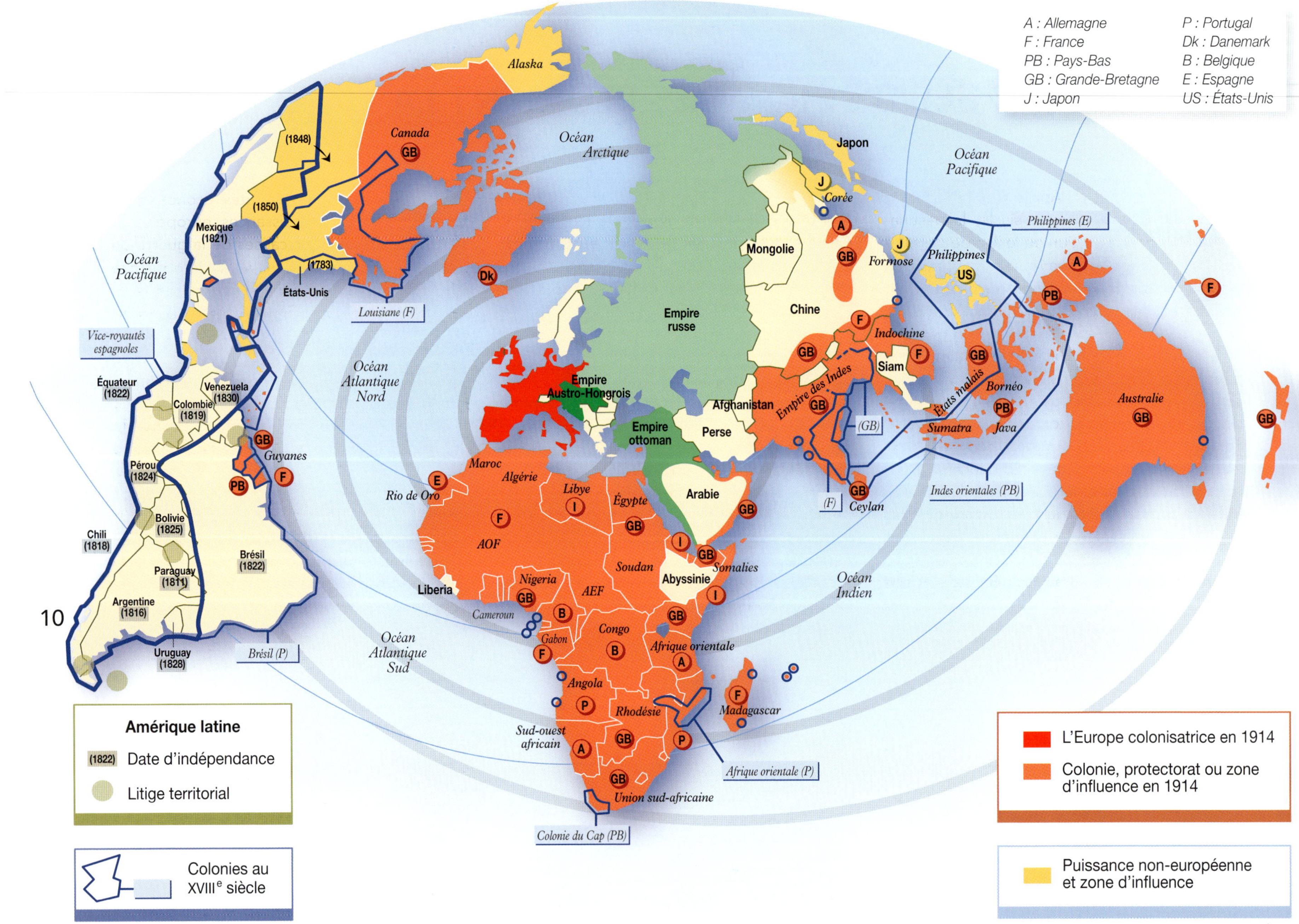
A : Allemagne
F : France
PB : Pays-Bas
GB : Grande-Bretagne
J : Japon
P : Portugal
Dk : Danemark
B : Belgique
E : Espagne
US : États-Unis
Alaska
Canada
Océan Arctique
Japon
Océan Pacifique
Corée
Mongolie
Formose
Philippines
Philippines (E)
Chine
Empire russe
Louisiane (F)
États-Unis
(1848)
(1850)
(1783)
Mexique (1821)
Océan Pacifique
Vice-royautés espagnoles
Équateur (1822)
Colombie (1819)
Venezuela (1830)
Pérou (1824)
Bolivie (1825)
Chili (1818)
Paraguay (1811)
Argentine (1816)
Uruguay (1828)
Brésil (1822)
Brésil (P)
Guyanes
Océan Atlantique Nord
Empire Austro-Hongrois
Empire ottoman
Afghanistan
Perse
Arabie
Empire des Indes
Indochine
Siam
États malais
Bornéo
Sumatra
Java
Indes orientales (PB)
(GB)
(F)
Ceylan
Australie
Maroc
Algérie
Rio de Oro
Libye
Égypte
AOF
Soudan
Abyssinie
Somalies
Liberia
Nigeria
AEF
Cameroun
Gabon
Congo
Afrique orientale
Océan Atlantique Sud
Océan Indien
Angola
Rhodésie
Madagascar
Sud-ouest africain
Union sud-africaine
Afrique orientale (P)
Colonie du Cap (PB)
Amérique latine
(1822) Date d'indépendance
Litige territorial
Colonies au XVIIIe siècle
L'Europe colonisatrice en 1914
Colonie, protectorat ou zone d'influence en 1914
Puissance non-européenne et zone d'influence

L'APOGÉE DE L'EUROPE

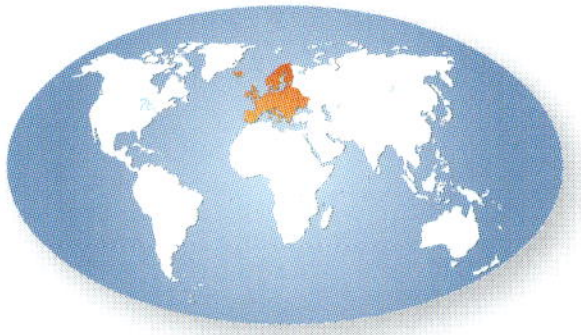

Après avoir été, du ve au xe siècle, la destination ou le lieu de passage de nombreuses populations venues de l'Est ou du Sud (les « grandes invasions » dans une Europe majoritairement celte), l'Europe connut une première expansion de 1095 à 1291 avec les croisades en Orient. Mais c'est véritablement avec les grandes découvertes et les grands voyageurs du xve siècle (Vasco de Gama, Christophe Colomb, Magellan) qu'elle commença à étendre son influence sur le monde. Ces grands découvreurs ouvrirent la voie aux premiers empires coloniaux européens : d'abord portugais et espagnol, puis anglais et français (en Asie et en Amérique) et néerlandais. L'Afrique se trouva ainsi partagée entre Britanniques, Français, Belges, Portugais, Espagnols et Allemands. Si bien que, au xixe siècle, Français et Britanniques sont chacun à la tête d'un empire global. De leur côté, la Chine et le Japon ont dû ouvrir leurs marchés sous la menace et aux conditions européennes.

À la veille de la guerre de 1914, les Européens dominent le monde qu'ils se sont partagé. Ils se concurrencent mais sont tous convaincus de leur « mission civilisatrice ». Certes, les États-Unis sont devenus indépendants au xviiie siècle, les pays d'Amérique latine de même au xixe ; et les Russes ont étendu leur contrôle jusqu'à l'océan Pacifique. Mais cette époque de la première mondialisation globale (frontières ouvertes, étalon or) demeure une européanisation du monde.

À la veille de la guerre de 1914, les Européens se partagent le monde

L'exacerbation des rivalités économiques et coloniales entre puissances européennes est d'ailleurs l'une des causes de la guerre de 1914-1918. On a pu dire que ce conflit fut plus une « guerre civile européenne » qu'une véritable « guerre mondiale ». Il y a ensuite un enchaînement : du conflit de 1914-1918 jusqu'à la seconde guerre mondiale de 1939-1945, en passant par l'entre-deux-guerres qui, aucun problème n'ayant été résolu, fut autant un avant-guerre qu'un après-guerre. En trente ans, l'Europe se ruina, fut supplantée, dominée et protégée par les États-Unis et, un temps, une moitié soumise à l'URSS.

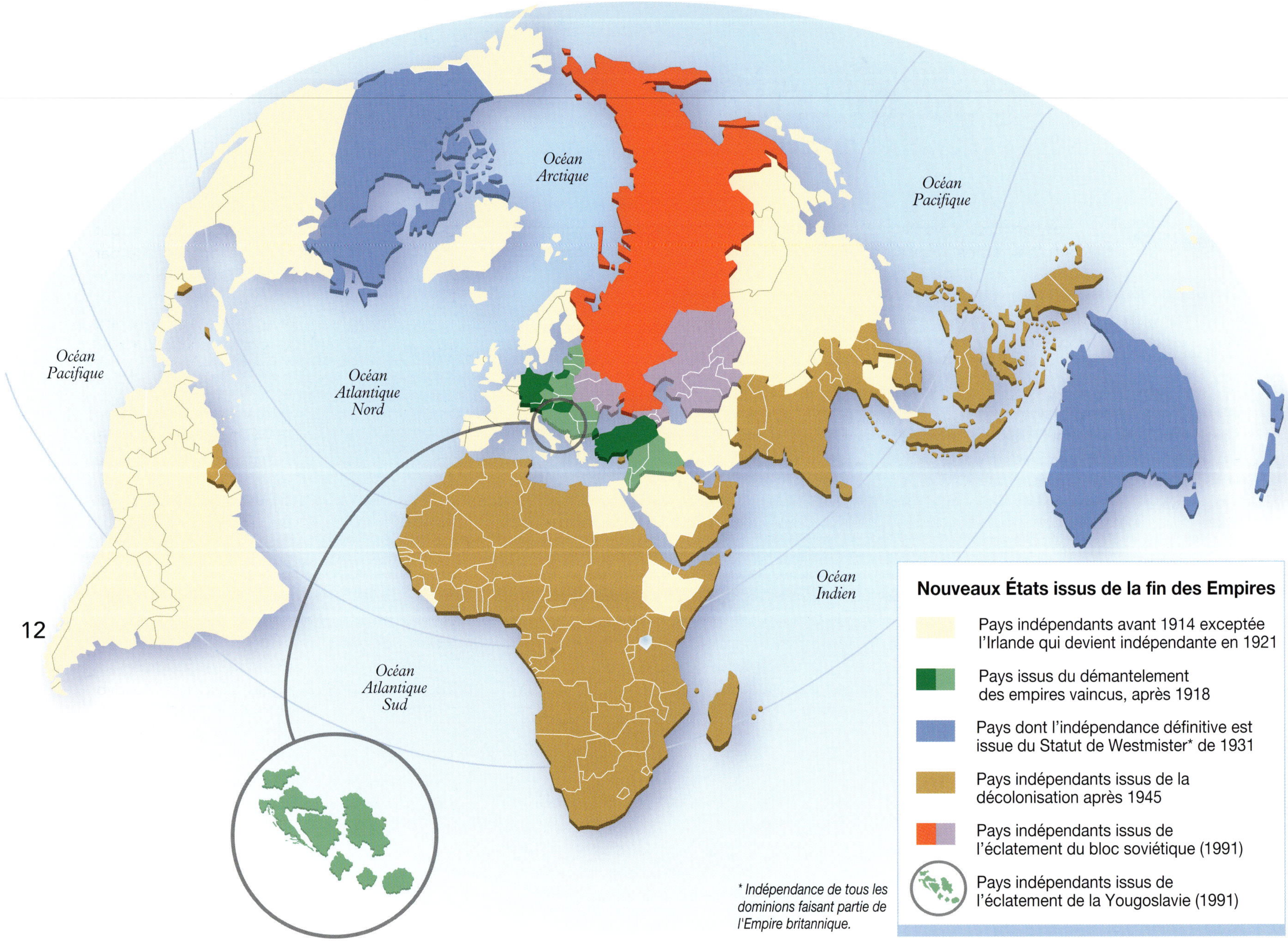

** Indépendance de tous les dominions faisant partie de l'Empire britannique.*

LES CONSÉQUENCES LOINTAINES DE LA DISLOCATION DES EMPIRES

Les empires coloniaux ont longtemps réussi à contenir les aspirations nationales et les tensions ethniques des peuples qu'ils dominaient. La dislocation des mêmes empires a fait réapparaître beaucoup de ces conflits, dont certains sont encore vivaces. Une généalogie des crises comme des mentalités nationales s'impose donc à qui veut comprendre les crises d'aujourd'hui.

Pour les Américains, ce sont les conditions mêmes de la création des États-Unis et de leur indépendance contre la couronne britannique qui expliquent une longue tradition d'isolationnisme, jusqu'en 1917, voire jusqu'en 1941.

Entre les États d'Amérique latine, des litiges sont nés dans la première moitié du XIXe siècle lorsque les colonies espagnoles menèrent, chacune, leurs guerres d'indépendance. Ces tensions marquent encore les sentiments nationaux aujourd'hui.

En Europe, la première guerre mondiale aboutit au démantèlement de l'empire allemand, de l'empire austro-hongrois et de l'empire ottoman.

Dans le cas allemand, le traité de Versailles (29 juin 1919) consacra la défaite et la dislocation impériales au point que l'humiliation des Allemands fut un des ressorts du nationalisme revanchard et belliqueux du Reich dans l'entre-deux-guerres. La défaite nazie, la seconde partition de l'Allemagne durant la guerre froide et enfin l'unification allemande grâce à l'affaiblissement de l'URSS (1991) ont constitué un cycle de déconstruction-reconstruction de l'identité allemande qui a duré 72 ans (1919-1991).

L'allié austro-hongrois de l'Allemagne en 1914 fut la seconde puissance à être démantelée, par les traités de Saint-Germain-en-Laye pour l'Autriche (10 septembre 1919) et de Trianon pour la Hongrie (4 juin 1920). La création de la Tchécoslovaquie et de la Yougoslavie portait en germe des conflits inévitables, ces nouveaux États réunissant des minorités inconciliables. Ceci allait entretenir une instabilité qui allait favoriser les menées hitlériennes durant les années 1930. Sans doute, après guerre, ces problèmes nationaux furent-ils « gelés » par la guerre froide, et dans le cas yougoslave par la main de fer de Tito, mais ils ressurgirent avec la fin des régimes communistes en 1989-1990 – voir la question des minorités hongroises par exemple.

La fin des empires a fait naître de nouveaux États et renaître d'anciens conflits

Dans la majorité des cas, la situation put être stabilisée : grâce à la reconnaissance par l'Allemagne de sa frontière orientale avec la Pologne sur la ligne des rivières Oder et Neisse ; grâce à la perspective d'un rapprochement puis d'une adhésion à l'Union européenne ; avec l'aide du « Pacte de stabilité » pour l'Europe centrale. La dynamique pacifique a ainsi conduit douze pays à entrer dans l'Union.

Dans le cas yougoslave par contre, la désintégration commença, dès le début des années 1980, avec la mort du maréchal Tito. Nul ne put la maîtriser : ni les Yougoslaves, ni les Européens, ni le Conseil de sécurité des Nations unies. Elle se fit donc violemment : guerre en Croatie et en Bosnie (1991-1992) ; guerre pour le Kosovo (1999). Douze ans plus tard, en 2010, la stabilité n'est toujours pas complètement assurée, ni en Bosnie, ni en Serbie, ni en Macédoine.

L'empire ottoman enfin, démantelé par les traités de Sèvres (1920) et de Lausanne (1923), laisse une trace aujourd'hui par les conflits qui lui ont survécu. Dans les Balkans, le chaudron

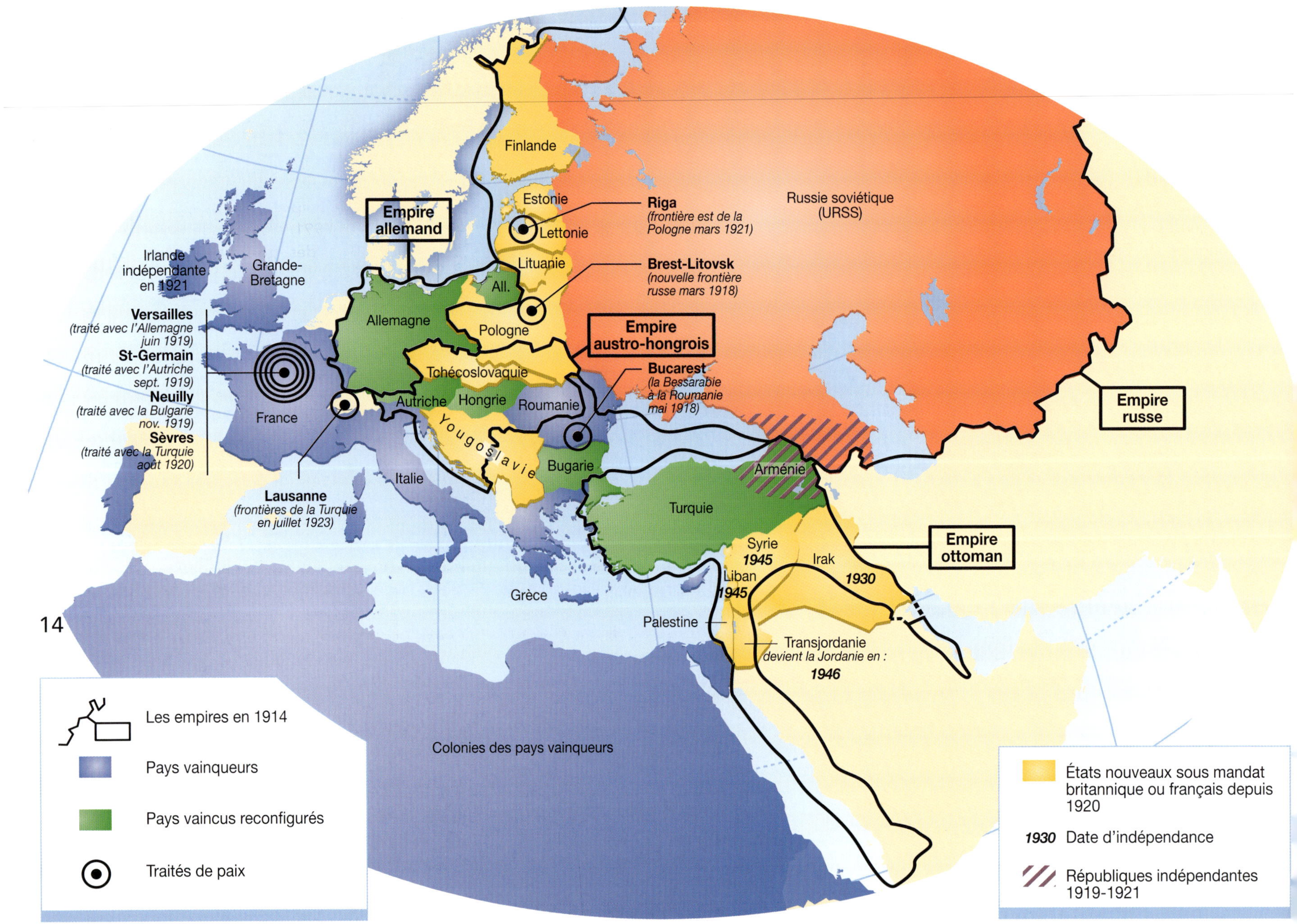
Empire allemand
Empire austro-hongrois
Empire russe
Empire ottoman
Finlande
Estonie
Lettonie
Lituanie
All.
Pologne
Riga
(frontière est de la Pologne mars 1921)
Brest-Litovsk
(nouvelle frontière russe mars 1918)
Bucarest
(la Bessarabie à la Roumanie mai 1918)
Russie soviétique (URSS)
Irlande indépendante en 1921
Grande-Bretagne
Versailles
(traité avec l'Allemagne juin 1919)
St-Germain
(traité avec l'Autriche sept. 1919)
Neuilly
(traité avec la Bulgarie nov. 1919)
Sèvres
(traité avec la Turquie août 1920)
Allemagne
Tchécoslovaquie
Autriche
Hongrie
Roumanie
France
Yougoslavie
Bugarie
Italie
Lausanne
(frontières de la Turquie en juillet 1923)
Arménie
Turquie
Syrie
1945
Liban
1945
Irak
1930
Grèce
Palestine
Transjordanie
devient la Jordanie en :
1946
Colonies des pays vainqueurs
Les empires en 1914
Pays vainqueurs
Pays vaincus reconfigurés
Traités de paix
États nouveaux sous mandat britannique ou français depuis 1920
1930 Date d'indépendance
Républiques indépendantes 1919-1921

Les conséquences lointaines de la dislocation des empires (suite)

yougoslave a subi les tensions nationales et religieuses que les Ottomans n'avaient fait que congeler. Au Proche-Orient, l'État kurde, plus ou moins promis, n'a jamais vu le jour ; l'Irak, né de la réunion arbitraire, sous mandat britannique, de trois provinces ottomanes, n'a connu qu'une histoire mouvementée ou tragique. Et la Syrie, le Liban, la Transjordanie (devenue Jordanie) et Israël, à partir de 1948, n'ont connu jusqu'à aujourd'hui ni la paix ni la stabilité : l'histoire du siècle écoulé continue d'alimenter peurs et ressentiments dans les populations.

Les décolonisations des années 1950-1960 en Afrique et en Asie ont fait naître des dizaines de nouveaux États. Mais le « retrait » des puissances tutélaires (Portugal, Espagne, Belgique, Pays-Bas, France, Royaume-Uni) a laissé subsister des « bombes à retardement » : partition du sous-continent indien, éclatement du Pakistan, conflits israélo-arabes, question du Timor, statut de Hong Kong… Et encore ! la « jeune Afrique » a eu la sagesse de s'accommoder des découpages coloniaux pour ne pas remettre en cause les frontières, aussi artificielles soient-elles. À l'Est de Suez, le retrait britannique a entraîné l'indépendance d'une dizaine d'émirats du golfe arabo-persique, dont Koweït que l'Irak allait revendiquer (première guerre d'Irak, 1991).

Les relations des nouveaux États indépendants entre eux et avec le reste du monde restent marquées par la période coloniale

Les relations de ces nouveaux États indépendants entre eux et avec le reste du monde restent marquées, d'une façon ambivalente, jusqu'à aujourd'hui par la période coloniale, et par l'ancienne puissance coloniale, par sa langue, même si la mondialisation donne à chaque pays plus de marge de manœuvre et des possibilités nouvelles.

De nombreux micro-États du Pacifique, qui étaient sous des tutelles diverses, sont devenus indépendants dans les années 1980-1990.

Le dernier « empire » à disparaître fut l'URSS, à la fin de 1991, avec les indépendances des trois pays baltes, de l'Ukraine (berceau de la Russie) de l'Arménie, de la Géorgie, de l'Azerbaïdjan et des pays d'Asie centrale, ce qui fit à nouveau ressurgir de graves problèmes de minorités, dans le Caucase notamment.

Il ne reste aujourd'hui dans le monde que quelques « confettis » coloniaux. Mais les problèmes les plus graves demeurent pour des minorités en Afrique, au Moyen-Orient et en Asie. Certains analystes considèrent que ce gigantesque mouvement de reflux colonial, venant après plusieurs siècles d'expansion européenne et occidentale n'est pas terminé et que la Chine et la Russie, à nouveau, y seront confrontées dans l'avenir.

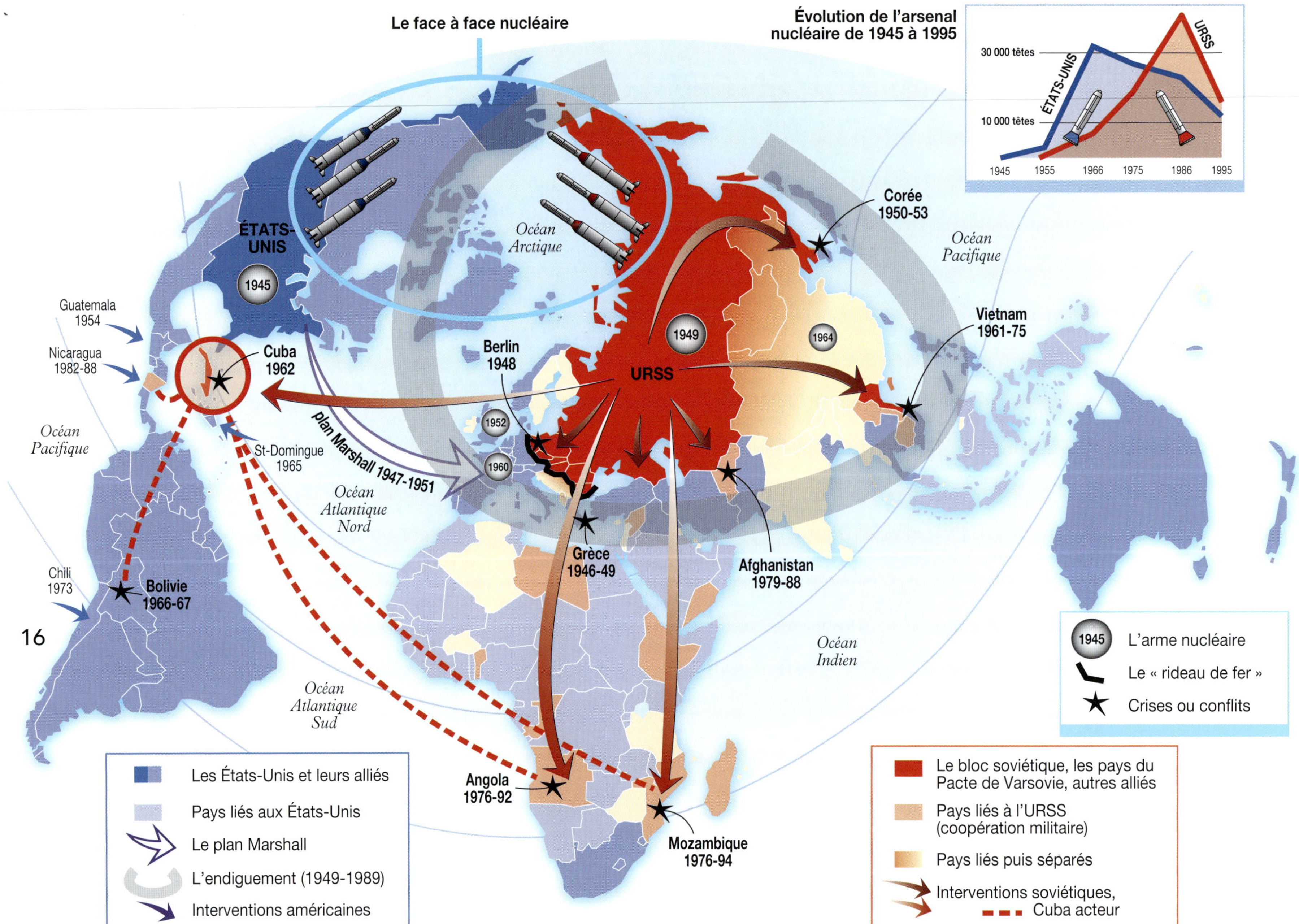

Carte établie à partir de la sitution stratégique de la fin des années 1980

La guerre froide

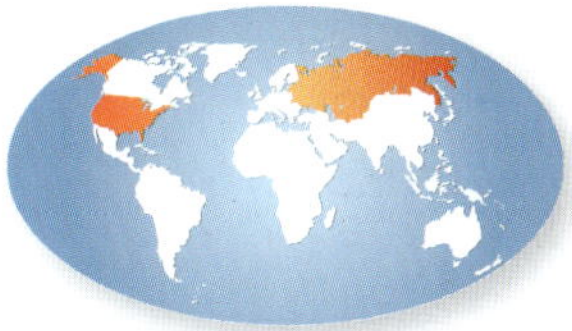

De 1945, date de la victoire des Alliés, année clef, à 1991, l'antagonisme Est-Ouest, soviéto-américain, a structuré les relations internationales. Certes, les dispositions arrêtées par les Alliés américains, britanniques et soviétiques aux conférences de Téhéran, Yalta et Potsdam sont aujourd'hui dépassées depuis la fin de l'URSS et la réunification allemande en 1990-1991, en ce qui concerne l'Europe et l'Allemagne. En revanche, même contestées, les dispositions prises sur l'Organisation des Nations unies perdurent. La répartition des armements, les relations diplomatiques, les opinions restent marquées par ce dernier siècle.

Les vainqueurs de 1945 se sont divisés, aussitôt vaincus l'hitlérisme et l'impérialisme nippon. Contrairement à la promesse faite, à Roosevelt et à Churchill, à Yalta (où il n'y a pas eu, contrairement à la légende, de partage du monde), Staline n'a pas organisé d'élections libres dans les territoires européens libérés par l'armée rouge, mais y a imposé au contraire des gouvernements communistes pro-soviétiques. Dès 1946 Churchill parle d'un « rideau de fer » qui s'est abattu, entre l'Est et l'Ouest, de Stettin sur la Baltique à Trieste sur l'Adriatique. La menace militaire (y compris, à partir de 1949, nucléaire) soviétique est telle sur l'Europe de l'Ouest, surtout après la guerre de Corée, que les États-Unis, pour la première fois de leur histoire, mettent sur pied avec les Canadiens et les Européens une alliance, pour « endiguer » l'Union soviétique : l'Alliance atlantique qu'ils dirigent entièrement, bientôt intégrée, dès le temps de paix, comme si la guerre devait éclater le lendemain (OTAN). Ils lancent aussi le plan Marshall, pour reconstruire l'Europe et priver la propagande soviétique de relais. Une course aux armements conventionnels, et surtout nucléaires, est dès lors lancée entre les deux blocs : toujours plus de bombardiers et de missiles, intercontinentaux ou à moyenne portée, portant au début des charges nucléaires uniques et considérables, ensuite des « têtes multiples » nucléaires, elles-mêmes de plus en plus précises. La tension est permanente. L'Ouest fait échouer, en 1948, la tentative de blocus de Berlin par l'URSS. L'URSS mate la révolte de Berlin Est en 1953, crée le Pacte de Varsovie en 1955, écrase l'insurrection de Budapest en 1956 comme elle le fera de celle de Prague en 1968. À l'Ouest – mais ce n'est pas comparable –, le général de Gaulle, las d'attendre une réforme de l'Alliance atlantique qui ne vient pas, retire en 1966 la France du commandement militaire intégré, tout en restant dans l'Alliance.

Le monde n'a pas été divisé à Yalta en février 1945

Cette « guerre froide », cet « équilibre de la terreur », n'empêche pas les deux superpuissances de s'affronter ailleurs, dans le Tiers-monde, par alliés ou satellites interposés. Comme l'a dit Raymond Aron, « la paix est impossible » car les deux systèmes de valeurs et les objectifs stratégiques sont incompatibles. Mais, ajoute-t-il, la « guerre est improbable » tant la dissuasion nucléaire est… dissuasive. La guerre est même impossible. La « coexistence pacifique », concevable à partir de Kennedy et Krouchtchev, s'impose donc après l'angoissante crise des fusées de Cuba, en 1962. Elle se traduit par

BERLIN-OUEST
BERLIN-EST
Secteur français
Mur de Berlin (1961-1989)
Porte de Brandebourg
Secteur britannique
Secteur soviétique
Secteur américain
Berlin divisé 1945-1989
Pays fondateurs de l'Alliance atlantique, avec l'Islande ne figurant pas sur la carte (avril 1949)
Pays ayant rejoint l'Alliance atlantique à partir de 1952
Pays du Pacte de Varsovie, mai 1955
« rideau de fer »
Intervention soviétique
Conflits en Europe de l'Ouest liés à la guerre froide
NORVÈGE
Oslo
FINLANDE
Helsinki
Stockholm
Tallinn
Mer Baltique
SUÈDE
Riga
Moscou
Mer du Nord
DANEMARK
Copenhague
Vilnius
Minsk
Dublin
RÉP. D'IRLANDE
ROYAUME-UNI
PAYS-BAS
Amsterdam
Londres
Berlin
Varsovie
POLOGNE
UNION DES RÉPUBLIQUES SOCIALISTES SOVIÉTIQUES (URSS)
RÉP. DÉMOCRATIQUE ALLEMANDE
Prague 1968
Kiev
La Manche
Bruxelles
BELGIQUE
Paris
LUX.
Luxembourg
Océan Atlantique
RÉP. FÉDÉRALE ALLEMANDE
TCHÉCOSLOVAQUIE
Budapest 1956
Vienne
Kichinev
FRANCE (quitte le commandement intégré de l'OTAN en 1966)
Berne
SUISSE
LIECHT.
AUTRICHE
HONGRIE
ROUMANIE
Bucarest
Belgrade
Mer Noire
YOUGOSLAVIE
BULGARIE
MONACO
ST MARIN
Mer Adriatique
Sofia
PORTUGAL
ANDORRE
Madrid
VATICAN
Rome
Lisbonne
Corse
ITALIE
ESPAGNE
Tirana
Ankara
ALBANIE*
TURQUIE
Mer Tyrrhénienne
Sardaigne
Îles Baléares
GRÈCE
Mer Égée
Izmir
Mer Ionienne
Mer Méditerranée
Gibraltar
Ceuta
Athènes
SYRIE
Melilla
Sicile
Nicosie
guerre civile 1946-1949
LIBAN
MAROC
ALGÉRIE
MALTE
La Valette
Crète
CHYPRE
TUNISIE
Grèce-Turquie 1974
ISRAËL
* membre du Pacte de Varsovie de 1955 à 1968.

La guerre froide (suite)

des accords sur un « téléphone rouge », puis par un traité « ABM » qui interdit les antimissiles pour que la dissuasion fonctionne, puis, dans la période Nixon–Kissinger–Brejnev, par des accords de « *limitation* des armements stratégiques » (années 1970, SALT) et même, au début des années 1980, par des accords de « *réduction* » (START).

Au début des années 1980, Reagan entreprend d'épuiser une URSS déjà en difficulté évidente en Afghanistan où elle est intervenue en 1979 pour sauver le régime pro-communiste, en l'entraînant dans une chimérique et épuisante « guerre des étoiles ». À partir de 1985, Gorbatchev, conscient du fiasco soviétique, essaie de sauver le communisme en le réformant (Glasnost, Perestroïka), signe de nouveaux accords de désarmements, retire l'armée rouge d'Afghanistan, et, surtout, décide de ne jamais employer la force pour maintenir au pouvoir les « démocraties populaires » d'Europe centrale et orientale. Sans aucune base dans les sociétés, répressives et usées, celles-ci sont dès lors condamnées. Elles s'effondrent toutes en 1989 et 1990 (ce qui permet, du coup, la réunification allemande). Fin 1991, c'est l'URSS elle-même qui implose. La guerre froide – qui n'a, en presque 45 ans, jamais dégénéré en guerre chaude – est terminée. Le temps du monde « global » commence.

Privé du soutien de la force, le système soviétique s' effondre

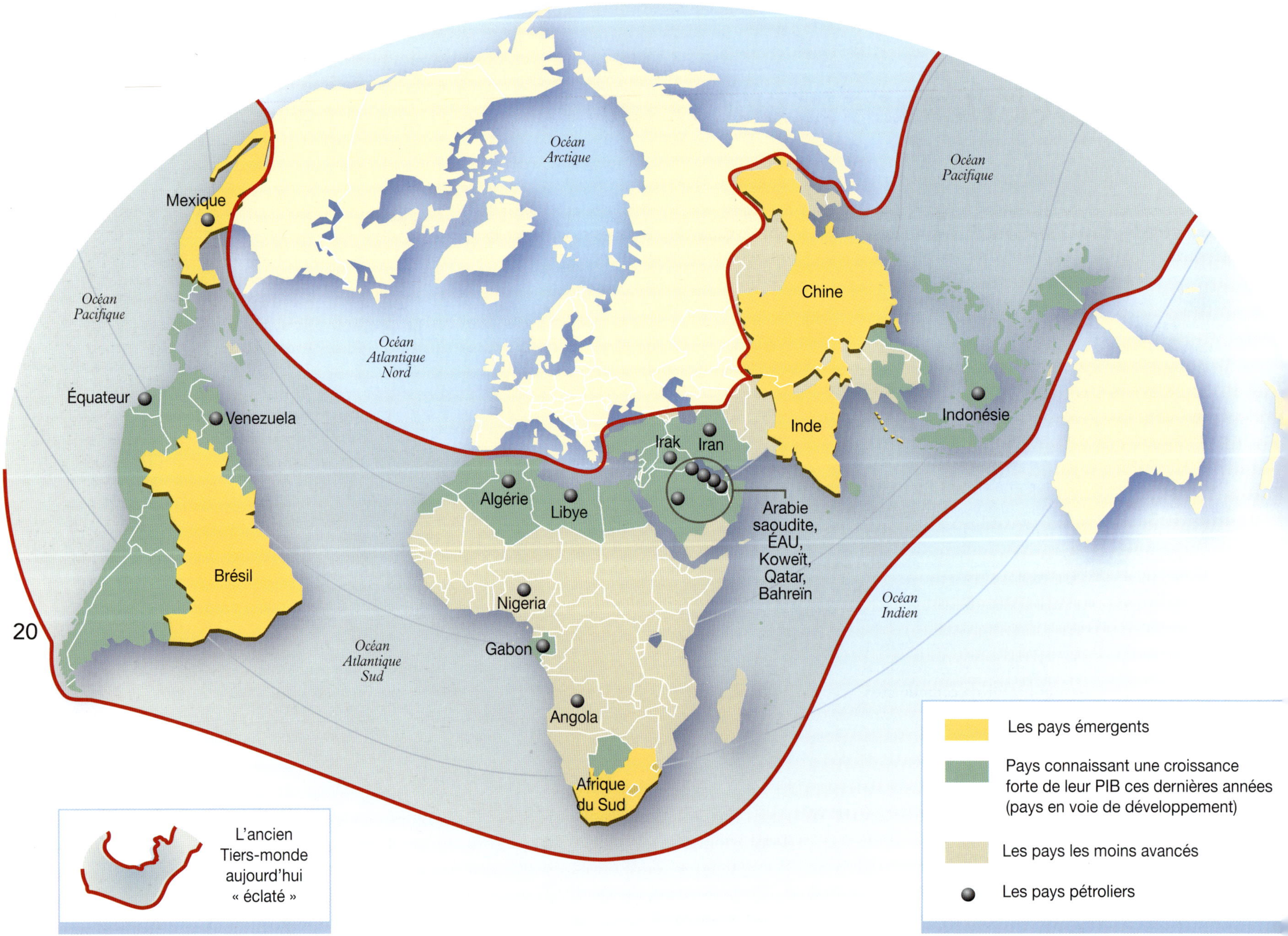

Océan Arctique
Océan Pacifique
Océan Pacifique
Océan Atlantique Nord
Océan Atlantique Sud
Océan Indien
Mexique
Équateur
Venezuela
Brésil
Chine
Inde
Indonésie
Irak
Iran
Arabie saoudite, ÉAU, Koweït, Qatar, Bahreïn
Algérie
Libye
Nigeria
Gabon
Angola
Afrique du Sud
L'ancien Tiers-monde aujourd'hui « éclaté »
Les pays émergents
Pays connaissant une croissance forte de leur PIB ces dernières années (pays en voie de développement)
Les pays les moins avancés
Les pays pétroliers

L'ÉCLATEMENT DU TIERS-MONDE

Après 1945, alors que les relations internationales s'organisaient autour de la compétition Est/Ouest, de nombreuses nations, à l'aube de leur indépendance, ont voulu échapper à ce monde bipolaire et préserver leur identité.

L'expression « Tiers-monde » fut inventée, en 1952, par Alfred Sauvy, économiste français, en s'inspirant du « Tiers état » de la France d'Ancien régime. De même qu'à l'époque le « troisième ordre » s'était affirmé contre les deux autres (clergé et noblesse), le Tiers-monde, qui est pauvre, majoritaire, dominé par les anciennes puissances coloniales et sans grand pouvoir, se définit par opposition : il ne se veut ni capitaliste, ni communiste.

Ces pays sont situés pour l'essentiel dans l'hémisphère Sud. Le clivage Nord/Sud est, selon eux, plus déterminant que l'affrontement Est/Ouest. Les pays du Nord peuvent être divisés idéologiquement entre communistes et Occidentaux, tous appartiennent néanmoins au monde développé face auquel « le Sud » doit affirmer son identité. Il s'agit à la fois d'achever la décolonisation, de préserver l'indépendance des pays du Sud face à la compétition soviéto-américaine, et de permettre leur décollage économique. En avril 1955, se tient à Bandung, en Indonésie, la première grande conférence qui réunit des pays du Tiers-monde. Les 29 États présents représentent la moitié de l'humanité, mais seulement 8 % du PNB mondial. En 1960, l'Assemblée générale des Nations unies adopte la résolution 1541(XV) qui proclame le droit à la décolonisation « immédiate et inconditionnelle ». La colonisation y est présentée comme contraire à la paix mondiale et à la Charte de l'ONU. Le Sud dénonce également les termes de « l'échange inégal » : le Tiers-monde exporte à bas prix des matières premières et achète au prix fort les produits industriels du Nord. En 1974, l'Assemblée générale de l'ONU proclame l'instauration d'un « nouvel ordre économique international » basé sur l'équité, l'égalité souveraine. Les États du Tiers-monde créent le Groupe des 77 et proclament la souveraineté permanente sur leurs richesses naturelles : c'est pour eux l'affirmation d'une souveraineté économique, indispensable mais qui reste à concrétiser, à côté de la souveraineté politique. Les pays du Nord sont accusés d'exploiter les pays du Sud. La Conférence des Nations unies sur le commerce et le développement (CNUCED) adopte la Charte des droits et devoirs économiques des États.

L' unité du Tiers-monde vole en éclats, après les années 1970

Mais, après les années soixante-dix, l'unité du Tiers-monde vole en éclats. D'un point de vue politique, le « non-alignement » n'a concerné qu'une minorité d'États, comme l'Inde, l'Indonésie ou la Yougoslavie, car la plupart des autres étaient stratégiquement liés aux États-Unis ou à l'Union soviétique. Les différences les plus nettes ont été créées par l'économie. Aujourd'hui dans le monde global, il n'y a plus rien de commun parmi les anciens pays du Tiers-monde entre, d'une part, ceux qui émergent et qui se développent, les géants géostratégiques (chinois, indien, brésilien), les « dragons » asiatiques devenus des pays industriels, les États pétroliers qui bénéficient du cours élevé du pétrole et, d'autre part, les pays les moins avancés (PMA) dont la situation s'est dégradée. Éclaté, le Tiers-monde est mort.

2

Les diverses interprétations du monde global

De la plus optimiste à la plus pessimiste, il est plusieurs façons d'interpréter le monde global. Va-t-on vers un choc des civilisations ou au contraire assiste-t-on à l'émergence d'une communauté internationale harmonieuse et démocratique ? Le monde est-il unipolaire ou s'organise-t-il autour de plusieurs pôles de puissance ? Nous avons, sans prendre parti, voulu présenter les grandes grilles de lectures existantes sur l'état du monde. Les grandes théories sont-elles antagonistes, alternatives ou au contraire complémentaires ? Au lecteur, et aux faits, de trancher.

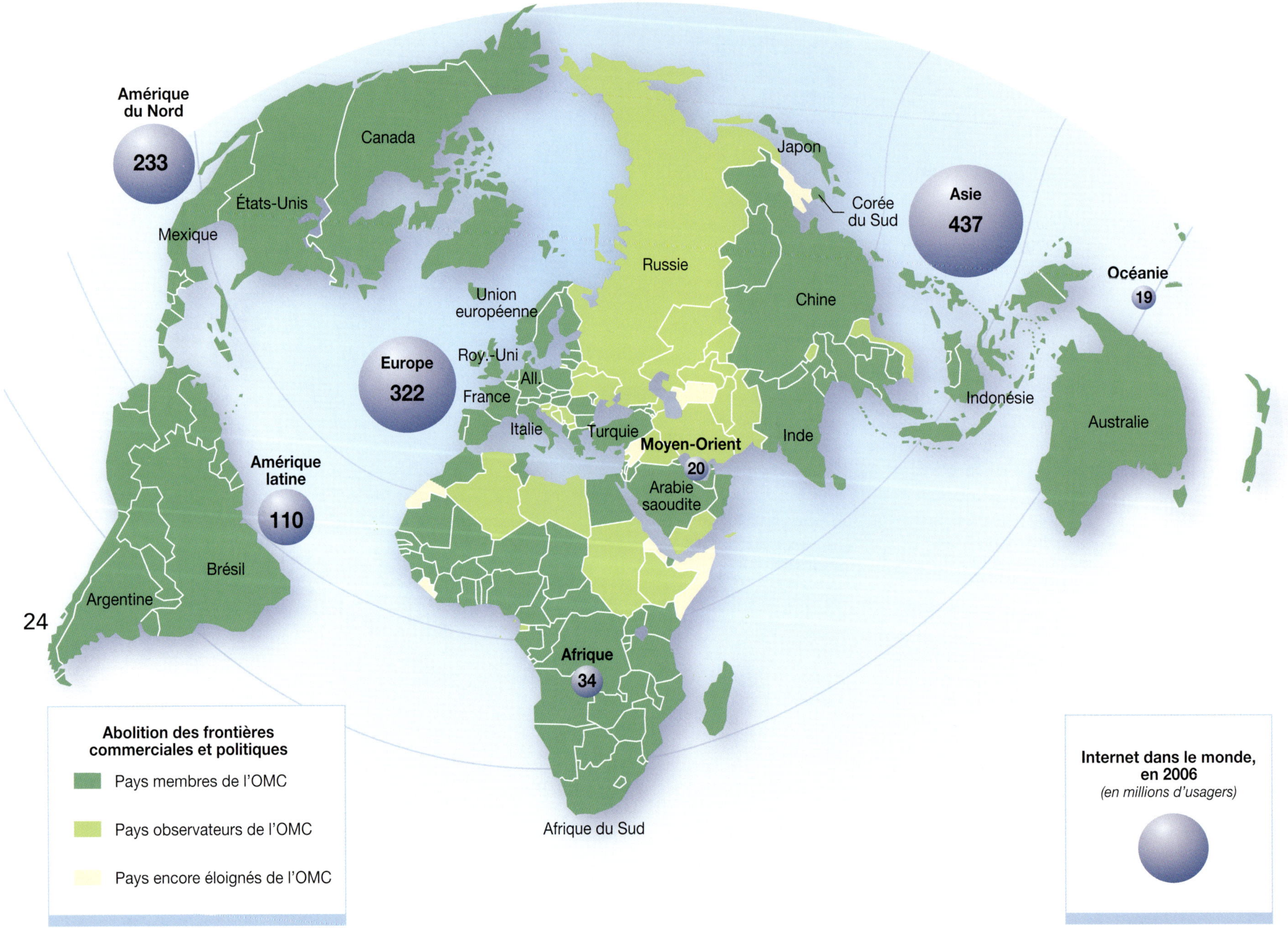

Amérique du Nord
233
Canada
États-Unis
Mexique
Amérique latine
110
Brésil
Argentine
Union européenne
Europe
322
Roy.-Uni
All.
France
Italie
Turquie
Russie
Japon
Corée du Sud
Asie
437
Chine
Inde
Moyen-Orient
20
Arabie saoudite
Indonésie
Océanie
19
Australie
Afrique
34
Afrique du Sud
Abolition des frontières commerciales et politiques
Pays membres de l'OMC
Pays observateurs de l'OMC
Pays encore éloignés de l'OMC
Internet dans le monde, en 2006
(en millions d'usagers)

THÈSE DE LA « COMMUNAUTÉ INTERNATIONALE »

Au début des années 1990, la disparition de l'Union soviétique et la fin de la guerre froide suscitent de nombreux espoirs. La démocratie qui, dans la décennie 1980, avait déjà gagné du terrain en Asie et en Amérique latine, s'établit en Europe de l'Est et semble devoir progresser partout dans le monde. Les membres permanents du Conseil de sécurité agissent de concert lors de la guerre d'Irak (1990-1991) et utilisent pour la première fois la force selon les règles de droit prévues par la Charte des Nations unies. La notion de « communauté internationale » semble prendre corps. La sécurité collective n'est plus illusoire. Le président George Bush (père) célèbre l'événement d'un nouvel ordre mondial fondé sur *une communauté « universelle d'États libres et souverains, le règlement négocié des conflits et les droits de l'homme »*. Le politologue Francis Fukuyama soutient que les oppositions idéologiques ont disparu, et avec elles les risques d'affrontements, et il annonce la « fin de l'histoire ». Le modèle libéral occidental n'est plus contesté même s'il n'est pas, ou pas encore, appliqué universellement. Parallèlement à la disparition du clivage bipolaire du monde, la « mondialisation » prend corps. Les progrès techniques contractent le temps et les distances, multiplient les capacités nouvelles de production, permettant une élévation générale des niveaux de vie. Les frontières s'effacent au profit des échanges libérés, multipliés et facilités sur le plan commercial au bénéfice de la circulation des idées, des hommes et des capitaux. Le libéralisme, économique et politique, et le progrès technologique se renforcent l'un l'autre. Les technologies de l'information donnent des capacités aux individus leur permettant de s'affranchir des anciennes barrières. L'information devient accessible à tous.

> *Pour les partisans, l'économie de marché globale est un facteur de progrès pour tous*

Ses partisans estiment que l'économie de marché globale assure progrès pour tous – un système *win-win* où tout le monde est gagnant – et qu'elle est le vecteur à l'échelle mondiale de l'extension de la démocratie et de la prospérité.

Selon Thomas Friedman, éditorialiste de politique étrangère américain et chantre de la mondialisation, *le monde est « plat »* car la révolution numérique accélère le processus de globalisation en abolissant les frontières commerciales et politiques. Ce ne sont plus les États ou les firmes qui entrent en relation et ou en concurrence, mais directement les individus qui forment des réseaux *via* Internet. Le marché de l'emploi se dénationalise et se mondialise. L'ordinateur personnel permet à chacun de produire ses propres documents numérisés (textes, photos, musiques, etc.). Et, pour un coût quasi nul, Internet permet l'accès instantané à une information globale, illimitée, aux formats numériques : les médias traditionnels sont violemment concurrencés ; les individus acquièrent un pouvoir considérable.

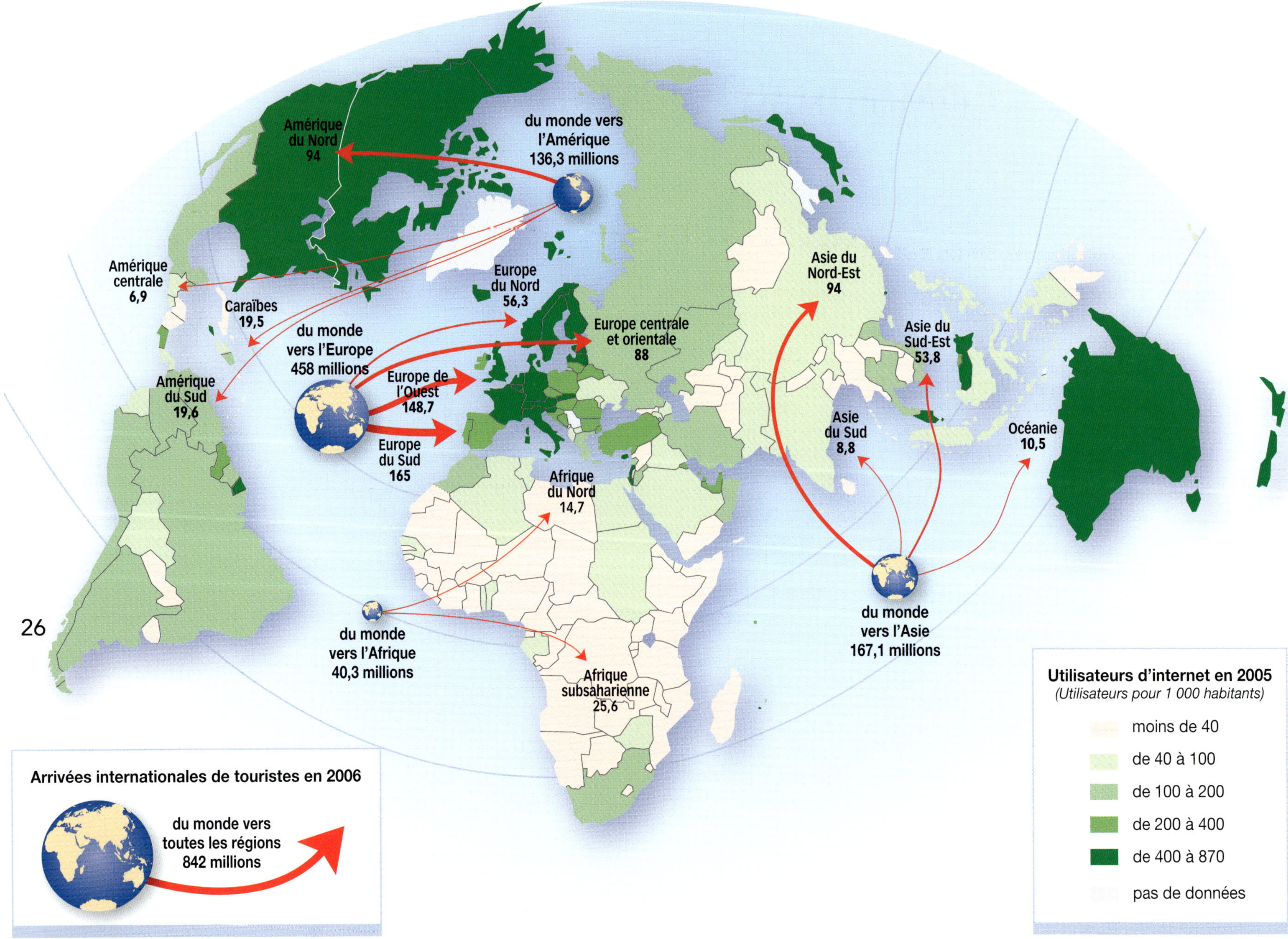

Amérique du Nord 94
du monde vers l'Amérique 136,3 millions
Amérique centrale 6,9
Caraïbes 19,5
Amérique du Sud 19,6
du monde vers l'Europe 458 millions
Europe du Nord 56,3
Europe centrale et orientale 88
Europe de l'Ouest 148,7
Europe du Sud 165
Afrique du Nord 14,7
du monde vers l'Afrique 40,3 millions
Afrique subsaharienne 25,6
Asie du Nord-Est 94
Asie du Sud-Est 53,8
Asie du Sud 8,8
Océanie 10,5
du monde vers l'Asie 167,1 millions
Arrivées internationales de touristes en 2006
du monde vers toutes les régions 842 millions
Utilisateurs d'internet en 2005
(Utilisateurs pour 1 000 habitants)
moins de 40
de 40 à 100
de 100 à 200
de 200 à 400
de 400 à 870
pas de données

Les partisans de cette thèse en concluent que, malgré le phénomène de terrorisme également facilité par la globalisation en réseau, les risques de conflits géopolitiques graves deviennent moins importants. La mondialisation des chaînes d'approvisionnement rend insupportable le coût d'une guerre en raison de la rupture des échanges commerciaux qu'elle suppose. Ainsi dans les relations entre la Chine et Taïwan ou l'Inde et le Pakistan, les intérêts économiques conduiraient ces adversaires à collaborer malgré leurs intérêts géopolitiques antagonistes.

Les causes des conflits existants tiennent aux inégalités dans l'accès à la mondialisation. Mais la généralisation de celle-ci, comme la démocratisation et la libéralisation de l'économie, devrait atténuer les tensions existantes. Friedman reconnaît simplement qu'il existe *un monde « non plat »*, la moitié de la planète encore exclue des « avantages » de la globalisation. La « fracture numérique », concerne ainsi les pays les moins avancés mais existe également au sein des pays émergents : seuls 2 % des Indiens ont accès à Internet aujourd'hui.

La globalisation en réseau facilite le terrorisme mais limite les risques de conflits graves

En tout cas, les régimes autoritaires, pas encore ou pas vraiment démocratiques, seraient sur la défensive et la démocratie gagnerait inexorablement du terrain.

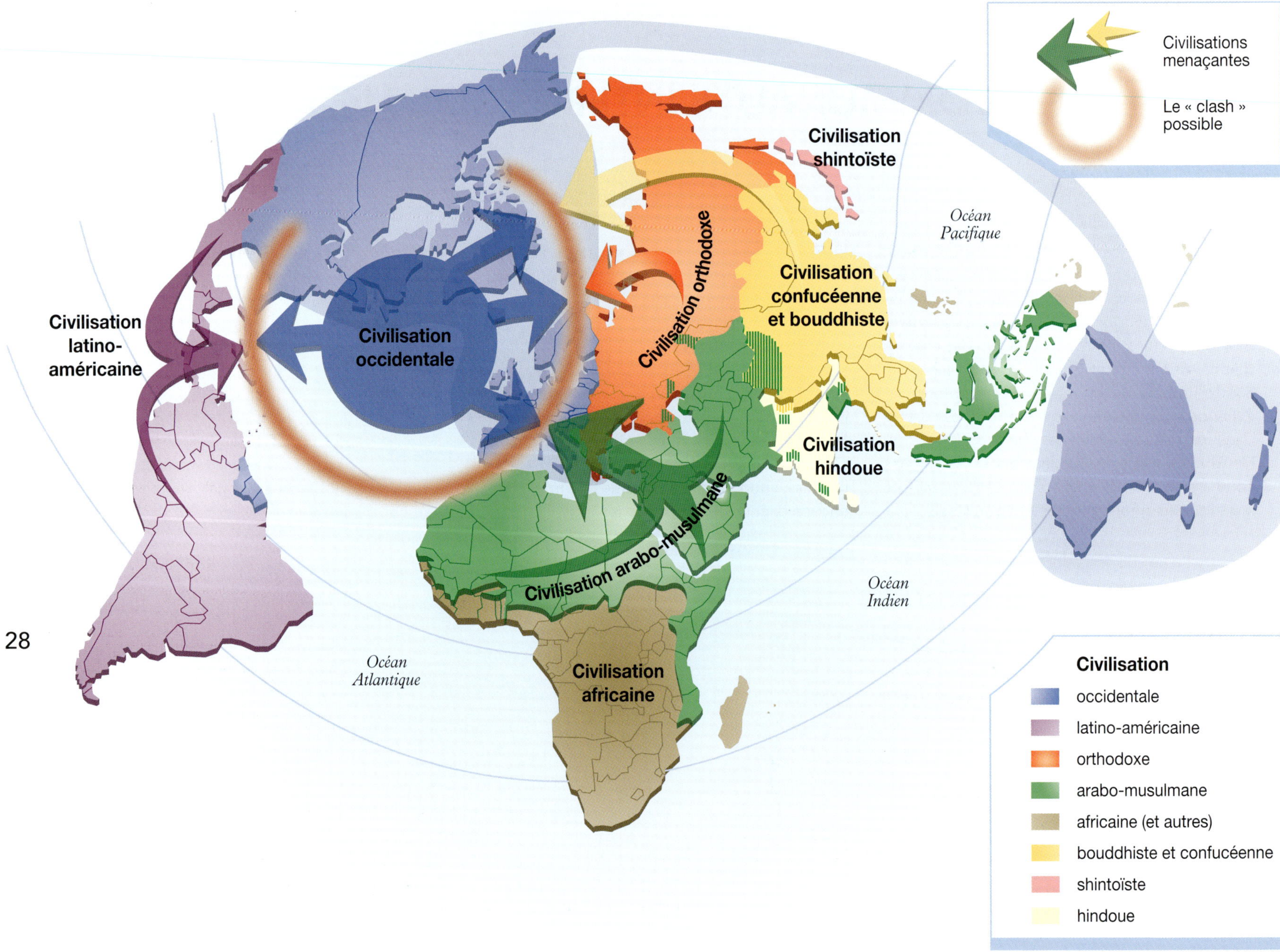
Civilisations menaçantes
Le « clash » possible
Civilisation shintoïste
Civilisation orthodoxe
Civilisation confucéenne et bouddhiste
Océan Pacifique
Civilisation latino-américaine
Civilisation occidentale
Civilisation hindoue
Civilisation arabo-musulmane
Océan Indien
Océan Atlantique
Civilisation africaine
Civilisation
occidentale
latino-américaine
orthodoxe
arabo-musulmane
africaine (et autres)
bouddhiste et confucéenne
shintoïste
hindoue

THÈSE DU « CLASH DES CIVILISATIONS »

Après la « chute » du mur de Berlin, en novembre 1989, et la dissolution de l'URSS, en décembre 1991, un vent d'optimisme submerge l'Occident. Un « nouvel ordre international » va naître, les « valeurs universelles » vont inspirer la « communauté internationale ». Cela va être, selon l'analyste Francis Fukuyama, la « fin de l'Histoire » faute de désaccords et de combattants.

Autre expert réputé des relations internationales, Samuel Huntington prend le contrepied de cet idéalisme. Il alerte au contraire sur un risque de *clash* entre huit civilisations ne partageant pas les mêmes valeurs ; et notamment entre les civilisations occidentale, islamique et confucéenne (les cinq autres étant selon lui la latino-américaine, l'africaine, l'hindoue, la slavo-orthodoxe, la nippone).

Optimistes, universalistes et mondialistes sont scandalisés. Huntington les juge naïfs. Ses opposants lui reprochent d'appeler au *clash*, de formuler une « prophétie autoréalisatrice », alors que, au contraire, il met en garde. Les réalistes ne croient pas en une alliance Islam-Chine anti-occidentale.

Le début des années 1990 semble donner raison à Fukuyama : la croissance, la présidence Clinton, la croyance dans les Nations unies, le processus de paix au Proche-Orient, la généralisation des télécommunications et plus tard, l'expansion d'Internet.

Puis l'assassinat d'Yitzhak Rabin et l'échec du processus de paix au Proche-Orient, le fiasco du sommet de l'ONU contre le racisme, à Durban, le basculement de l'opinion aux États-Unis (élections sénatoriales de 1996 et présidentielle de 2000), le piétinement de l'Europe, la montée du terrorisme islamique et, bien sûr, l'attentat d'Al Qaida le 11 septembre 2001 à New York contre les *Twin Towers*, rappellent que Huntington, dans ses mises en garde, est peut-être plus clairvoyant.

La théorie de Samuel Huntington semble confirmée par le 11 Septembre

Depuis lors, tout se passe comme si – tout en déclarant rejeter la « théorie » du *clash* des civilisations – un grand nombre d'Occidentaux, à la suite de l'administration Bush et des néoconservateurs, s'inscrivait dans le cadre huntingtonien et en tirait des conséquences bien particulières. La guerre d'Irak a certainement aggravé le fossé entre monde occidental et monde musulman. Les islamistes fondamentalistes ont, symétriquement, une même position radicale et, comme le firent longtemps les chrétiens, divisent le monde entre croyants et incroyants.

D'autres Occidentaux ainsi que les musulmans modérés nient cette perspective (cette « théorie ») au nom de l'universalisme, mais surtout parce qu'elle les inquiète.

D'autres enfin estiment au contraire que le *clash* Islam–Occident est un risque sérieux du fait de minorités fanatiques et d'une profonde ignorance mutuelle propice à la méfiance. Ceux-ci ne combattent pas la « théorie » mais essaient de conjurer le risque et de désamorcer les conflits en établissant, pour commencer, la paix au Proche-Orient, et en prônant le dialogue. Ainsi, en 2005, Kofi Annan, alors secrétaire général des Nations unies, crée une « Alliance des civilisations », pour combattre ce risque par l'éducation et les médias. En fait, ce risque planera encore longtemps. Des politiques occidentales judicieuses pourraient le contenir et le marginaliser au lieu de l'alimenter. C'est ce que tente le président Barack Obama depuis janvier 2009.

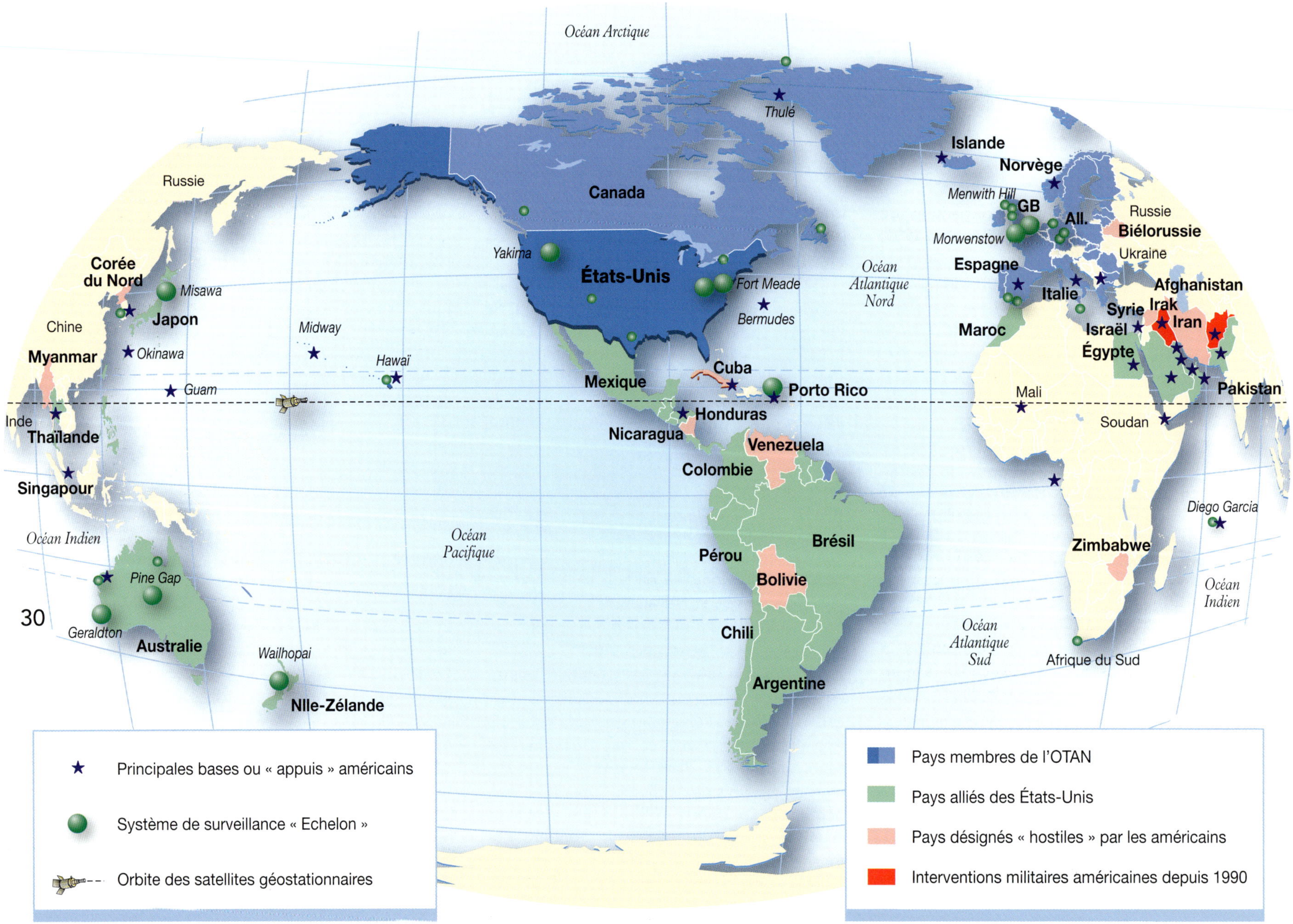
Océan Arctique
Thulé
Islande
Norvège
Russie
Canada
Menwith Hill
GB
All.
Russie
Biélorussie
Morwenstow
Ukraine
Yakima
États-Unis
Fort Meade
Océan Atlantique Nord
Espagne
Afghanistan
Corée du Nord
Misawa
Japon
Bermudes
Italie
Syrie
Irak
Iran
Chine
Midway
Maroc
Israël
Égypte
Myanmar
Okinawa
Hawaï
Cuba
Mexique
Porto Rico
Pakistan
Guam
Mali
Honduras
Soudan
Inde
Thaïlande
Nicaragua
Venezuela
Colombie
Singapour
Diego Garcia
Océan Indien
Océan Pacifique
Brésil
Zimbabwe
Pérou
Pine Gap
Bolivie
Océan Indien
Geraldton
Chili
Océan Atlantique Sud
Afrique du Sud
Australie
Wailhopai
Argentine
Nlle-Zélande
Principales bases ou « appuis » américains
Système de surveillance « Echelon »
Orbite des satellites géostationnaires
Pays membres de l'OTAN
Pays alliés des États-Unis
Pays désignés « hostiles » par les américains
Interventions militaires américaines depuis 1990

THÈSE DU « MONDE UNIPOLAIRE »

Après la disparition de l'URSS en décembre 1991, les États-Unis restent la seule superpuissance, que l'on a pu même qualifier « d'hyperpuissance », et le pôle central du monde. Certains parlent alors pour s'en réjouir ou pour le déplorer d'un « monde unipolaire ». Mais les États-Unis sont parvenus à cette situation plus par un enchaînement de l'histoire que pour l'avoir expressément voulu.

À la fin de son mandat de premier président des États-Unis d'Amérique en 1799, George Washington met en garde ses compatriotes contre les conflits en Europe et les adjure de ne pas s'y engager. Les États-Unis suivent cette ligne en Europe jusqu'à ce qu'ils estiment vital pour eux de s'engager du côté de la Grande-Bretagne et de ses alliés après avoir hésité, jusqu'en 1917 et même jusqu'en 1941.

Pendant le XIXe siècle, ils s'emploient à conquérir « l'Ouest », ce qui est chose faite en 1890. Puis, au tournant du siècle, ils asseoient leur influence, ou leur protectorat, au détriment de l'Espagne sur leur environnement direct : îles des Caraïbes, Amérique centrale ; puis sur les îles du Pacifique et les Philippines.

Après la victoire de 1918, le président Wilson, interventionniste et idéaliste, inspire la création de la Société des Nations. Mais, resté isolationniste, le Sénat ne le suit pas. Les États-Unis se retirent de la SDN. C'est l'agression japonaise contre la flotte américaine à Pearl Harbor à Hawaii le 7 décembre 1941 qui permet au président Roosevelt d'engager les États-Unis dans une guerre totale contre le régime nazi et le militarisme japonais : elle les conduira, avec leur allié soviétique, à la capitulation de l'Allemagne nazie le 8 mai 1945 et de l'Empire nippon le 2 septembre 1945. Après cette guerre-là, contrairement à la première, les États-Unis s'organisent pour rester en Europe : en créant l'OECE en 1948 pour gérer le Plan Marshall destiné à empêcher que l'Europe occidentale ne bascule dans le communisme ; et l'Alliance atlantique (traité de Washington de 1949) pour dissuader l'URSS de s'en prendre à l'Europe. À partir de là, les États-Unis prennent en main – jusqu'à aujourd'hui – la sécurité occidentale. Ils entourent l'URSS d'un chapelet de pactes militaires destinés, avec la constante modernisation de l'armement nucléaire, à « l'endiguer ». Dans le Tiers-monde, ils s'opposent pendant quarante-cinq ans à son influence jusqu'à sa chute.

Tout concourt à faire des États-Unis le pôle central d'un monde unipolaire

Quand l'Union soviétique disparaît, en décembre 1991, les États-Unis restent la seule des deux superpuissances de la guerre froide. L'addition de ce statut, de leur arsenal nucléaire, de leur suprématie militaire absolue, de leur puissance économique, du poids du dollar dans l'économie internationale, de leur rôle moteur dans l'expansion mondiale de l'économie de marché, de leur *soft power* (culture, langue, cinéma, mode de vie, universités, influence intellectuelle) : tout concourt à faire d'eux, dans les années 1990, le pôle central d'un monde unipolaire.

Les déclarations françaises sur un *monde multipolaire* ne sont pas considérées aux États-Unis comme un pronostic contestable, mais comme un programme hostile. Le 11 septembre 2001 apporte la preuve que même une hyperpuissance est vulnérable à un terrorisme suicidaire. La situation en Irak rappelle aussi qu'une hyperpuissance peut se fourvoyer. La montée de la Chine inquiète. Néanmoins beaucoup d'Américains (et d'autres) continuent de penser que, même avec la montée des émergents, les États-Unis resteront – et doivent rester – dans l'intérêt du monde *la* puissance dominante, un pôle au-dessus des autres.

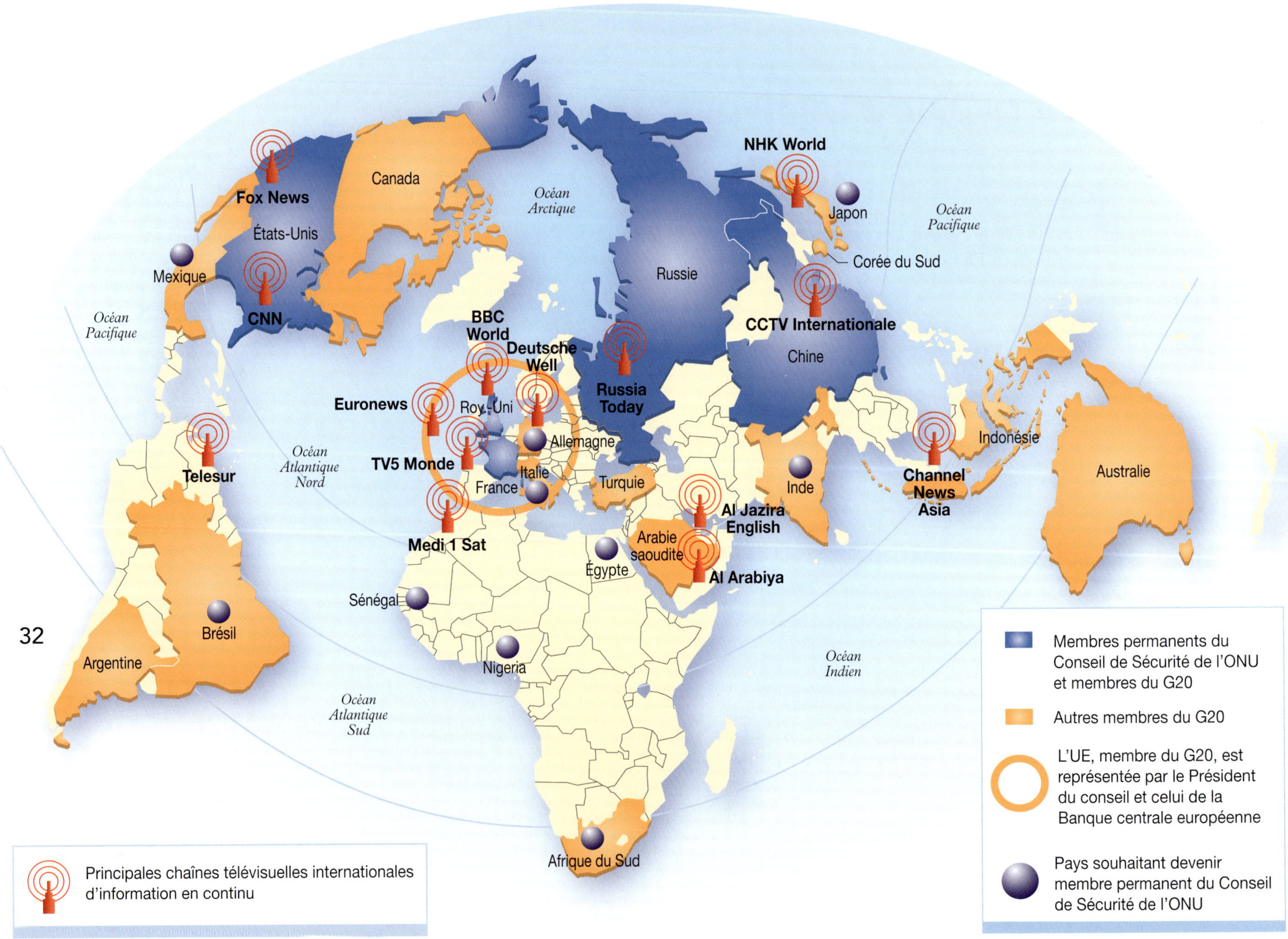
Fox News
Canada
Océan Arctique
NHK World
Japon
Océan Pacifique
États-Unis
Corée du Sud
Mexique
CNN
Russie
Océan Pacifique
BBC World
Deutsche Well
CCTV Internationale
Chine
Russia Today
Euronews
Roy.-Uni
Allemagne
Indonésie
Telesur
Océan Atlantique Nord
TV5 Monde
Italie
France
Turquie
Inde
Channel News Asia
Australie
Al Jazira English
Arabie saoudite
Medi 1 Sat
Égypte
Al Arabiya
Sénégal
Brésil
Argentine
Nigeria
Océan Indien
Océan Atlantique Sud
Afrique du Sud
Principales chaînes télévisuelles internationales d'information en continu
Membres permanents du Conseil de Sécurité de l'ONU et membres du G20
Autres membres du G20
L'UE, membre du G20, est représentée par le Président du conseil et celui de la Banque centrale européenne
Pays souhaitant devenir membre permanent du Conseil de Sécurité de l'ONU

THÈSE DU **« MONDE MULTIPOLAIRE »**

De 1945 à 1991, les États-Unis et l'URSS se sont affrontés dans une « guerre froide ». Après 1991, les États-Unis sont devenus la puissance dominante d'un monde unipolaire. Pour certains, ils le sont toujours. Mais pour d'autres, le monde est déjà, ou va devenir, « multipolaire ».

Pour la France, notamment pendant la présidence de Jacques Chirac (1995-2007) qui coïncide avec la manifestation éclatante de la suprématie américaine, un monde multipolaire est souhaitable pour contrebalancer et équilibrer la puissance américaine. Pour ces mêmes raisons, les États-Unis jugent inamicale cette expression.

Dans les faits, l'émergence de nouveaux mastodontes économiques est une évidence : Chine, Inde, mais aussi Brésil, Afrique du Sud et retour en force de la Russie que l'on avait crue trop vite hors jeu dans les années 1990. L'affirmation de ces pôles s'observe déjà au sein de l'OMC et ailleurs. Les pays émergents réclament une augmentation de leurs droits de vote au sein du FMI. Plusieurs pays sont candidats à devenir membres permanents du Conseil de sécurité. À l'automne 2008, sous l'effet de la crise et de l'action de la France, les membres du G7/G8 ont dû accepter de s'élargir en un G20 qui symbolise le monde multipolaire et sera le cadre des compétitions à venir.

Mais l'émergence de nouvelles puissances ne fait pas pour autant un monde multipolaire stable. De nombreuses questions se posent. Les États-Unis resteront-ils clairement le pôle dominant ? Ou finiront-ils par être rejoints voire dépassés par la Chine – cas possible en ce qui concerne les résultats économiques vers le milieu du XXIe siècle, peu probable en ce qui concerne le *soft power* ? Quels rapports s'établiront entre États-Unis, Chine, Japon, Inde, Russie, Brésil et Europe ? Verra-t-on des alliances de pôles contre d'autres, voire des conflits ? « L'organisation de Shanghai » est, par exemple, le cadre d'une coopération sino-russe. Quels seront les rapports de ce « système multipolaire », s'il y en a un, ou des divers pôles, avec les quelque 180 autres États membres du système multilatéral – 150 pays à l'OMC, 192 à l'ONU ?

Verra-t-on se former un directoire des puissances régionales ?

Les pôles de demain seront-ils chacun les leaders d'un groupe, ou d'une région – Brésil pour l'Amérique latine, Afrique du Sud et Nigeria pour l'Afrique par exemple – ? Verra-t-on se former une sorte de directoire des nouveaux pôles, comme on a pu parler, d'ailleurs abusivement, de directoire pour le G7 et, depuis 2008, pour le G20 ? Aucune hypothèse ne peut être, à ce stade, exclue.

L'Europe pose un problème particulier. En dépit de l'habitude installée de parler de « l'Europe » comme d'une entité singulière déjà constituée, malgré les références

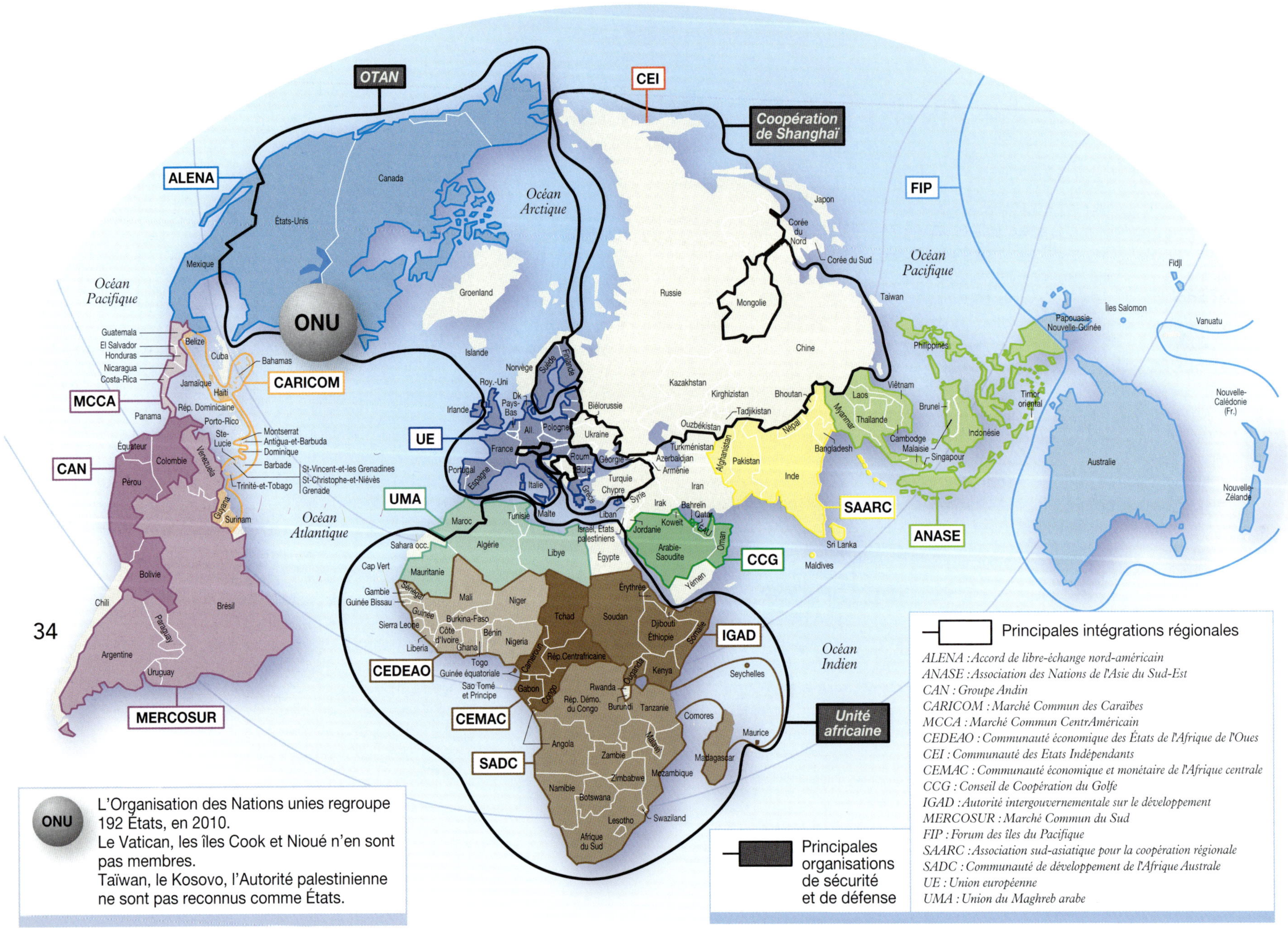
OTAN
CEI
Coopération de Shanghaï
ALENA
FIP
ONU
CARICOM
MCCA
CAN
MERCOSUR
UE
UMA
SAARC
ANASE
CCG
IGAD
CEDEAO
CEMAC
SADC
Unité africaine
Océan Arctique
Océan Pacifique
Océan Pacifique
Océan Atlantique
Océan Indien
Canada
États-Unis
Mexique
Groenland
Islande
Norvège
Suède
Finlande
Roy.-Uni
Irlande
Dk
Pays-Bas
All.
Pologne
France
Portugal
Espagne
Italie
Malte
Roum.
Bulg.
Grèce
Biélorussie
Ukraine
Géorgie
Azerbaïdjan
Arménie
Turquie
Chypre
Syrie
Liban
Israël, États palestiniens
Jordanie
Irak
Iran
Koweït
Bahreïn
Qatar
EAU
Oman
Arabie-Saoudite
Yémen
Égypte
Russie
Kazakhstan
Ouzbékistan
Turkménistan
Kirghizistan
Tadjikistan
Afghanistan
Pakistan
Inde
Népal
Bhoutan
Bangladesh
Sri Lanka
Maldives
Mongolie
Chine
Japon
Corée du Nord
Corée du Sud
Taïwan
Myanmar
Laos
Thaïlande
Viêtnam
Cambodge
Malaisie
Singapour
Brunei
Philippines
Indonésie
Timor oriental
Papouasie-Nouvelle-Guinée
Îles Salomon
Vanuatu
Fidji
Nouvelle-Calédonie (Fr.)
Australie
Nouvelle-Zélande
Guatemala
El Salvador
Honduras
Nicaragua
Costa-Rica
Belize
Panama
Cuba
Bahamas
Jamaïque
Haïti
Rép. Dominicaine
Porto-Rico
Montserrat
Antigua-et-Barbuda
Dominique
Ste-Lucie
Barbade
St-Vincent-et-les Grenadines
St-Christophe-et-Niévès
Grenade
Trinité-et-Tobago
Équateur
Colombie
Venezuela
Guyana
Surinam
Pérou
Bolivie
Brésil
Chili
Paraguay
Argentine
Uruguay
Maroc
Sahara occ.
Algérie
Tunisie
Libye
Mauritanie
Cap Vert
Sénégal
Gambie
Guinée Bissau
Guinée
Sierra Leone
Liberia
Mali
Burkina-Faso
Côte d'Ivoire
Ghana
Togo
Bénin
Niger
Nigeria
Tchad
Soudan
Érythrée
Djibouti
Éthiopie
Somalie
Rép. Centrafricaine
Cameroun
Guinée équatoriale
Sao Tomé et Principe
Gabon
Congo
Rép. Démo. du Congo
Ouganda
Kenya
Rwanda
Burundi
Tanzanie
Seychelles
Comores
Maurice
Madagascar
Angola
Zambie
Malawi
Mozambique
Zimbabwe
Namibie
Botswana
Swaziland
Lesotho
Afrique du Sud
ONU
L'Organisation des Nations unies regroupe 192 États, en 2010.
Le Vatican, les îles Cook et Nioué n'en sont pas membres.
Taïwan, le Kosovo, l'Autorité palestinienne ne sont pas reconnus comme États.
Principales intégrations régionales
Principales organisations de sécurité et de défense
ALENA : Accord de libre-échange nord-américain
ANASE : Association des Nations de l'Asie du Sud-Est
CAN : Groupe Andin
CARICOM : Marché Commun des Caraïbes
MCCA : Marché Commun CentrAméricain
CEDEAO : Communauté économique des États de l'Afrique de l'Oues
CEI : Communauté des Etats Indépendants
CEMAC : Communauté économique et monétaire de l'Afrique centrale
CCG : Conseil de Coopération du Golfe
IGAD : Autorité intergouvernementale sur le développement
MERCOSUR : Marché Commun du Sud
FIP : Forum des îles du Pacifique
SAARC : Association sud-asiatique pour la coopération régionale
SADC : Communauté de développement de l'Afrique Australe
UE : Union européenne
UMA : Union du Maghreb arabe

françaises régulières à la nécessité d'une « Europe puissance », il n'est pas assuré à ce stade que l'Europe s'affirme comme un pôle du monde multipolaire de demain. Elle en a par addition statistique le potentiel : 500 millions d'habitants, un PIB cumulé de 18 400 (14 200 pour les États-Unis) milliards de dollars. Sa politique commerciale extérieure commune pèse lourd. Mais l'Europe ne sera pas « les États-Unis d'Europe ». Ses États membres représentent des identités anciennes et fortes, sans comparaison avec les treize colonies américaines du début qui ne représentaient pas treize peuples différents. L'intégration européenne déjà forte ne se poursuivra pas au-delà du Traité de Lisbonne. Plus important, les Européens, dans leur majorité, s'en sont remis après 1945 aux États-Unis pour leur sécurité, leur défense et leur diplomatie. Beaucoup ont voulu tourner la page des politiques de puissance, en tout cas en ce qui concerne l'Europe, et répugnent à y revenir même si, quand les Français parlent d'Europe puissance, il s'agit de défendre les intérêts légitimes des Européens et d'exercer une influence régulatrice dans un monde en proie à une globalisation enrichissante mais déstabilisatrice. Si les Européens ne se décident pas à faire de l'Europe une puissance, celle-ci ne sera pas demain un pôle ni le partenaire d'une nouvelle alliance euro-américaine. Elle ne sera qu'une région de l'ensemble occidental sous le *leadership* du pôle dominant américain, bon ou mauvais.

L' Europe sera-t-elle un pôle ?

3

Les données globales

Cette partie contient des données objectives sur l'état de la planète et sur ses évolutions probables. C'est à partir d'une connaissance aussi précise que possible que l'on peut comprendre les enjeux et tenter d'y faire face de la façon la plus pertinente. Face à toutes ces problématiques, l'avenir de la planète dépendra en grande partie de la manière qu'auront les différentes nations de réagir, ensemble ou non, par leur action propre et au sein des organisations multinationales.

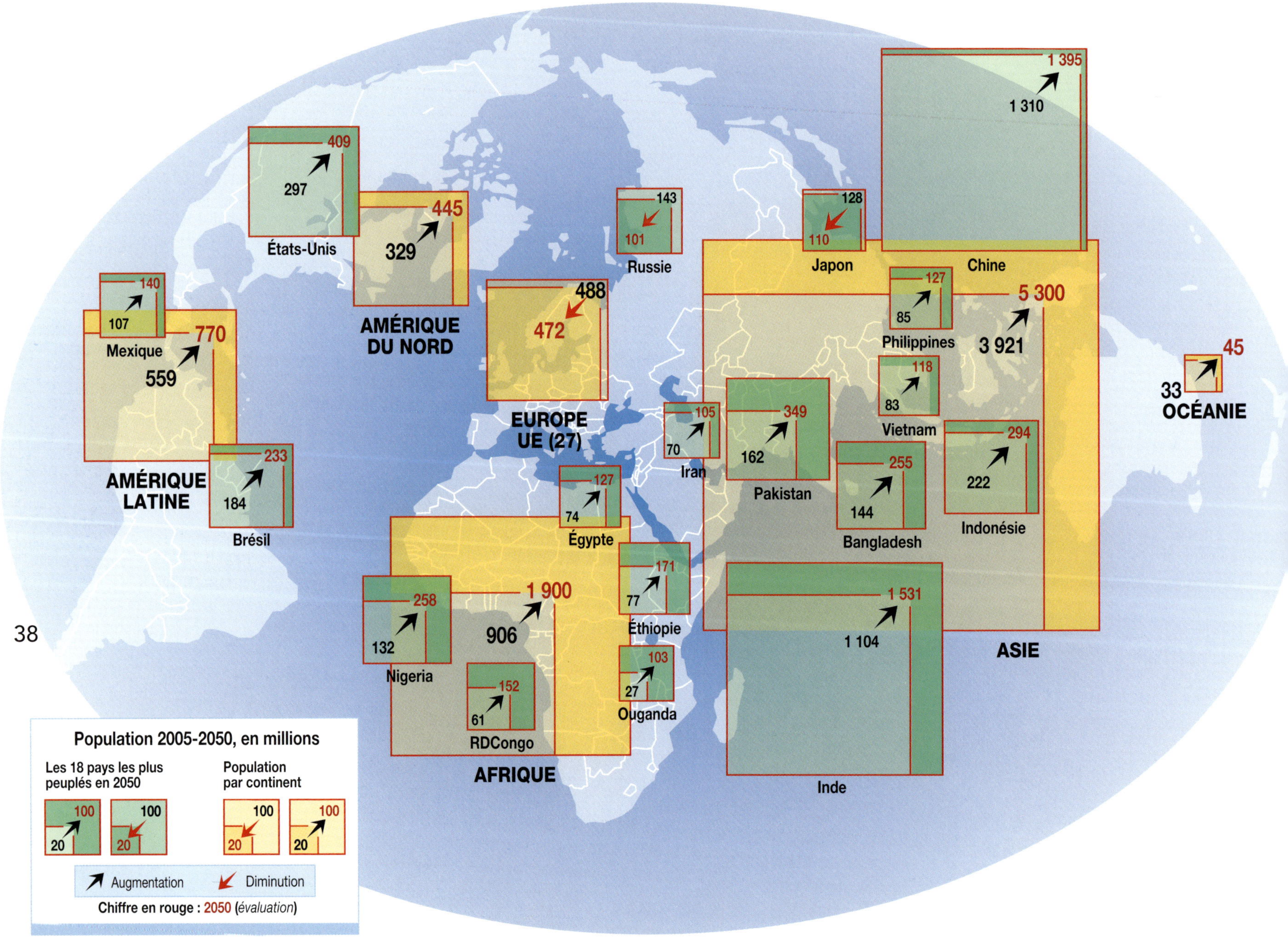
États-Unis
297
409
AMÉRIQUE DU NORD
329
445
Mexique
107
140
AMÉRIQUE LATINE
559
770
Brésil
184
233
EUROPE UE (27)
488
472
Russie
143
101
Japon
128
110
Chine
1 310
1 395
Philippines
85
127
ASIE
3 921
5 300
Vietnam
83
118
Iran
70
105
Pakistan
162
349
Bangladesh
144
255
Indonésie
222
294
Inde
1 104
1 531
OCÉANIE
33
45
Égypte
74
127
Éthiopie
77
171
Ouganda
27
103
Nigeria
132
258
RDCongo
61
152
AFRIQUE
906
1 900
Population 2005-2050, en millions
Les 18 pays les plus peuplés en 2050
Population par continent
100
20
Augmentation
Diminution
Chiffre en rouge : 2050 (évaluation)

Population

La population mondiale est restée stable au cours du premier millénaire et n'a atteint un milliard d'habitants qu'en 1800. C'est à cette époque que Malthus publie, en 1798, son essai où il prédit que la Terre n'aura pas assez de ressources pour faire face à l'augmentation de la population. Mais à partir du XIXe siècle elle a connu une croissance ininterrompue : 1,7 milliard en 1900 ; 2 milliards en 1925 ; 4 milliards en 1975 ; 6,5 milliards en 2005. Cette croissance globale ne doit pas cacher les différences selon les continents.

Selon les dernières évaluations démographiques, la planète devrait connaître une population de 9,5 milliards d'habitants en 2050 avant, vraisemblablement, de se stabiliser. Mais 96 % de l'essor démographique dans la période 2000-2050 concernerait les pays du Sud, les pays du Nord stagnant ou même déclinant, à l'exception notable des États-Unis. Ces derniers continueront en effet de bénéficier de l'apport d'une immigration régulière.

On est loin des prévisions émises par les démographes dans les années 1960-1981 qui annonçaient, à l'horizon 2050, une population mondiale comprise entre 25 et 50 milliards d'habitants ! Le continent africain sur la période 2000-2050 devrait être le seul à connaître un accroissement de sa part relative de population. Le nombre d'Africains devant doubler en l'espace de 50 ans à condition que la pandémie du Sida, qui entraîne un recul démographique important dans certains pays, soit contenue. L'Asie sera de plus en plus le centre de gravité mondiale avec 5,3 milliards d'habitants, 60 % de la population mondiale ; l'Inde devant à terme « doubler » la Chine avec 1,5 milliard d'habitants contre 1,4 milliard. L'Europe est menacée de devenir un nain démographique puisqu'elle ne représentera plus que 7 % de la population mondiale contre 12 % en 2000. La Russie représente un cas extrême de déclin démographique rapide, la population russe ne cessant de décroître. Passant de 148 millions d'habitants en 1989 à 143 millions en 2005 avec des prévisions de 101 millions en 2050. La Russie passerait ainsi du 6e au 18e rang mondial. Le Japon devrait également perdre 25 % de sa population d'ici 2050. Dans la plupart des pays, la fertilité devrait tomber en dessous de 2,1 enfants par femme (seuil de renouvellement des générations) vers 2025, surtout dans les sociétés où le travail des femmes et le fait d'avoir des enfants sont difficilement compatibles. On risque donc de passer de la peur d'une éventuelle surpopulation mondiale à des préoccupations concernant son éventuelle réduction et à des problèmes de vieillissement ; ou de cumuler les deux types de problèmes.

L'Asie sera de plus en plus le centre de gravité mondiale avec 5,3 milliards d'habitants

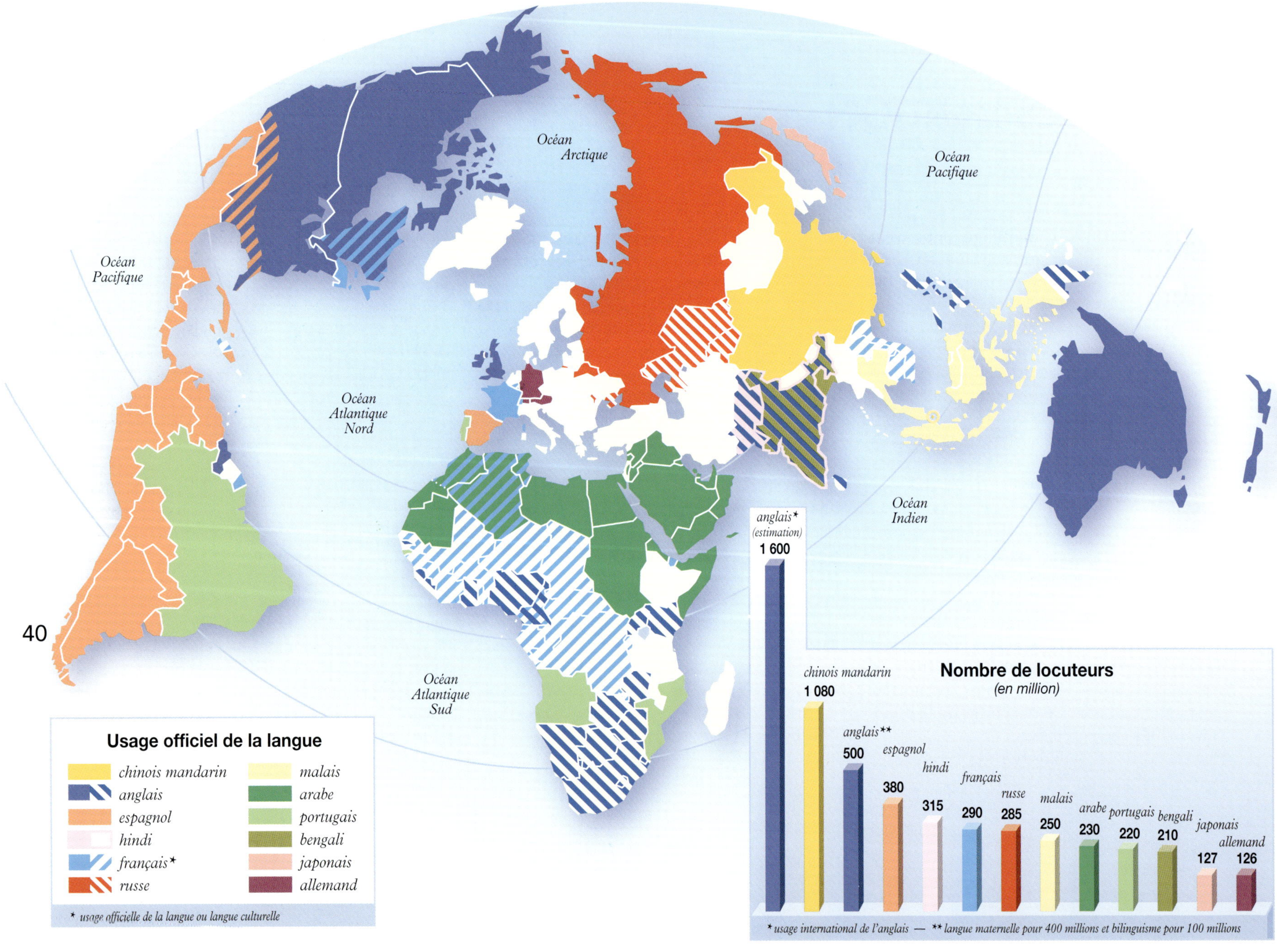
Océan Pacifique
Océan Arctique
Océan Pacifique
Océan Atlantique Nord
Océan Indien
Océan Atlantique Sud
Usage officiel de la langue
chinois mandarin
anglais
espagnol
hindi
français*
russe
malais
arabe
portugais
bengali
japonais
allemand
* usage officielle de la langue ou langue culturelle
Nombre de locuteurs
(en million)
anglais* (estimation) 1 600
chinois mandarin 1 080
anglais** 500
espagnol 380
hindi 315
français 290
russe 285
malais 250
arabe 230
portugais 220
bengali 210
japonais 127
allemand 126
* usage international de l'anglais — ** langue maternelle pour 400 millions et bilinguisme pour 100 millions

Les langues dans le monde

La langue est un lien identitaire interne et parfois un vecteur d'influence extérieure. L'extension d'une langue à l'échelle internationale permet de mesurer le rayonnement du pays d'origine. Quelques rares langues sont utilisées en dehors de leur pays d'origine.

Du XVIIe siècle au début du XXe, le français a été la langue des élites internationales de la culture et de la diplomatie. Il a ainsi pu rester la langue dominante au XIXe siècle, alors que la France avait déjà cédé la place de puissance dominante à la Grande-Bretagne. Le traité de Versailles (1919) clôturant la première guerre mondiale fut le premier grand document diplomatique à être rédigé à la fois en anglais et en français. Cela peut être considéré comme un passage de témoin entre les deux langues. Le succès de la langue anglaise tient à ce qu'elle est à la fois celle d'une des principales puissances européennes, la Grande-Bretagne, et de la puissance mondiale montante, les États-Unis.

L'utilisation d'une langue est le reflet d'un héritage historique, notamment celui des empires coloniaux : Afrique francophone et anglophone, Amérique latine lusophone ou hispanophone. C'est également le produit de l'attractivité et de la puissance d'un pays. L'anglo-américain est aujourd'hui devenu la langue universelle grâce à sa base coloniale importante (Afrique anglophone, Australie, Nouvelle-Zélande, Canada, États-Unis) et au statut de puissance dominante des États-Unis.

Le phénomène de globalisation a accentué l'avantage comparatif de l'anglo-américain qui est désormais utilisé comme langue véhiculaire entre personnes ayant chacune une langue natale différente y compris à l'intérieur d'un même État. L'anglais – ou plutôt sa forme globalisée et simplifiée, le *globish*, très différente de l'anglais littéraire – est devenu, sans contestation possible, la langue internationale des médias, des affaires et de la culture mondialisée. C'est la langue de la globalisation.

Une des 6 000 langues meurt chaque semaine

Afin de mesurer le rayonnement linguistique, il faut prendre non seulement en compte le nombre de locuteurs de la langue, mais surtout son implantation en dehors du pays d'origine et son utilisation par ceux pour qui elle n'est pas la langue natale. Le chinois est certainement la langue la plus parlée au monde, mais elle n'est pas la langue dominante et elle n'a pas un véritable statut international. Malgré sa perte de statut de langue dominante, le français reste l'une des deux grandes langues de communication internationale étant langue officielle dans une trentaine de pays et ayant conservé une place forte dans le domaine diplomatique. L'anglais est la langue officielle ou co-officielle dans 60 pays, il y a six langues officielles à l'ONU (l'anglais, l'arabe, le chinois, l'espagnol, le français et le russe), reflet aussi du nombre de locuteurs. Selon l'UNESCO, il y a environ 6 000 langues existantes, mais en moyenne il en disparaît une chaque semaine.

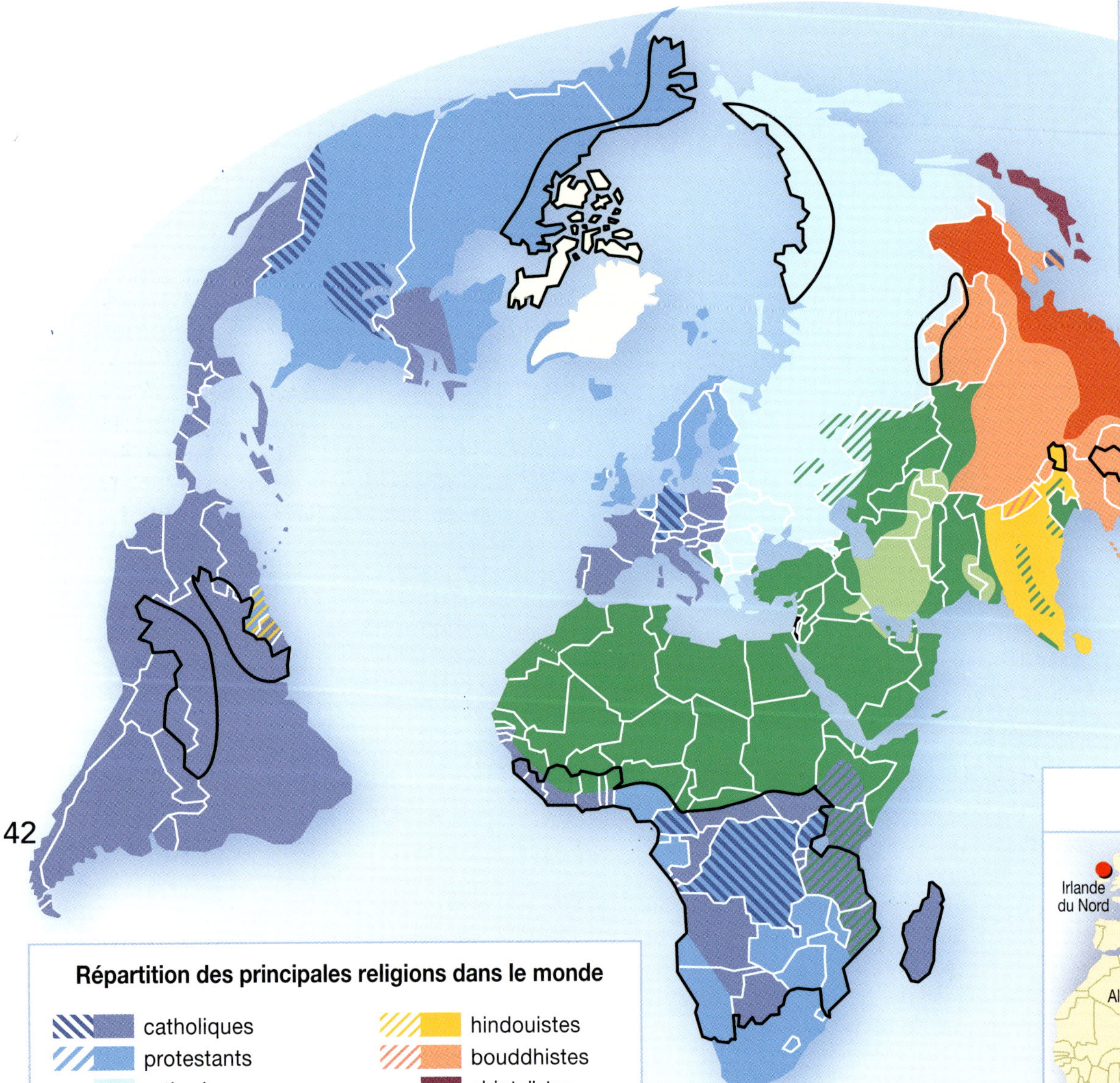

Répartition des principales religions dans le monde

- catholiques
- protestants
- orthodoxes
- musulmans sunnites
- musulmans chiites
- juifs
- hindouistes
- bouddhistes
- shintoïstes
- confucianistes et taoïstes
- religions ancestrales

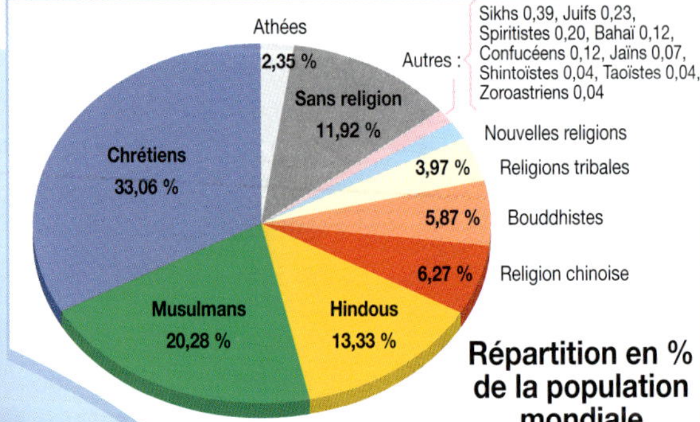

Répartition en % de la population mondiale

Principaux conflits des 20 dernières années où intervient un facteur religieux

Religions

Les religions ont façonné les sociétés et leur vision du monde depuis l'aube de l'histoire. Elles sont intimement liées aux phénomènes d'identité, de culture, de civilisation. Au-delà de leur dimension spirituelle, elles ont donc joué un rôle politique et géopolitique majeur, pacificateur ou conflictuel, selon les moments et les lieux. Les religions les plus répandues dans le monde actuel sont le christianisme (33 %), l'islam (20 %) et l'hindouisme (13 %). Certaines religions, celles du « livre » (judaïsme, christianisme, islam) sont dites « révélées ». Les autres se sont constituées petit à petit. Certaines sont prosélytes et cherchent la conversion des « infidèles » : en particulier le christianisme (surtout dans ses branches catholique et protestante) et l'islam. Avec le temps, la dimension religieuse est devenue une dimension essentielle de l'identité des groupes ou des nations, mêlée à d'autres dimensions : culturelle, linguistique, ethnique, nationale. Dans les guerres dites de religion, il est très difficile de distinguer ce qui relève de la religion, de la politique, de la lutte des classes ou des clans, de la lutte pour le pouvoir. Soumis à une oppression politique, un groupe se raccroche souvent à son identité religieuse : les Polonais au catholicisme sous la domination soviétique ; les Grecs et les Serbes à l'orthodoxie sous l'Empire ottoman ; les juifs en Europe – surtout de l'Est – et dans le monde arabe pendant des siècles, etc. Inversement, dès la fin de l'URSS, l'orthodoxie redevient une composante majeure de l'identité russe.

L'histoire moderne de l'Europe est aussi une longue lutte des monarques nationaux pour échapper au pouvoir du pape et des sociétés pour se libérer, par la laïcité, de l'emprise religieuse, essentiellement catholique, sur la vie publique et privée.

> *La religion redevient une dimension essentielle dans l'identité des nations*

Aujourd'hui, l'Europe, qui se confond avec la chrétienté, est le continent le moins religieux, avec la Chine qui ne l'a jamais été beaucoup.

En revanche, la religion reste très présente dans la vie – et la politique – aux États-Unis, en Amérique latine, en Afrique, en Inde, dans le monde arabo-musulman et en Russie.

Dans sa classification contestée des « civilisations » probablement vouées à s'affronter, Samuel Huntington s'appuie notamment sur le critère religieux. Cet élément est fort dans la détestation que vouent les islamistes aux Occidentaux, aux « croisés », aux Israéliens et aux juifs. Il se retrouve, en moins fort, dans le rejet de l'Islam – et pas seulement de l'islamisme – que l'on retrouve chez certains Occidentaux, en particulier dans certains groupes protestants du Sud des États-Unis. En revanche, le conflit israélo-palestinien est à l'origine un conflit national classique pour un territoire. Ce n'est qu'avec le temps et son pourrissement qu'il acquiert une dimension religieuse – montée des islamistes chez les Palestiniens, au départ plutôt laïques ; religieux extrémistes israéliens.

Aujourd'hui, on retrouve une composante religieuse dans les conflits, et dans les crises des Balkans, du Proche et du Moyen-Orient, du Caucase et de l'Asie centrale, du sous-continent indien et de plusieurs pays d'Afrique, à la ligne de contact islam/christianisme/animisme.

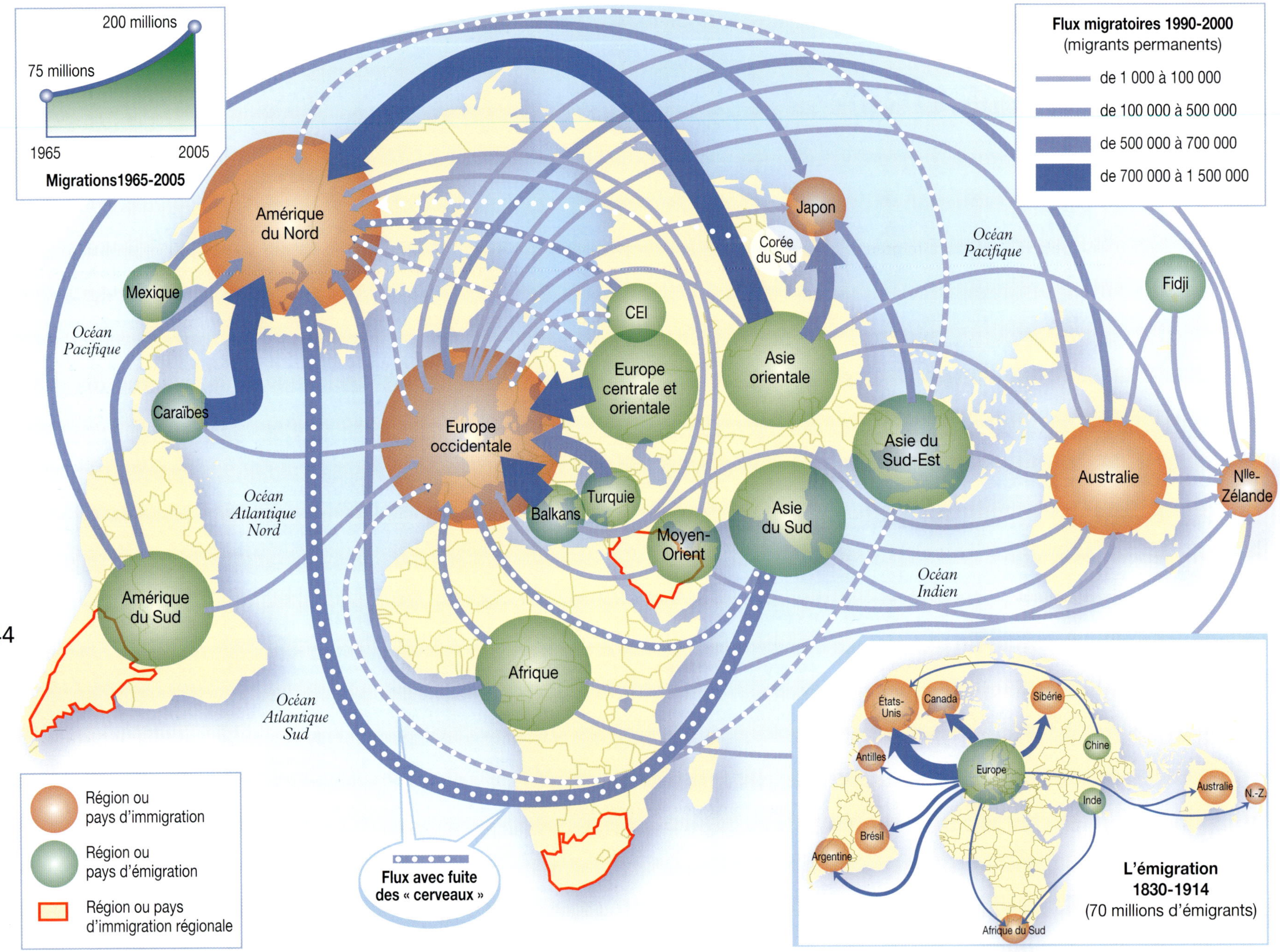

200 millions
75 millions
1965
2005
Migrations1965-2005
Flux migratoires 1990-2000
(migrants permanents)
de 1 000 à 100 000
de 100 000 à 500 000
de 500 000 à 700 000
de 700 000 à 1 500 000
Amérique du Nord
Japon
Corée du Sud
Océan Pacifique
Mexique
CEI
Europe centrale et orientale
Asie orientale
Fidji
Caraïbes
Europe occidentale
Asie du Sud-Est
Australie
Nlle-Zélande
Turquie
Balkans
Moyen-Orient
Asie du Sud
Océan Atlantique Nord
Océan Indien
Amérique du Sud
Afrique
Océan Atlantique Sud
Région ou pays d'immigration
Région ou pays d'émigration
Région ou pays d'immigration régionale
Flux avec fuite des « cerveaux »
États-Unis
Canada
Sibérie
Chine
Antilles
Europe
Australie
N.-Z.
Inde
Brésil
Argentine
Afrique du Sud
L'émigration 1830-1914
(70 millions d'émigrants)

Migrations internationales

Selon l'ONU, le migrant est une personne qui s'est installée dans un pays autre que celui dont il est citoyen depuis au moins un an.

Sans remonter à ce que l'on appelait autrefois les « grandes invasions » du Haut Moyen Âge, (Ve-Xe siècle), on peut distinguer trois grandes époques dans les migrations internationales. Aux XVIe et XVIIe siècles, les flux migratoires se développent parallèlement à l'essor du commerce et de la colonisation. Sur des motivations commerciales (les comptoirs) ou religieuses (missionnaires) se greffent des migrations volontaires de peuplement et de conquête coloniale des Européens. Il y a également des migrations forcées destinées à couvrir les besoins en population et en force de travail dans les colonies.

L'industrialisation du XIXe siècle accélère les flux migratoires. Les transports deviennent moins coûteux et plus faciles. Les dépressions économiques ou les famines en Europe entraînent des flux de départs importants. 60 millions d'Européens vont s'établir en Amérique au cours du XIXe siècle. À la fin du XIXe siècle, de nombreux Chinois émigrent également aux États-Unis. À l'aube de la première guerre mondiale, les migrants représentent 5 % de la population. Les flux migratoires vont se ralentir dans la première moitié du XXe siècle. La première guerre mondiale puis la crise de 1929 suscitent des réactions nationalistes qui rendent les migrations moins faciles ou impossibles. Celles-ci repartent à la hausse dans les années 1950. En 1965, les migrants sont 75 millions, soit 2,3 %, pour être 200 millions en 2005, soit 3 % de la population mondiale.

Désormais, ce sont les pays du Sud qui fournissent l'essentiel de la population migrante, pour des raisons économiques.

Les modifications du climat pourraient causer des migrations écologiques

Du XIXe au XXe siècles, les flux migratoires se sont en effet inversés. De Nord-Sud ou Nord-Nord, ils sont devenus Sud-Nord et Sud-Sud. Les pays d'émigration sont devenus des pays d'immigration à l'exception des États-Unis. La motivation des migrants reste principalement économique : on fuit la misère. On recherche une vie meilleure. Aux migrants économiques il faut ajouter les réfugiés et déplacés du fait de conflits. En 2005, on recense l'immigration sud-sud (61 millions de personnes), sud-nord (62 millions), nord-sud (14 millions), nord-nord (53 millions). 63 % des migrants résident dans les pays développés. Les États-Unis restent le premier pays d'immigration du monde avec 35 millions de résidents nés à l'étranger, soit 12 % de la population américaine. Le problème de la « fuite des cerveaux » se pose avec une acuité nouvelle : la main-d'œuvre qualifiée des pays du Sud a plus d'opportunités au Nord. Mais cet exode de la main-d'œuvre qualifiée rend le développement du Sud encore plus problématique. Il faut également noter le développement d'un nouveau type d'immigration temporaire, celle des étudiants étrangers inscrits dans les universités des pays développés, immigration à la fois Sud-Nord et Nord-Nord. Enfin, les modifications du climat pourraient entraîner dans les décennies à venir des migrations et de réfugiés écologiques.

Afrique du Nord et Soudan font parties de la même sous-région définie par l'Organisation mondiale du tourisme

** *Est comptée comme arrivée de touriste international dans un pays donné, toute visite d'une personne ne résidant pas dans ce pays et venant y passer au moins une nuitée.*

Tourisme

L'organisation mondiale du tourisme définit le tourisme international comme l'ensemble des déplacements de personnes franchissant une frontière pour une durée d'au moins 24 heures dans un autre but que professionnel. Depuis la seconde moitié du XXe siècle, le tourisme a connu un développement considérable au point de devenir un phénomène de masse. Le développement des transports, la diminution de leur coût, l'allongement du temps libre, l'ouverture des frontières a facilité son essor au point d'en faire un élément de la mondialisation. On est passé de 25 millions de touristes internationaux en 1950, à 280 millions en 1980, 440 millions en 1990, pour arriver à plus de 900 millions aujourd'hui. Le secteur représente 11 % du PIB mondial au-delà du tourisme intrarégional. Il se fait essentiellement du nord vers le sud, à rebours des phénomènes migratoires. Il subit également moins de restriction. L'aire méditerranéenne est la première du monde avec 40 % des flux, suivie par l'aire méso-américaine, Amérique centrale et Caraïbes, enfin l'aire Asie-Pacifique qui bénéficie du fort développement chinois.

Il s'agit du plus grand secteur économique non gouvernemental du monde. Pour les pays pauvres, le tourisme est d'une importance économique cruciale. Pour 46 des 49 pays les moins avancés, c'est même la première source de devises étrangères. L'activité touristique est également extrêmement attrayante économiquement pour des pays émergents ou développés. Son impact est direct et touche en profondeur la société d'accueil financièrement, humainement et en termes de création d'emplois. Ainsi, après le tsunami de Noël 2005, les pays asiatiques estimaient que la principale aide résidait dans le retour en masse des touristes.

Le plus grand secteur économique non gouvernemental

Le tourisme sert-il de caution aux régimes non démocratiques ? L'ouverture d'un pays au tourisme est la preuve d'un moins grand contrôle social de la population. Les régimes les plus autoritaires ont du mal à accepter la présence d'étrangers. Du temps de la guerre froide, les rares visiteurs qui venaient dans les pays communistes étaient strictement encadrés et surveillés, de peur qu'ils n'entrent en contact avec la population ou, pis encore, avec des opposants.

Le risque terroriste fait planer une menace majeure sur le tourisme. Les mouvements terroristes veulent s'attaquer à l'une des ressources en devises d'un État afin de le déstabiliser. Mais on constate qu'il y a une accoutumance au danger. Le public a ainsi de plus en plus intégré le risque terroriste, qui, par ailleurs, peut frapper partout, y compris dans les villes occidentales, comme on l'a vu à New York, Madrid ou Londres.

Aussi, les risques sanitaires, les accidents de transport ou lors d'activités sportives, pour être moins spectaculaires, sont en fait bien plus dangereux que le terrorisme. Si une menace pèse sur le tourisme à l'avenir, c'est sur la montée en puissance du respect de l'environnement. Les sites et les organisations touristiques devront s'y adapter. Les déplacements de masse en avion sont polluants et sources de nuisances. Si à l'avenir, les transports aériens ne parviennent pas à modérer leur consommation d'énergie, ils redeviendront chers et seront par ailleurs contestés au nom de la lutte contre le réchauffement climatique.

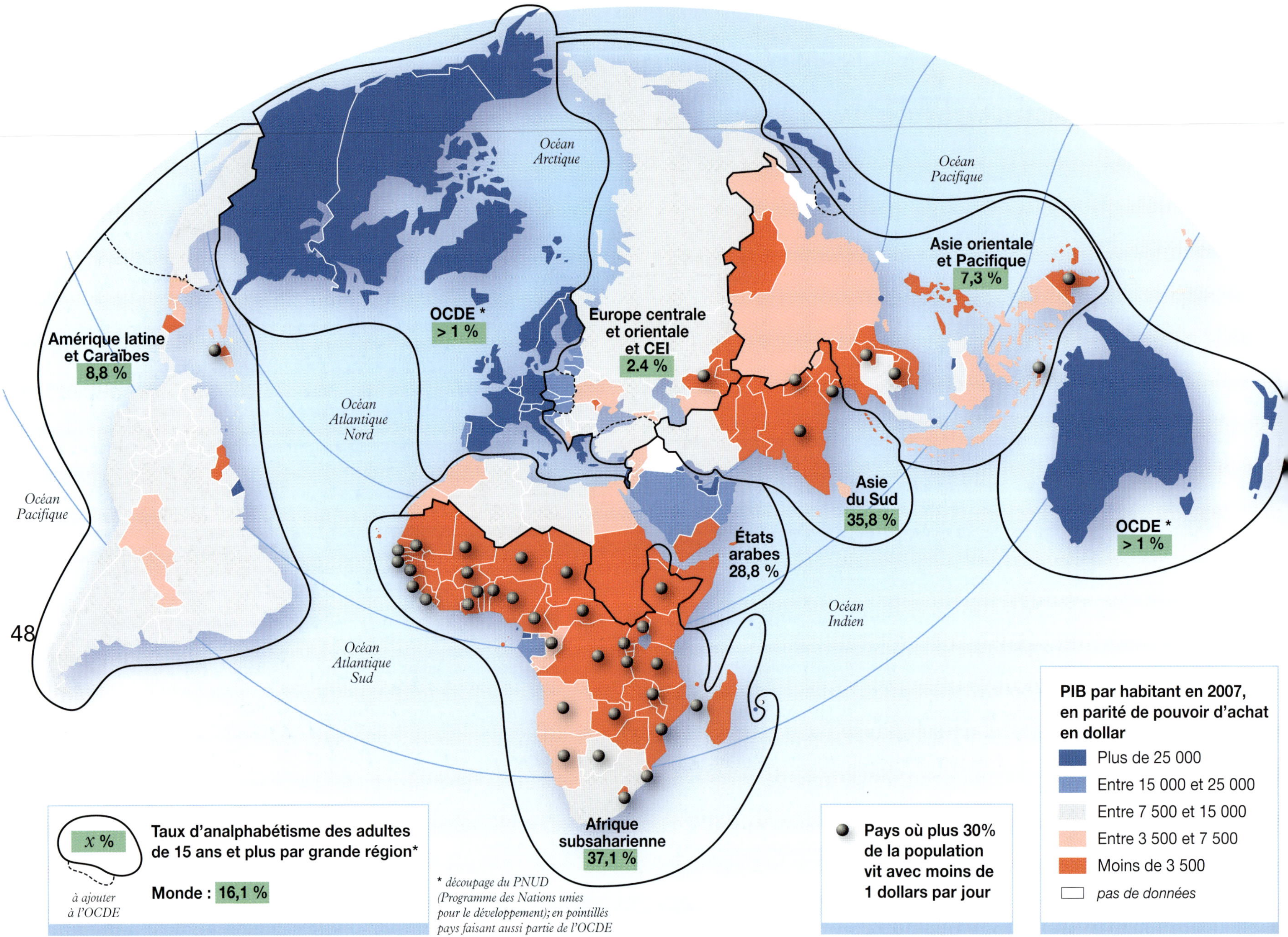
Océan Arctique
Océan Pacifique
Asie orientale et Pacifique
7,3 %
OCDE *
> 1 %
Europe centrale et orientale et CEI
2.4 %
Amérique latine et Caraïbes
8,8 %
Océan Atlantique Nord
Asie du Sud
35,8 %
Océan Pacifique
États arabes
28,8 %
OCDE *
> 1 %
Océan Indien
Océan Atlantique Sud
Afrique subsaharienne
37,1 %
x %
à ajouter à l'OCDE
Taux d'analphabétisme des adultes de 15 ans et plus par grande région*
Monde : 16,1 %
* découpage du PNUD (Programme des Nations unies pour le développement); en pointillés pays faisant aussi partie de l'OCDE
Pays où plus 30% de la population vit avec moins de 1 dollars par jour
PIB par habitant en 2007, en parité de pouvoir d'achat en dollar
Plus de 25 000
Entre 15 000 et 25 000
Entre 7 500 et 15 000
Entre 3 500 et 7 500
Moins de 3 500
pas de données

Inégalités Nord-Sud

Même si l'expression « Tiers-monde » n'a plus le sens global qu'elle avait il y a trente ans, les inégalités Nord-Sud demeurent une réalité. Néanmoins, les inégalités économiques peuvent être également Sud-Sud. Dans les années 1970, on pensait que le Sud allait combler son retard, considéré comme purement chronologique, en termes de développement. Si certains pays ont réussi leur décollage industriel, et si d'autres bénéficient d'une rente pétrolière, les inégalités entre riches et pauvres se sont creusées. Avant la révolution industrielle, l'écart de revenus par habitant entre l'Europe, l'Afrique et l'Extrême-Orient ne dépassait pas 30 %. La première révolution industrielle a creusé cette différence du revenu par habitant entre les plus riches et les plus pauvres : ce rapport de 1 à 10, à la fin du XIXe siècle, est passé désormais de 1 à 50. Un pays ne disposant pas des infrastructures élémentaires en termes d'éducation, de transport, de santé ou d'administration étatique n'a pas les moyens de se développer et ne peut donc se doter de ces infrastructures indispensables : c'est la « trappe à pauvreté ». Selon le programme des Nations unies pour le développement (PNUD), 1,2 milliard d'individus vivent avec moins de 1 dollar par jour, et 2,8 milliards avec moins de 2 dollars par jour. Le patrimoine des quinze personnes les plus riches dans le monde dépasse le PIB annuel total de l'Afrique subsaharienne. 900 millions d'adultes sont analphabètes et 98 % d'entre eux vivent dans les pays du Sud. Le taux de mortalité infantile est de 7 pour 1 000 aux États-Unis, de 126 pour 1 000 au Mali. La pauvreté se traduit également par des inégalités devant la maladie : 95 % des malades du SIDA se situent au sud de la planète, même chose pour le paludisme. Les 20 % du Nord consomment 60 % de l'énergie mondiale. Les inégalités existent également de façon criante à l'intérieur des frontières d'un pays ; elles sont, elles aussi, en augmentation.

La mondialisation a augmenté à la fois la richesse et les inégalités

Pour lutter contre les inégalités Nord-Sud, il a été décidé une nouvelle fois au Sommet de la terre de Rio, en 1992, que les pays riches verseraient 0,7 % de leur PIB en aide au développement. En septembre 2000, l'ONU proclama la « déclaration du millénaire », visant à diviser par deux l'extrême pauvreté, et par trois la mortalité infantile à l'horizon 2015. Il est bien peu probable à ce jour que ces engagements soient tenus. La mondialisation a eu pour effet d'augmenter à la fois la richesse globale et l'inégalité de sa répartition, tout en portant à la connaissance du plus grand nombre cet écart croissant.

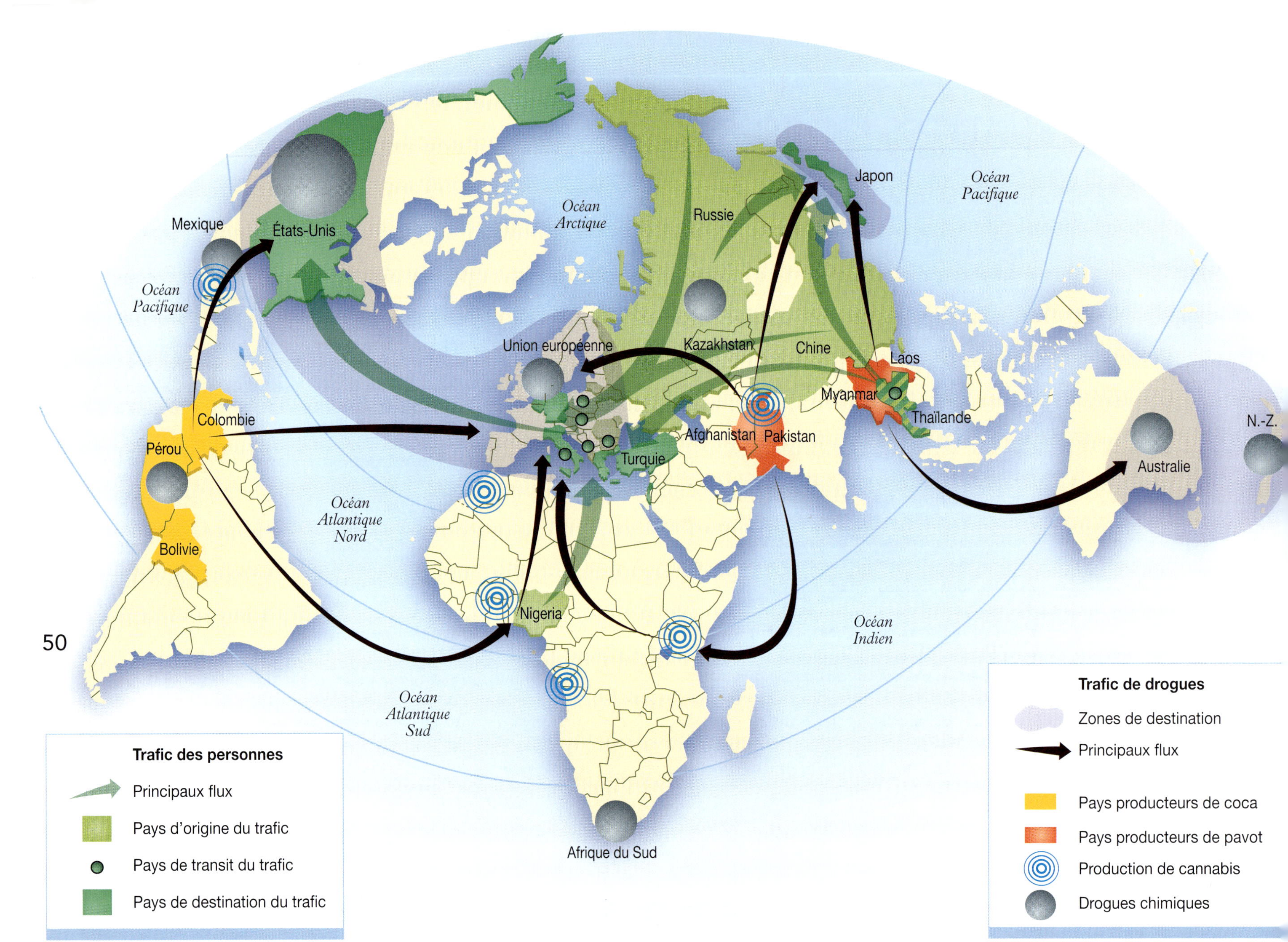
Mexique
États-Unis
Océan Pacifique
Océan Arctique
Russie
Japon
Océan Pacifique
Union européenne
Kazakhstan
Chine
Laos
Myanmar
Thaïlande
Colombie
Pérou
Bolivie
Afghanistan
Pakistan
Turquie
N.-Z.
Australie
Océan Atlantique Nord
Nigeria
Océan Indien
Océan Atlantique Sud
Afrique du Sud
Trafic des personnes
Principaux flux
Pays d'origine du trafic
Pays de transit du trafic
Pays de destination du trafic
Trafic de drogues
Zones de destination
Principaux flux
Pays producteurs de coca
Pays producteurs de pavot
Production de cannabis
Drogues chimiques

Criminalité

La mondialisation profite également au crime organisé. Interpol le définit comme « toute entreprise engagée dans une activité illégale permanente, ne tenant pas compte des frontières nationales et dont l'objectif premier est le profit ». Les mafias, qui avaient auparavant une base nationale et locale, jouent maintenant à une échelle planétaire afin de renforcer, face aux États, leurs parts du « marché criminel ». Ces groupes mettent à profit les mutations de la mondialisation, l'ouverture des frontières, la déréglementation et la financiarisation de l'économie mondiale. Aux côtés de la mafia sicilienne, des yakusas japonais, des triades chinoises, des cartels de la drogue boliviens ou colombiens, des mafias russes, qui ont une base nationale mais étendent globalement leur activité, d'autres acteurs illégaux sont apparus. Il y a les mouvements armés, guérillas dégénérées qui, soit financent leur guerre par des trafics, soit font des trafics leur activité principale. La conquête du pouvoir s'efface comme objectif face à la constitution d'une rente faite du pillage des ressources naturelles et des trafics (pétrole, diamant). À côté des activités traditionnelles (trafic de stupéfiants, d'armes, de diamants) se sont développées de nouvelles activités : les trafics d'êtres humains (esclavage sexuel, immigration clandestine, etc.), la criminalité financière, et, à une échelle de plus en plus massive, la contrefaçon. On voit également des formes de piraterie se développer à nouveau dans les mers asiatiques et africaines. Ces actions souvent violentes s'accompagnent de blanchiment d'argent sale, voire de corruption des administrations et des responsables politiques de certains États.

Les mafias jouent maintenant à l'échelle planétaire

Le commerce illégal est estimé par le Fond monétaire international de 2 à 5 % du PIB mondial, contre seulement 1 % il y a dix ans. Non contents de créer une insécurité au niveau international, certains de ces acteurs peuvent devenir une concurrence directe à l'échelon national pour l'État et ses organes de sécurité, du fait de l'importance de leurs moyens. Face à des États fragiles où les systèmes administratifs ou sécuritaires sont faibles et/ou corrompus, leurs marges de manœuvre sont très grandes. En décembre 2000, a été signée à Palerme une convention des Nations unies contre la criminalité internationale organisée ; le Groupe d'actions financières sur le blanchiment des capitaux (Gafi) a également été créé en 1987. Après le 11 Septembre, l'attention s'est focalisée sur les circuits de financement du terrorisme. Mais, pour le moment, les acteurs illégaux ont développé leurs activités plus rapidement et plus efficacement que les États n'ont su le faire, même en coopérant intensément entre eux à une riposte adaptée.

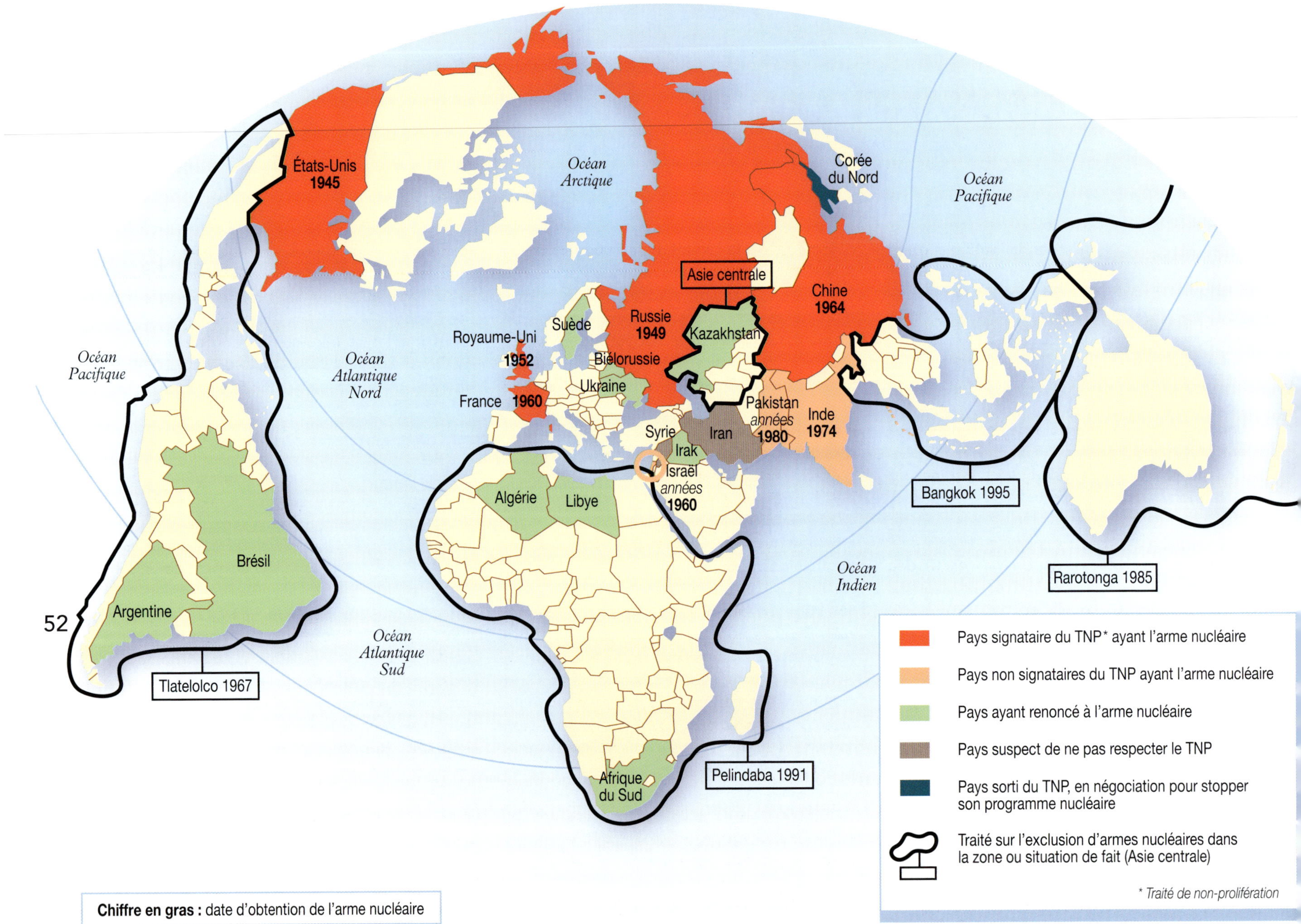

Océan Arctique
Océan Pacifique
Océan Pacifique
Océan Atlantique Nord
Océan Atlantique Sud
Océan Indien
États-Unis
1945
Russie
1949
Chine
1964
Corée du Nord
Asie centrale
Kazakhstan
Royaume-Uni
1952
France
1960
Suède
Biélorussie
Ukraine
Pakistan
années
1980
Inde
1974
Iran
Syrie
Irak
Israël
années
1960
Algérie
Libye
Brésil
Argentine
Afrique du Sud
Tlatelolco 1967
Pelindaba 1991
Bangkok 1995
Rarotonga 1985
Pays signataire du TNP* ayant l'arme nucléaire
Pays non signataires du TNP ayant l'arme nucléaire
Pays ayant renoncé à l'arme nucléaire
Pays suspect de ne pas respecter le TNP
Pays sorti du TNP, en négociation pour stopper son programme nucléaire
Traité sur l'exclusion d'armes nucléaires dans la zone ou situation de fait (Asie centrale)
* Traité de non-prolifération
Chiffre en gras : date d'obtention de l'arme nucléaire

Les puissances nucléaires

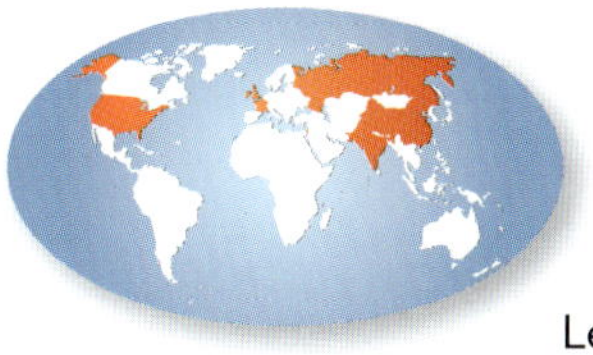

Le 6 août 1945, le bombardement d'Hiroshima mit fin à la seconde guerre mondiale et marqua le début d'une nouvelle ère stratégique : l'ère nucléaire. L'arme nucléaire allait bouleverser la problématique guerre/paix. Avec l'arme nucléaire, l'objectif n'est plus de gagner les guerres, mais de les éviter. La dissuasion résulte du fait que le calcul coût/avantage qui prédomine dans les guerres conventionnelles n'a plus de sens, un pays risquant d'être totalement détruit s'il se lance dans une guerre contre un État nucléaire. Les risques potentiels sont nécessairement plus grands que les gains possibles et l'ampleur de destruction dissuade toute volonté agressive. C'est ainsi que la dissuasion garantit la paix. Mais on se rend compte aussi qu'avec l'arme nucléaire la destruction de toute forme de vie sur la planète devient une possibilité.

Contrairement à ce qu'ils espéraient, les Américains ne gardèrent pas longtemps le monopole de l'arme nucléaire, brisé par les Soviétiques dès 1949. Les deux grands se lancent alors dans une course, quantitative et qualitative, aux armes nucléaires et accumulent des arsenaux gigantesques, bien supérieurs aux stricts besoins de la dissuasion. La Grande-Bretagne en 1952, la France en 1960, la Chine en 1964 entrent à leur tour dans le « club » des puissances nucléaires.

Il y a deux types de prolifération nucléaire. La prolifération verticale est l'augmentation du nombre d'armes et de têtes nucléaires dans les arsenaux des États déjà nucléaires. La prolifération horizontale est l'augmentation du nombre d'États nucléaires. Le traité de non-prolifération (TNP), entré en vigueur en 1970, tente de les limiter en échange d'un engagement des puissances nucléaires à négocier des traités pouvant conduire à un désarmement nucléaire, les pays n'ayant pas l'arme nucléaire acceptant quant à eux de ne pas s'en doter.

> ***L'objectif de la dissuasion nucléaire n'est plus de gagner les guerres, mais de les éviter***

Ce traité a été critiqué comme injuste. Des États, qui basent leur sécurité sur la dissuasion nucléaire, jugent que l'accession à l'arme atomique d'autres pays remettrait en cause la sécurité internationale. Ils estiment que l'augmentation du nombre d'États nucléaires multiplie les risques d'utilisation de l'arme. Trois autres états (Inde, Pakistan, Israël) n'ont pas signé le TNP et se sont dotés d'armes nucléaires. L'Afrique du Sud, qui s'était doté d'un arsenal clandestin l'a démantelé après la chute du régime d'apartheid. La Corée du Nord signataire du TNP l'a dénoncé pour se doter de l'arme nucléaire avant de revenir en arrière. L'Iran, signataire du TNP est fortement soupçonné de vouloir se doter d'une telle arme en violation de ses engagements de non-prolifération.

La prolifération des armes de destruction massive est vue comme étant l'une des principales menaces, par les pays occidentaux en particulier. Elle pourrait remettre radicalement en cause leur supériorité stratégique. C'est un sujet moins sensible pour les autres pays. La conférence d'examen du TNP, en 2010, sera importante. Barack Obama a mis en avant sa vision à long terme d'un monde sans armes nucléaires. Cela ressemble plus à un vœu pieu qu'à une perspective réaliste. Mais une relance de la réduction des principaux arsenaux nucléaires est possible.

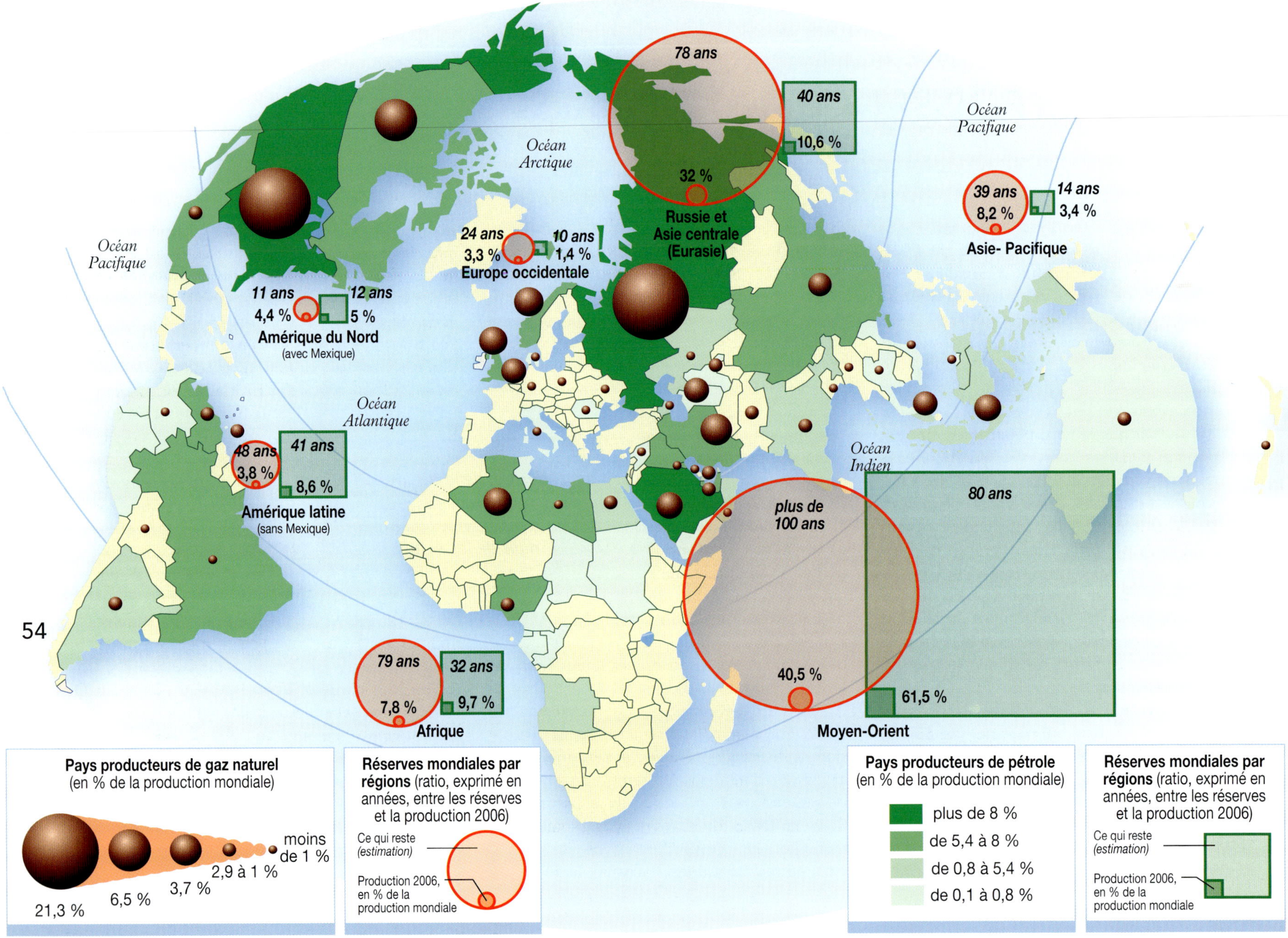

Océan Pacifique
Océan Arctique
Océan Pacifique
Océan Atlantique
Océan Indien
78 ans
32 %
Russie et Asie centrale (Eurasie)
40 ans
10,6 %
39 ans
8,2 %
14 ans
3,4 %
Asie- Pacifique
24 ans
3,3 %
10 ans
1,4 %
Europe occidentale
11 ans
4,4 %
12 ans
5 %
Amérique du Nord
(avec Mexique)
48 ans
3,8 %
41 ans
8,6 %
Amérique latine
(sans Mexique)
79 ans
7,8 %
32 ans
9,7 %
Afrique
plus de 100 ans
40,5 %
80 ans
61,5 %
Moyen-Orient
Pays producteurs de gaz naturel (en % de la production mondiale)
21,3 %
6,5 %
3,7 %
2,9 à 1 %
moins de 1 %
Réserves mondiales par régions (ratio, exprimé en années, entre les réserves et la production 2006)
Ce qui reste (estimation)
Production 2006, en % de la production mondiale
Pays producteurs de pétrole (en % de la production mondiale)
plus de 8 %
de 5,4 à 8 %
de 0,8 à 5,4 %
de 0,1 à 0,8 %
Réserves mondiales par régions (ratio, exprimé en années, entre les réserves et la production 2006)
Ce qui reste (estimation)
Production 2006, en % de la production mondiale

Pétrole et gaz

Le XXe siècle aura largement été celui du pétrole, « l'or noir », source d'énergie vitale pour le développement économique. Pétrole et gaz couvrent 60 % des besoins énergétiques planétaires. Les ressources en énergies fossiles sont inégalement réparties géographiquement, souvent concentrées dans des zones géopolitiques instables. 65 % des réserves de pétrole et 35 % des réserves de gaz sont situées au Moyen-Orient.

Pour les États producteurs, la possession de ressources pétrolières est un extraordinaire atout, une source de richesse. Mais la rente pétrolière n'a pas toujours permis le développement économique. Elle suscite par ailleurs la convoitise des pays consommateurs. Les marges de manœuvre politique et diplomatique des pays producteurs sont réduites. On peut d'ailleurs se demander si l'instabilité stratégique du Moyen-Orient n'est pas en grande partie due à la richesse de son sous-sol et à l'intérêt qu'il suscite. Les tensions géopolitiques actuelles ont souvent une composante pétrolière ou gazière : – guerre d'Irak, bras de fer avec l'Iran, tensions autour du Venezuela, remontée en puissance de la Russie grâce à la possession de 30 % des réserves mondiales de gaz et de 10 % du pétrole. Les puissances occidentales et asiatiques qui dominent l'économie mondiale, nouveaux pôles du monde, mise à part la Russie, ne disposent pas de ressources énergétiques suffisantes pour combler leurs besoins et dépendent donc de fournisseurs extérieurs.

Les États-Unis, qui représentent 5 % de la population mondiale, consomment 25 % du pétrole. Cela explique l'ampleur de leur présence stratégique dans le golfe Arabo-persique depuis des décennies.

Les réserves connues seront épuisées dans 40 à 70 ans

La compétition pour s'approprier les ressources énergétiques est d'autant plus vive que la demande mondiale augmente, alors que l'offre reste stable et est même appelée à décliner : les réserves prouvées en gaz et en pétrole seront épuisées d'ici 40 à 70 ans. L'arrivée et la montée en puissance de nouveaux consommateurs (Chine, Inde), les facteurs géopolitiques (guerre d'Irak, tensions autour de l'Iran) et la raréfaction prévisible des réserves constituent un facteur constant d'augmentation des prix (sauf en 2007-2008). Le pétrole est passé de 14 dollars le baril, à la fin des années 1990, à près de 100 dollars début 2008. La Chine a doublé sa consommation au cours des dix dernières années et devient ainsi un concurrent des États-Unis et de l'Europe pour son approvisionnement énergétique. L'Inde devient également largement importatrice pour les besoins de sa croissance.

Après la guerre du Kippour de 1974, les pays de l'Organisation des pays exportateurs de pétrole (OPEP) avaient quadruplé les prix nets et agité provisoirement la menace d'un embargo. Mais producteurs – qui souvent n'ont guère d'autres sources de financement – et consommateurs ont partie liée, les premiers ayant besoin des achats des seconds.

Alors que les pays du Golfe essaient de diversifier leurs économies, les États-Unis veulent diminuer leur dépendance au pétrole importé tout en s'assurant de la maîtrise stratégique de leurs principaux fournisseurs.

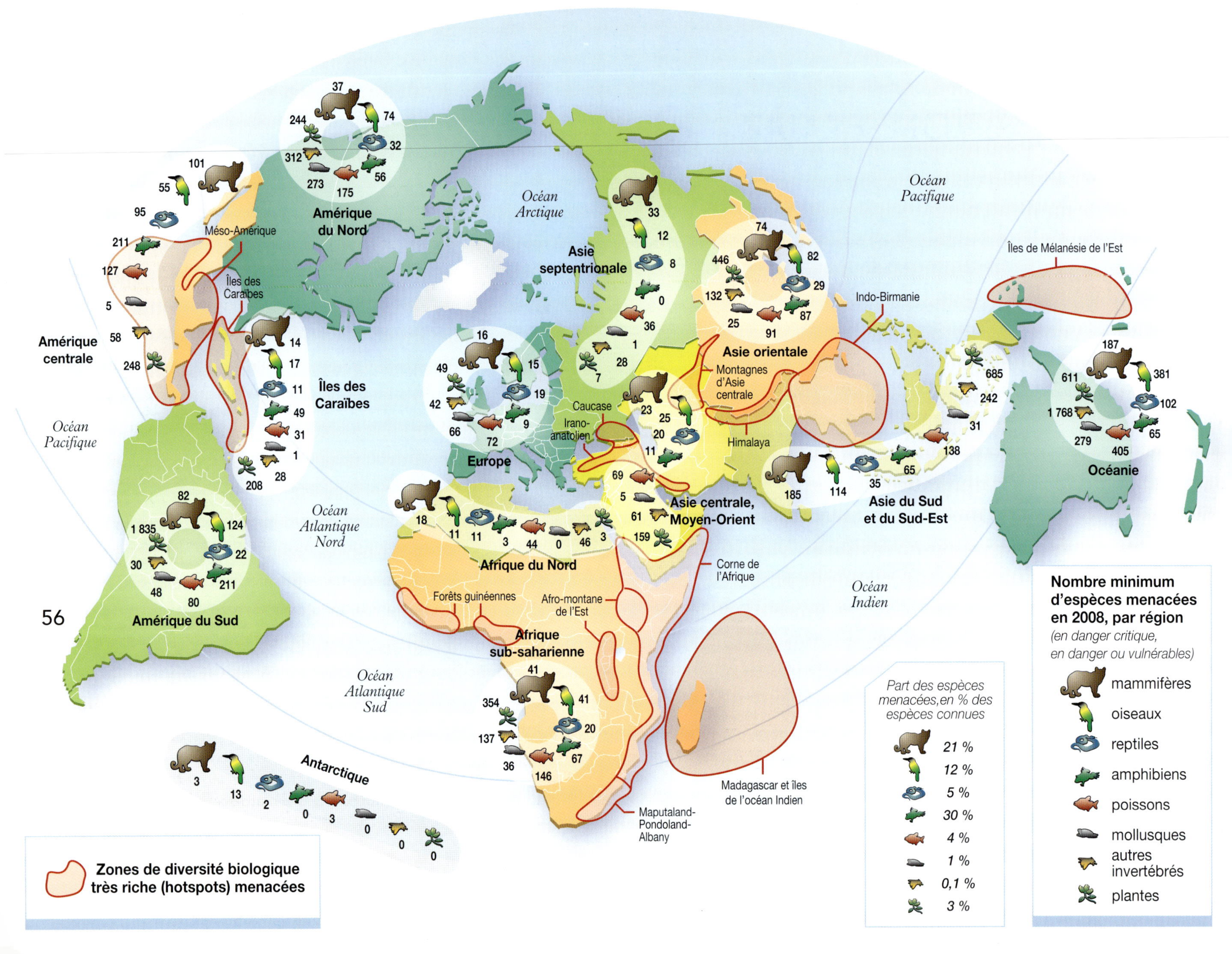
Amérique du Nord
37
74
32
56
175
273
312
244
Amérique centrale
101
55
95
211
127
5
58
248
Méso-Amérique
Îles des Caraïbes
Îles des Caraïbes
14
17
11
49
31
1
28
208
Amérique du Sud
82
124
22
211
80
48
30
1 835
Océan Pacifique
Océan Atlantique Nord
Océan Atlantique Sud
Océan Arctique
Océan Pacifique
Océan Indien
Europe
16
15
19
9
72
66
42
49
Asie septentrionale
33
12
8
0
36
1
28
7
Asie orientale
74
82
29
87
91
25
132
446
Asie centrale, Moyen-Orient
23
25
20
11
69
5
61
159
Caucase
Irano-anatolien
Montagnes d'Asie centrale
Himalaya
Indo-Birmanie
Îles de Mélanésie de l'Est
Asie du Sud et du Sud-Est
685
242
31
138
65
35
114
185
Océanie
187
381
102
65
405
279
1 768
611
Afrique du Nord
18
11
11
3
44
0
46
3
Afrique sub-saharienne
41
41
20
67
146
36
137
354
Forêts guinéennes
Afro-montane de l'Est
Corne de l'Afrique
Maputaland-Pondoland-Albany
Madagascar et îles de l'océan Indien
Antarctique
3
13
2
0
3
0
0
0
Zones de diversité biologique très riche (hotspots) menacées
Part des espèces menacées, en % des espèces connues
21 %
12 %
5 %
30 %
4 %
1 %
0,1 %
3 %
Nombre minimum d'espèces menacées en 2008, par région
(en danger critique, en danger ou vulnérables)
mammifères
oiseaux
reptiles
amphibiens
poissons
mollusques
autres invertébrés
plantes

ENJEUX ÉCOLOGIQUES

On regroupe sous le terme générique d'*écologie* les systèmes complexes qui concourent à l'habitabilité de la biosphère par l'être humain. Le dénominateur commun des préoccupations écologiques est la remise en cause, si les scientifiques les plus alarmistes ont raison, à deux ou trois générations de distance, ce qui est peu, de cette habitabilité.

Ceci résulte de la combinaison de l'explosion démographique (1 milliard d'êtres humains en 1800, 6,7 milliards en 2010, 9 milliards en 2050 avant, peut-être, de décroître) ; de la généralisation d'un mode de vie urbain (déjà près de 50 % de la population, en croissance rapide) à l'occidentale, très consommateur d'énergies fossiles et de protéines animales (viande, poissons) ; de l'artificialisation accélérée des espaces.

Le souci de l'environnement, ou de l'écologie, est longtemps passé, dans les sociétés modernes ardemment productivistes et matérialistes, pour marginal, folklorique ou passéiste. Cela a changé en peu de temps.

1. La question du changement climatique et la peur du réchauffement ont occupé pendant près de vingt ans, à partir de la création, en 1988, dans le cadre de l'ONU, du GIEC, Groupe d'experts intergouvernementaux sur l'évolution du climat, une place croissante, de plus en plus obsédante. La signature à Rio, en 1992, de la convention cadre des Nations unies sur le changement climatique a été suivie par la signature à Kyoto, en 1997, d'un protocole, valable jusqu'en 2012, de réduction de 5 % des gaz à effet de serre par rapport à 1990. Mais seule l'Europe s'y est engagée sérieusement.

À la réunion des Nations unies, à Copenhague, en décembre 2009, sur l'après Kyoto, l'Union européenne qui croyait avoir mobilisé la « Communauté internationale » sur un calendrier ambitieux, se heurte, presque seule, à l'opposition des pays pétroliers et des pays émergents, et à l'inertie combinée des États-Unis et du « BASIC » (Brésil, Afrique du Sud, Inde, Chine) qui refusent de renoncer à la croissance. Une vingtaine de pays, dont quand même tous les grands, entérine cependant l'objectif de limiter en 2050 à 2° C le réchauffement, mais sans précision sur la méthode ni sur le calendrier intermédiaire. Les émergents annoncent qu'ils réduiront leurs émissions de CO_2, mais refusent tout contrôle extérieur.

> *L'humanité va devoir convertir en 20 à 30 ans tous ses modes de production*

Les Européens en particulier, opinion publique, ONG et gouvernements confondus, sont catastrophés. Ils sont acquis, dans leur immense majorité, aux thèses du GIEC (en fait plutôt de la *majorité* des experts du GIEC). Ils sont donc persuadés que le réchauffement global est attesté ; qu'il va s'accélérer ; qu'il provient du CO_2 rejeté depuis la révolution industrielle, donc de l'activité humaine ; qu'il va entraîner des conséquences cataclysmiques par la montée des eaux, des événements météorologiques extrêmes et le déplacement des zones de culture. Beaucoup de forces politiques, hostiles au productivisme forcené et à la financiarisation de l'économie globale, y puisent depuis des années des arguments pour un changement radical de cap, voir une « décroissance ».

En réalité, la controverse scientifique n'est pas close. Pour les climato-sceptiques, minoritaires, ce problème est exagéré et entraîne

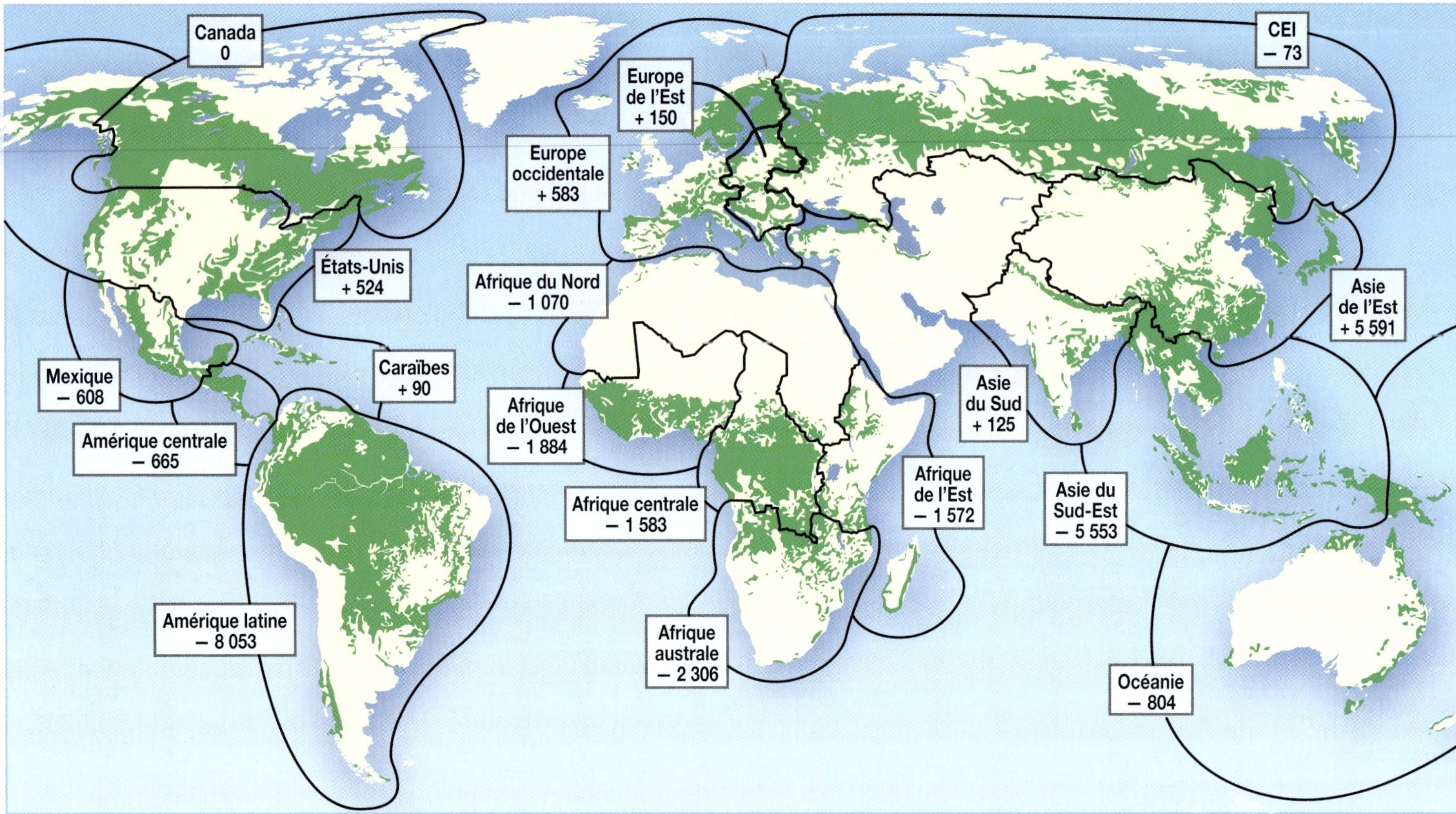

Variation du couvert forestier dans le monde par grande région, en milliers d'hectares (1990-2005)

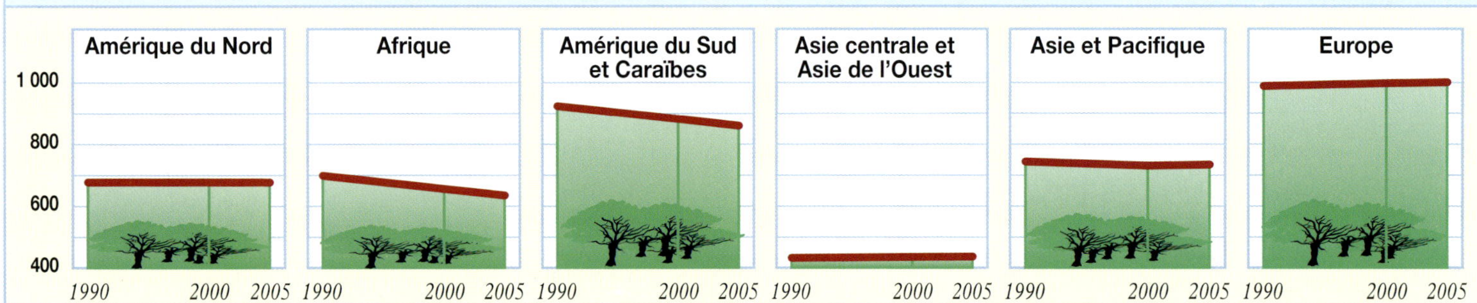

Évolution du couvert forestier par continent, en millions d'hectares (1990-2005)

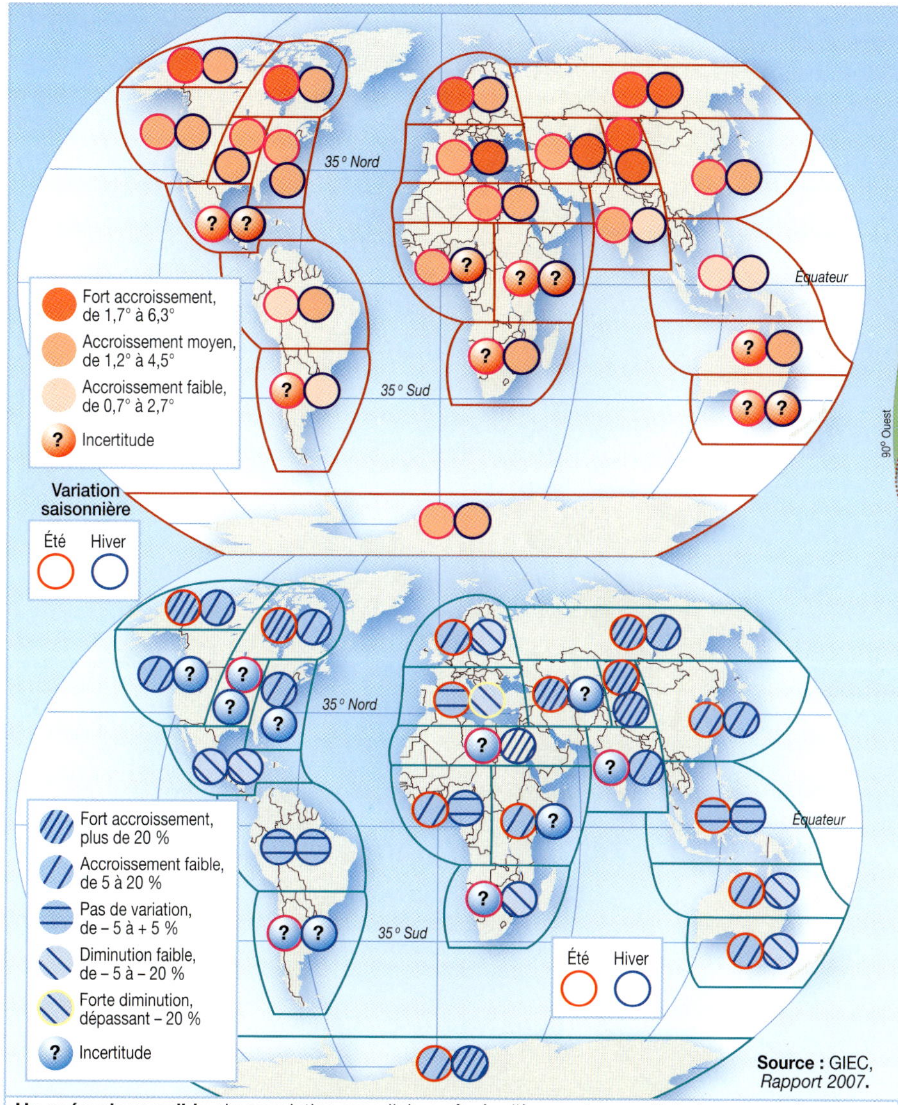

Un scénario possible : la population mondiale croît régulièrement pour atteindre son maximum vers 2050, diminue ensuite, et le développement économique se caractérise par des disparités régionales et un progrès technologique fragmenté. Une simulation permet d'évaluer les températures pour la période 2071-2100 en comparaison avec la période 1961-1990.

Changements régionaux des températures et des précipitations

Le réchauffement climatique et incidence sur l'Arctique

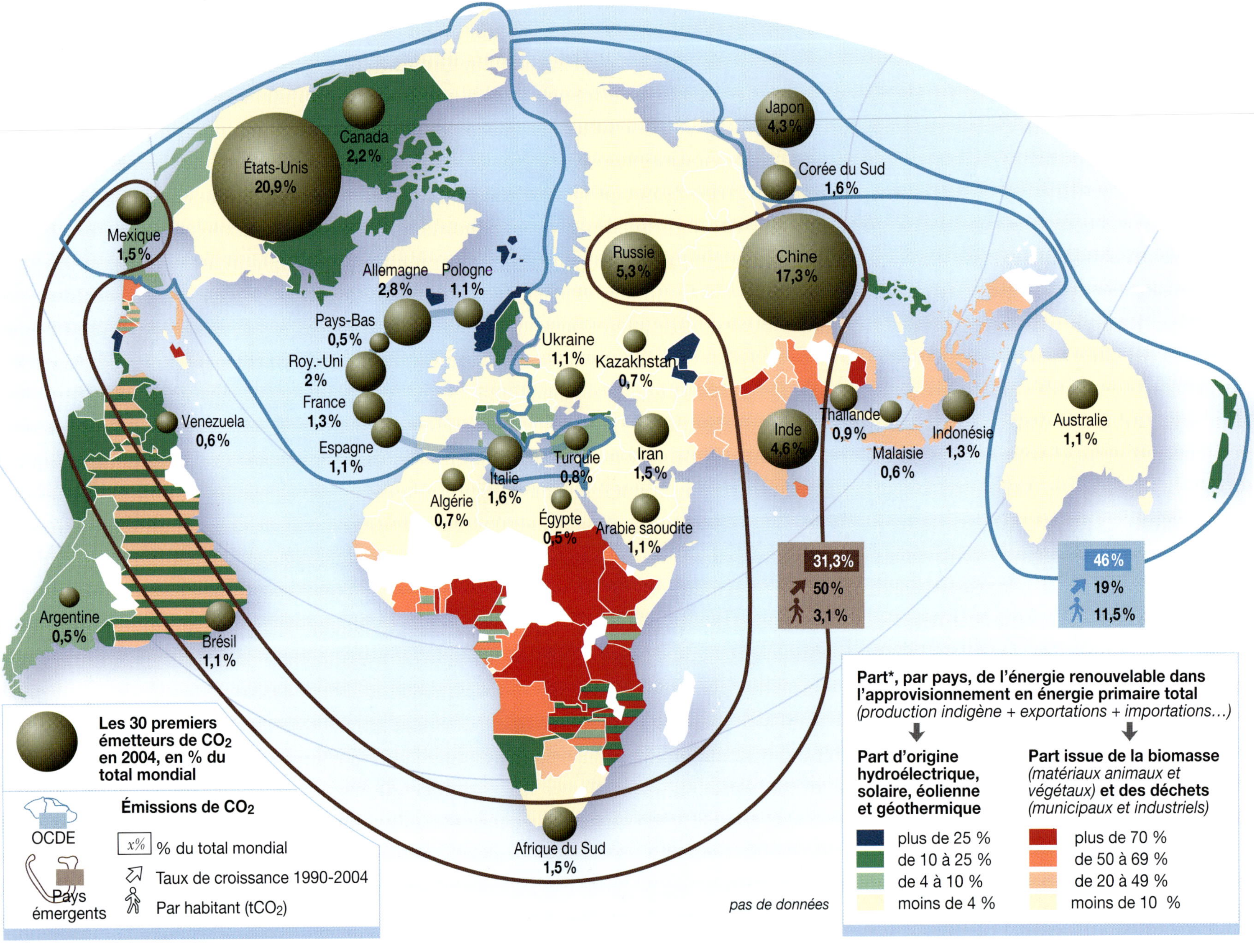

États-Unis 20,9 %
Canada 2,2 %
Mexique 1,5 %
Japon 4,3 %
Corée du Sud 1,6 %
Russie 5,3 %
Chine 17,3 %
Allemagne 2,8 %
Pologne 1,1 %
Pays-Bas 0,5 %
Roy.-Uni 2 %
France 1,3 %
Espagne 1,1 %
Ukraine 1,1 %
Kazakhstan 0,7 %
Venezuela 0,6 %
Italie 1,6 %
Turquie 0,8 %
Iran 1,5 %
Inde 4,6 %
Thaïlande 0,9 %
Malaisie 0,6 %
Indonésie 1,3 %
Australie 1,1 %
Algérie 0,7 %
Égypte 0,5 %
Arabie saoudite 1,1 %
Argentine 0,5 %
Brésil 1,1 %
Afrique du Sud 1,5 %
31,3 %
50 %
3,1 %
46 %
19 %
11,5 %
Les 30 premiers émetteurs de CO2 en 2004, en % du total mondial
Émissions de CO2
OCDE
Pays émergents
x% % du total mondial
Taux de croissance 1990-2004
Par habitant (tCO2)
pas de données
Part*, par pays, de l'énergie renouvelable dans l'approvisionnement en énergie primaire total
(production indigène + exportations + importations…)
Part d'origine hydroélectrique, solaire, éolienne et géothermique
plus de 25 %
de 10 à 25 %
de 4 à 10 %
moins de 4 %
Part issue de la biomasse (matériaux animaux et végétaux) et des déchets (municipaux et industriels)
plus de 70 %
de 50 à 69 %
de 20 à 49 %
moins de 10 %

une mobilisation d'énergie qui devrait se porter sur des problèmes plus graves : pénuries, faim dans le monde. Selon eux, il est illusoire de prétendre calculer une température planétaire, surtout à 1° C près ; les systèmes de mesure utilisés dans le passé, jusqu'à une date très récente, ne le permettaient pas, ce qui interdit toute comparaison ; le réchauffement « global » n'est donc pas prouvé ; dans les changements climatiques récents, la responsabilité du CO_2 n'est pas essentielle (ces groupes contestent vigoureusement les bases et la fiabilité des travaux du GIEC, sa composition, son mode de fonctionnement) ; la montée des océans n'est pas prouvée (plutôt un tassement corallien des îles du Pacifique) ; c'est l'activité solaire qui explique, presque à elle seule, les incontestables variations climatiques.

Les deux écoles se rejoignent néanmoins pour juger nécessaire de moins consommer d'énergie fossile et de moins rejeter de CO_2 pour tout d'abord économiser des ressources non renouvelables, et avoir le temps de développer les énergies renouvelables, et ensuite éviter l'acidification des océans, qui compromet la vie océanique.

Après « l'échec », ou le résultat très décevant, du sommet de Copenhague, la polémique rebondit. Le GIEC est mis en cause. Le principal négociateur climat de l'ONU démissionne. L'idée se répand en Europe que cela ne sert à rien de négocier dans le cadre trop vaste des Nations unies (192 pays), mais les émergents et les autres pays membres refusent tout forum restreint. De nouveaux rendez-vous sont prévus en 2010 à Bonn et à Mexico.

2. Source majeure d'inquiétude pour les spécialistes : l'accumulation dans les sols, les eaux de surface et profondes, les végétaux, les aliments, les organismes vivants animaux et humains, l'air des rues des villes et des habitations, les objets en plastique, de quantité de *résidus chimiques et de pesticides dangereux* pour la santé publique (cancers, maladies cardio-pulmonaires, allergies), et même pour la reproduction humaine (« reprotoxiques »). L'Union européenne a décidé, seule pour le moment, d'évaluer, et éventuellement de remplacer les substances chimiques en usage dont seules 10 000 sur 100 000 sont suffisamment connues et évaluées quant à leur effet sur la santé (directive Reach). Ces pollutions commencent à constituer, en Chine par exemple, un problème social explosif.

3. *La pénurie menaçante d'eau potable* découle à la fois de l'accumulation de ces rejets polluants, comme de l'explosion démographique et des méga concentrations urbaines avec les hyperconsommations d'eau que cela entraîne (cf. ci après.)

4. La *réduction accélérée de la biodiversité*, malgré les engagements pris depuis des années et la proclamation de 2010 comme « année de la biodiversité », inquiète moins le grand public, qui ne perçoit pas bien le lien avec son propre avenir. Elle est pourtant un signe annonciateur de menace grave pour l'espèce humaine. La convention sur le commerce international des espèces de faune et de flore sauvages menacées d'extinction (1973) et les engagements pris depuis n'ont quasiment pas ralenti la disparition des espèces menacées par la vie moderne.

Quelles que soient les outrances, les approximations ou les erreurs mêlées à ces prévisions écologistes très alarmantes, il n'en reste pas moins que l'humanité va devoir, ne serait-ce que pour éviter les pénuries gravissimes, convertir en 20 à 30 ans tous ses modes de production, industriels et agricoles, de transport, d'habitat, ses mentalités et ses modes de vie pour passer de l'actuelle croissance prédatrice suicidaire à une croissance écologique et économe, la fameuse « croissance verte » qui reste à concrétiser, ce qui nécessitera des percées scientifiques dont certaines paraissent proches (solaires) et d'immenses efforts économiques, politiques et civiques.

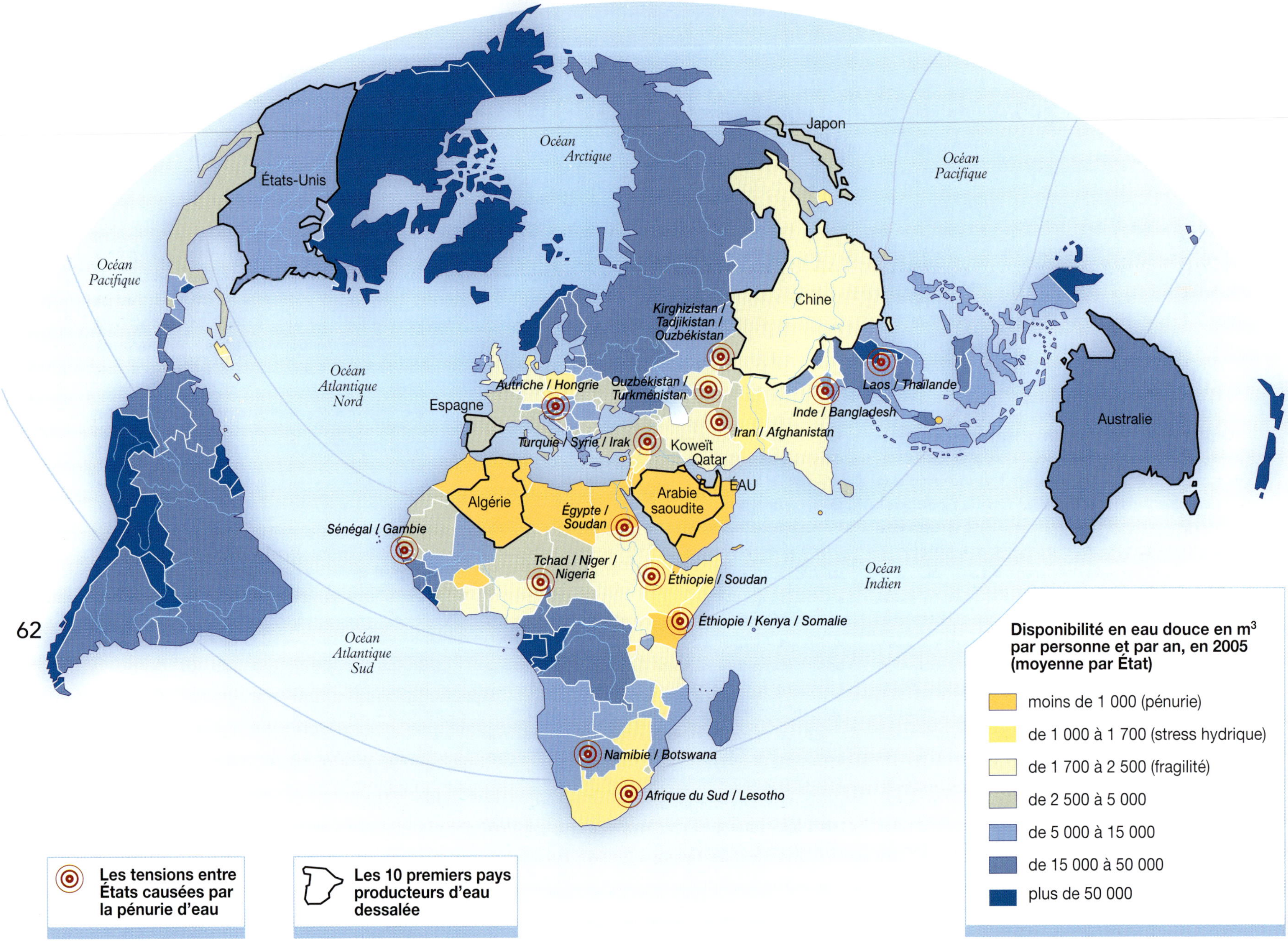

Océan Arctique
Océan Pacifique
Océan Pacifique
Océan Atlantique Nord
Océan Atlantique Sud
Océan Indien
États-Unis
Japon
Chine
Espagne
Australie
Koweït
Qatar
ÉAU
Algérie
Arabie saoudite
Kirghizistan / Tadjikistan / Ouzbékistan
Ouzbékistan / Turkménistan
Autriche / Hongrie
Laos / Thaïlande
Inde / Bangladesh
Iran / Afghanistan
Turquie / Syrie / Irak
Égypte / Soudan
Sénégal / Gambie
Tchad / Niger / Nigeria
Éthiopie / Soudan
Éthiopie / Kenya / Somalie
Namibie / Botswana
Afrique du Sud / Lesotho
Disponibilité en eau douce en m3 par personne et par an, en 2005 (moyenne par État)
moins de 1 000 (pénurie)
de 1 000 à 1 700 (stress hydrique)
de 1 700 à 2 500 (fragilité)
de 2 500 à 5 000
de 5 000 à 15 000
de 15 000 à 50 000
plus de 50 000
Les tensions entre États causées par la pénurie d'eau
Les 10 premiers pays producteurs d'eau dessalée

L'EAU

L'eau douce est indispensable à la vie. Les premières civilisations se sont constituées au bord des grands fleuves : Tigre, Euphrate, Nil, Indus, Brahmapoutre, grands fleuves chinois. Les ressources en eau douce sont inégalement réparties dans le monde. Il y a toujours eu des pénuries d'eau ou des phénomènes de désertification ou de salinisation qui parfois expliquent l'extinction de certaines civilisations, par exemple en Mésopotamie. Globalement il y a plus d'eau en circulation sur la planète dans les périodes chaudes que froides – du fait de l'eau stockée dans les calottes polaires et dans les glaciers.

Aujourd'hui, la pénurie d'eau, ou plutôt *d'eau potable*, menace l'humanité pour diverses raisons. La croissance démographique (6,7 milliards d'habitants en 2008, 9,5 milliards estimés en 2050), la concentration démographique dans les villes (50 % de la population) et sur les côtes augmentent à la fois la demande (mode de vie urbain beaucoup plus consommateur d'eau que le mode de vie rural) et la pollution, du fait aussi des rejets. Dans les zones rurales et en général dans les pays pauvres, la pollution des eaux est la source de très nombreuses maladies et d'une mortalité précoce.

D'une façon générale, la modernisation et l'occidentalisation des modes de vie, y compris le gaspillage d'eau qui en est une partie intégrante – Las Vegas captant les ressources en eau de trois États des Rocheuses ; consommation quotidienne d'un Américain : 600 litres, d'un Malien : 15 litres –, augmentent dans des proportions considérables la consommation d'eau et le risque de pénurie.

La pénurie d'eau potable menace l'humanité

Le recours massif aux produits chimiques et aux pesticides a durablement pollué une grande partie des ressources en eaux des zones peuplées et économiquement développées du monde, y compris les eaux profondes et les nappes phréatiques. Le coût du traitement et de la dépollution de ces eaux est croissant.

Dans les zones les plus arides de la zone intertropicale d'Afrique, du Moyen-Orient ou d'Asie centrale, la pénurie d'eau au sens premier du terme pourrait occasionner des tensions voire des conflits sur la propriété ou l'exploitation de l'eau, des rivières, des fleuves, et des lacs. Ponctuellement les pénuries pourraient devenir tragiques et provoquer de vrais affrontements. De plus en plus de pays secs du monde (Émirats, Australie) devront avoir recours au dessalement, jusqu'à aujourd'hui coûteux et consommateur en énergie.

Les pays pauvres, souvent situés dans les zones intertropicales souffriront particulièrement de ces pénuries. Et partout, les populations à faible revenu souffriront de l'augmentation prévisible du prix de l'eau.

Le XXIe siècle verra-t-il éclater des conflits menés exclusivement pour l'eau ? Jusqu'ici, des configurations belliqueuses ont pu mettre en valeur l'importance de cette ressource – Guerre des Six Jours de 1967, tensions sénégalo-mauritaniennes en 1989. Mais le facteur hydraulique n'était alors qu'un critère parmi d'autres.

La gestion des ressources limitées en eau potable devrait rendre obligatoire une coopération plus étroite des États.

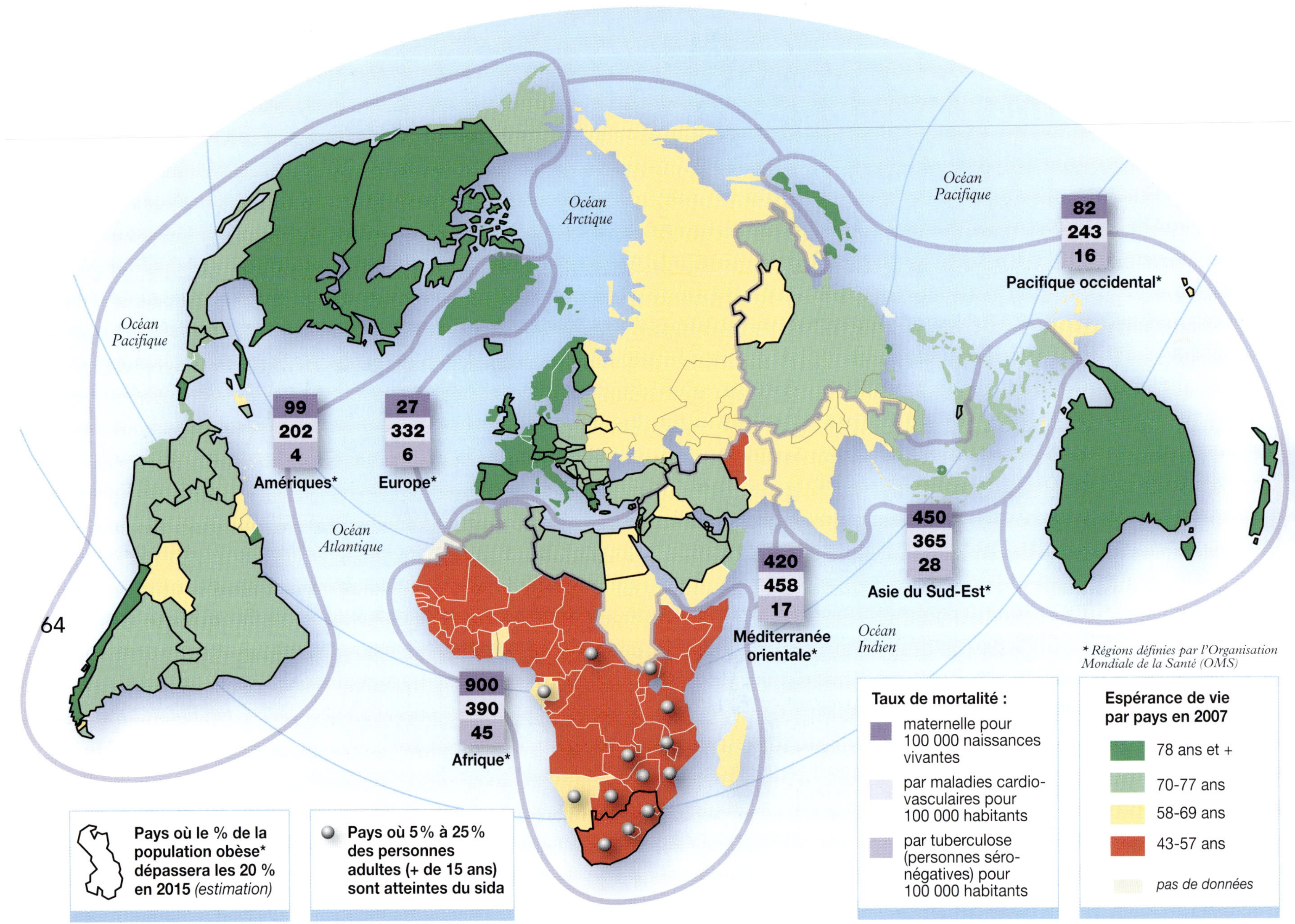

Océan Pacifique
Océan Arctique
Océan Pacifique
Océan Atlantique
Océan Indien
99
202
4
Amériques*
27
332
6
Europe*
82
243
16
Pacifique occidental*
450
365
28
Asie du Sud-Est*
420
458
17
Méditerranée orientale*
900
390
45
Afrique*
* Régions définies par l'Organisation Mondiale de la Santé (OMS)
Pays où le % de la population obèse* dépassera les 20 % en 2015 (estimation)
Pays où 5 % à 25 % des personnes adultes (+ de 15 ans) sont atteintes du sida
Taux de mortalité :
maternelle pour 100 000 naissances vivantes
par maladies cardio-vasculaires pour 100 000 habitants
par tuberculose (personnes séro-négatives) pour 100 000 habitants
Espérance de vie par pays en 2007
78 ans et +
70-77 ans
58-69 ans
43-57 ans
pas de données

Santé publique

Les indicateurs de santé publique dans le monde présentent un tableau extraordinairement contrasté, qu'il s'agisse du taux de mortalité infantile et de l'espérance de vie à la naissance, de la longévité en bonne santé, de l'exposition aux maladies infectieuses et aux grande pandémies (paludisme, tuberculose, diarrhée infantile, SIDA) ; qu'il s'agisse aussi des politiques de santé publique de prévention ou de soin, de la densité hospitalière ou médicale, ou de la protection de la santé humaine contre les pollutions et les nuisances dangereuses, à la source d'une véritable « pandémie », selon la revue *The Lancet*.

Dans les pays riches la mortalité néonatale et infantile est très faible. L'espérance de vie est très élevée et ne cesse de s'élever. Les soins et les équipements sont de qualité. Le risque d'être victime des maladies infectieuses est très faible. Du coup la mortalité, tardive, s'explique surtout, dans des populations en moyenne de plus en plus âgées, par les maladies cardiovasculaires, les cancers et les maladies dégénératives. Le mode de vie sédentaire et la suralimentation de mauvaise qualité (sucres, sel, graisse, *mal bouffe*) sont à l'origine d'une épidémie de surcharge pondérale et d'obésité, spectaculaire aux États-Unis, et qui gagne le monde développé et émergent.

Les populations des pays « en développement » (ce qui est souvent un vœu pieu ou une antiphrase) cumulent à l'inverse tous les handicaps. Vu leur espérance de vie, elles ont rarement l'occasion de mourir de cancers ou d'infarctus mais plutôt de malnutrition, de maladies infectieuses diverses et de carences, de suites d'accidents, etc., et elles ne trouvent évidemment pas dans leur pays les équipements et les personnels nécessaires. L'aide internationale, certaines organisations du système des Nations unies (OMS, FAO, PNUE, UNICEF, PAM), les plus sérieuses des ONG humanitaires, comblent en partie ce déficit.

Il y a encore presque tout à faire pour 3 milliards d' hommes

Les pays « émergents » sont, par définition, entre les deux. Néanmoins la moyenne mondiale entre ces mondes très contrastés – riches et pauvres – fait apparaître, même en Afrique, là où le SIDA fait le plus de ravages (conséquences de l'épidémie, revue un peu en baisse en 2007), une élévation de l'espérance de vie et un allongement de la durée de la vie. Selon les projections démographiques actuelles, la population africaine va augmenter ; celle de la Chine aussi, tout en vieillissant vite. Il y a encore presque tout à faire pour 2 à 3 milliards d'êtres humains. Mais les problèmes de santé publique de l'humanité seront peut-être en majorité un jour des problèmes de population âgée… même si le seuil de la vieillesse aura lui-même reculé d'ici là.

4

Le monde vu par

Nous vivons tous dans le même monde, mais nous ne le voyons pas de la même façon. Chaque nation a sa vision stratégique, ses inquiétudes, ses objectifs, fruits de l'histoire, de la géographie et de ses marqueurs géopolitiques. Les intérêts nationaux peuvent diverger, ils ont chacun leur logique propre. Nous essayons de montrer dans cette quatrième partie les façons dont les principaux peuples et acteurs stratégiques majeurs voient le monde. Comment se représentent-ils leur propre place dans l'équation stratégique générale ? Nous ne jugeons pas, nous ne désignons pas ceux qui auraient tort et ceux qui auraient raison, nous nous bornons à exposer ces différentes visions.

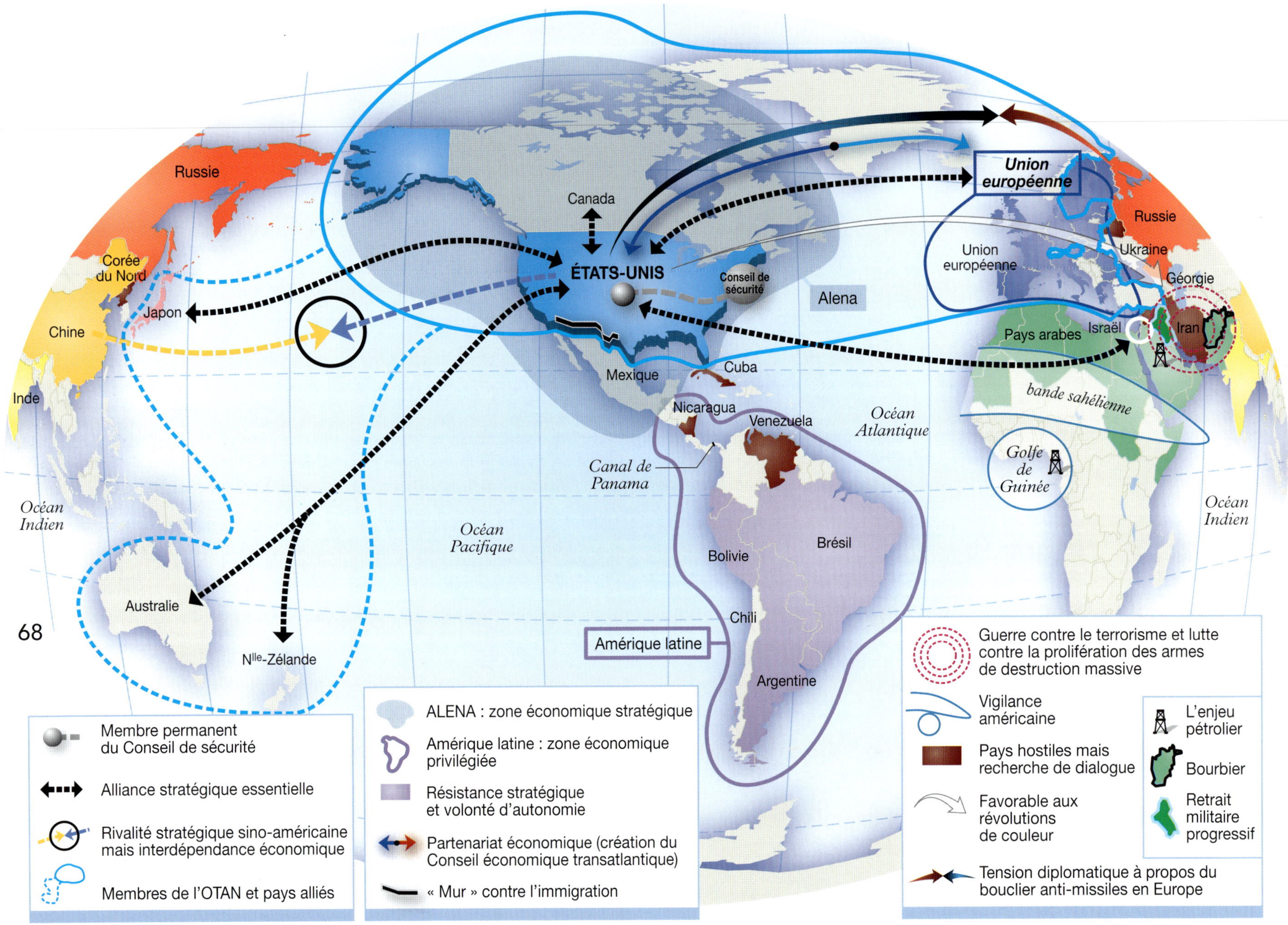
Russie
Corée du Nord
Japon
Chine
Inde
Canada
ÉTATS-UNIS
Conseil de sécurité
Alena
Union européenne
Union européenne
Russie
Ukraine
Géorgie
Israël
Iran
Pays arabes
bande sahélienne
Mexique
Cuba
Nicaragua
Venezuela
Océan Atlantique
Golfe de Guinée
Canal de Panama
Océan Indien
Océan Pacifique
Océan Indien
Bolivie
Brésil
Chili
Argentine
Amérique latine
Australie
Nlle-Zélande
Membre permanent du Conseil de sécurité
Alliance stratégique essentielle
Rivalité stratégique sino-américaine mais interdépendance économique
Membres de l'OTAN et pays alliés
ALENA : zone économique stratégique
Amérique latine : zone économique privilégiée
Résistance stratégique et volonté d'autonomie
Partenariat économique (création du Conseil économique transatlantique)
« Mur » contre l'immigration
Guerre contre le terrorisme et lutte contre la prolifération des armes de destruction massive
Vigilance américaine
Pays hostiles mais recherche de dialogue
Favorable aux révolutions de couleur
L'enjeu pétrolier
Bourbier
Retrait militaire progressif
Tension diplomatique à propos du bouclier anti-missiles en Europe

LE MONDE VU PAR…

LES ÉTATS-UNIS

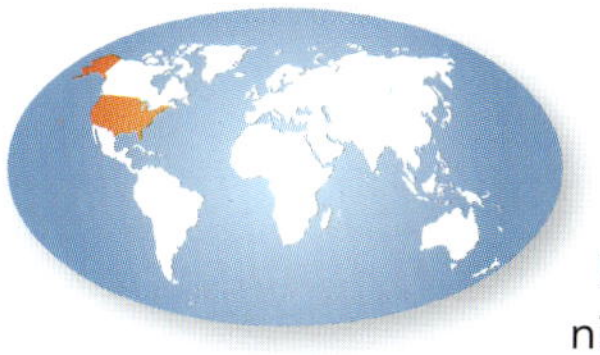

Le peuplement des colonies anglaises d'Amérique par des émigrants venus de Grande-Bretagne ou d'autres pays européens a été motivé par la quête de liberté religieuse par certains groupes protestants ou pour échapper à la misère. C'est également au nom de la liberté et pour des raisons fiscales que l'indépendance a été proclamée en 1776 par treize colonies, devenues les treize États fédérés fondateurs. L'extension du territoire américain s'est faite par la conquête des territoires de l'Ouest – sans tenir aucun compte des droits des Indiens natifs américains –, l'achat de territoires aux puissances européennes, comme la Louisiane, ou la guerre et l'annexion (Mexique). Fondé par des émigrés qui avaient fui l'Europe et voulaient construire un nouveau monde, les États-Unis ont commencé par ne pas vouloir être mêlés aux querelles intereuropéennes. Avec la doctrine de Monroe, ils ont également voulu que l'ensemble du continent américain soit protégé de toute intervention extérieure, notamment européenne (espagnole) ce qui leur a, par la suite, laissé le champ libre pour y exercer leur influence. Dès l'origine, les États-Unis se pensent comme étant l'empire de la liberté, l'extension de leur territoire étant vécue comme le gage de la promotion de cette dernière, plus que comme un dessein de grandeur nationale. À la suite de la guerre contre le Mexique en 1848, ils développent le concept de « destinée manifeste » qui attribue aux États-Unis un devoir de civilisation universelle, un avenir d'expansion commerciale et culturelle et un destin de grande puissance. L'inégalité des citoyens ne prend pas en compte l'héritage de l'esclavage et de l'extermination des Indiens natifs américains. C'est au nom de la liberté des peuples qu'ils s'en prennent ensuite (1898) à l'Empire espagnol finissant, à Cuba et aux Philippines, et substituant leur domination économique et politique au lien colonial dissout. Les Caraïbes et l'Amérique centrale deviennent leur arrière-cour ; ils participent même à la création de l'État du Panama, en le détachant de la Colombie afin de pouvoir en contrôler le canal, passage stratégique.

Les États-Unis se voient comme la nation indispensable

Les États-Unis veulent se maintenir à l'écart de la première guerre mondiale. Ils y parviennent jusqu'aux attaques des sous-marins allemands contre leurs navires, entravant leur liberté maritime et de commerce. Cela les conduit à s'engager en 1917 aux côtés des Alliés et à permettre leur victoire finale. Le président Wilson veut jeter ensuite les bases d'une diplomatie nouvelle fondée sur l'autodétermination et le moralisme, en rupture avec l'immoral jeu traditionnel des puissances attribué à l'Europe. C'est le wilsonisme. Mais le Sénat des États-Unis, resté isolationniste, refuse l'adhésion à la Société des Nations que Wilson a inspirée. Il faudra l'attaque japonaise contre

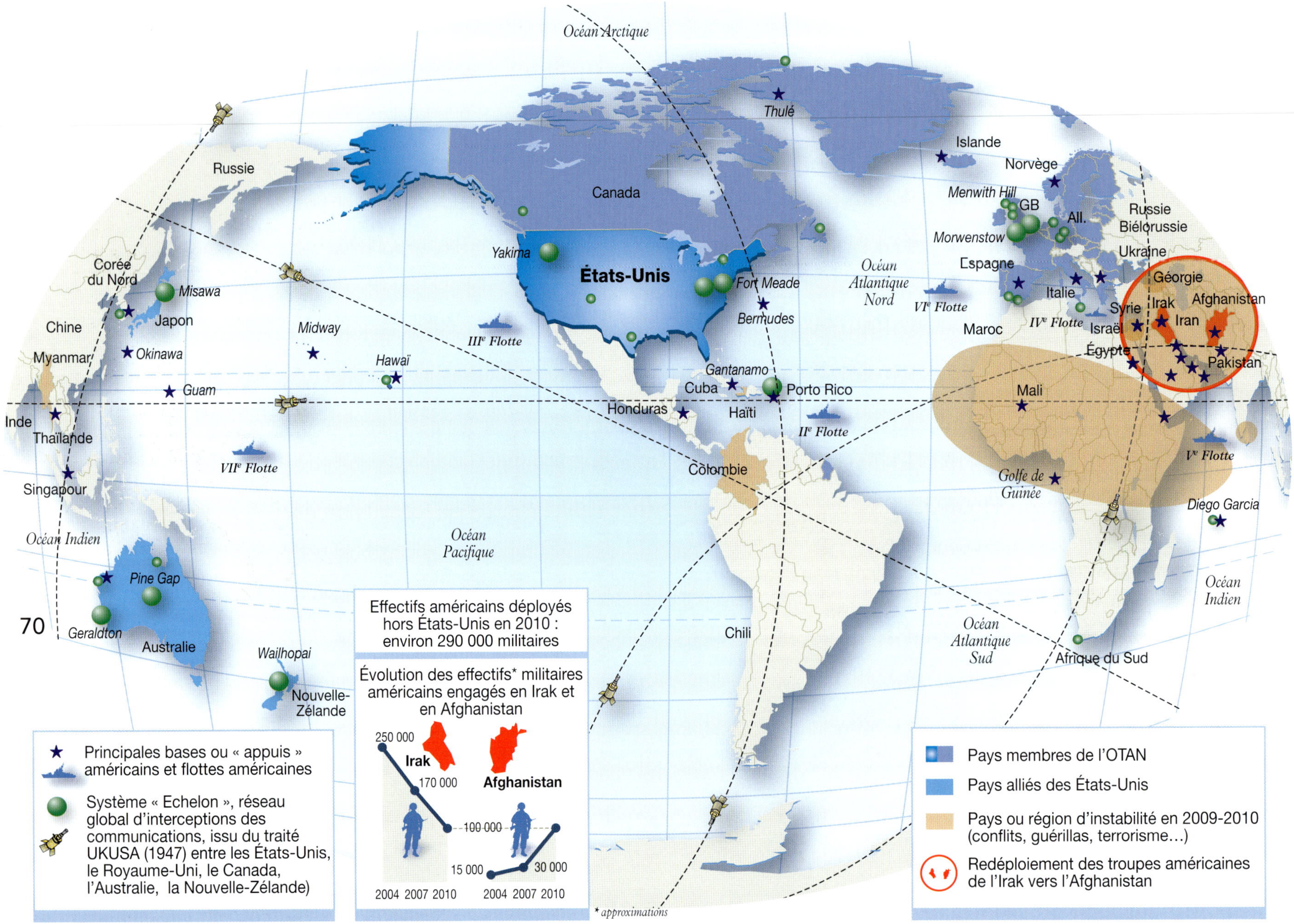

Océan Arctique
Thulé
Islande
Norvège
Russie
Canada
Menwith Hill
GB
All.
Russie
Biélorussie
Ukraine
Morwenstow
Yakima
États-Unis
Fort Meade
Océan Atlantique Nord
Espagne
Italie
Géorgie
Irak
Afghanistan
Syrie
Iran
Israël
Égypte
Pakistan
Corée du Nord
Misawa
Japon
Chine
Myanmar
Okinawa
Midway
IIIe Flotte
Bermudes
VIe Flotte
Maroc
IVe Flotte
Hawaï
Gantanamo
Cuba
Porto Rico
Guam
Inde
Thaïlande
Honduras
Haïti
Mali
IIe Flotte
Ve Flotte
VIIe Flotte
Colombie
Golfe de Guinée
Singapour
Diego Garcia
Océan Indien
Océan Pacifique
Pine Gap
Océan Indien
Geraldton
Australie
Wailhopai
Nouvelle-Zélande
Chili
Océan Atlantique Sud
Afrique du Sud
Principales bases ou « appuis » américains et flottes américaines
Système « Echelon », réseau global d'interceptions des communications, issu du traité UKUSA (1947) entre les États-Unis, le Royaume-Uni, le Canada, l'Australie, la Nouvelle-Zélande)
Effectifs américains déployés hors États-Unis en 2010 : environ 290 000 militaires
Évolution des effectifs* militaires américains engagés en Irak et en Afghanistan
250 000
Irak
170 000
Afghanistan
100 000
15 000
30 000
2004 2007 2010
2004 2007 2010
* approximations
Pays membres de l'OTAN
Pays alliés des États-Unis
Pays ou région d'instabilité en 2009-2010 (conflits, guérillas, terrorisme…)
Redéploiement des troupes américaines de l'Irak vers l'Afghanistan

LES ÉTATS-UNIS

Pearl Harbor en décembre 1941 pour démontrer à l'opinion américaine l'impossibilité de l'isolationnisme et permettre au président Roosevelt d'entrer dans la guerre contre Hitler et contre le Japon et, avec les Soviétiques, de la gagner. Les États-Unis sont le seul État à sortir plus puissant de la seconde guerre mondiale qu'ils n'y étaient rentrés, leurs pertes humaines étant limitées, leur territoire épargné par les bombardements, et leur économie stimulée.

Face au défi soviétique, à la fois politique – le communisme –, et géostratégique – contrôle du continent eurasiatique –, les Américains n'ont d'autre choix que de prendre la tête du « monde libre » et de créer un système d'alliances global en Europe (OTAN), au Moyen-Orient et en Asie afin « d'endiguer » l'URSS. Les principes moraux (lutte pour la liberté) et l'intérêt national (leadership mondial) se rejoignent pendant toute la durée de la guerre froide. L'implosion de l'Union soviétique va démontrer la supériorité politique, économique et morale du système américain qui n'a plus de rival à sa mesure. Les États-Unis sont plus que jamais persuadés d'incarner des valeurs universelles et estiment que ceux qui s'opposent à eux le font par hostilité à ces valeurs de liberté. C'est l'époque de « l'hyperpuissance ».

Les États-Unis se pensent comme étant l'empire de la liberté

Dix ans après, le 11 septembre 2001 provoque un choc majeur aux États-Unis. Le sentiment d'avoir été injustement attaqué, d'être supérieur moralement – et d'avoir été attaqué pour ces raisons – tout en disposant d'une puissance inégalée, amène en réaction la guerre en Irak, aisément gagnée. Mais le fiasco politique qui en découle atteint profondément l'image des États-Unis, perçus comme une puissance agressive et ne mettant pas sa force immense au service de l'intérêt général. On leur reproche de prôner des principes et de les respecter de façon sélective, de pratiquer les doubles standards.

Les États-Unis redeviennent, jusqu'en 2008, à peu près partout aussi impopulaires que lors de la guerre du Viêtnam. Malgré cela, aucune puissance ne les concurrence sérieusement et la société américaine, son énergie et ses capacités d'intégration conservent, malgré la crise, une attractivité incomparable sur le monde extérieur, surtout après l'élection de Barack Obama.

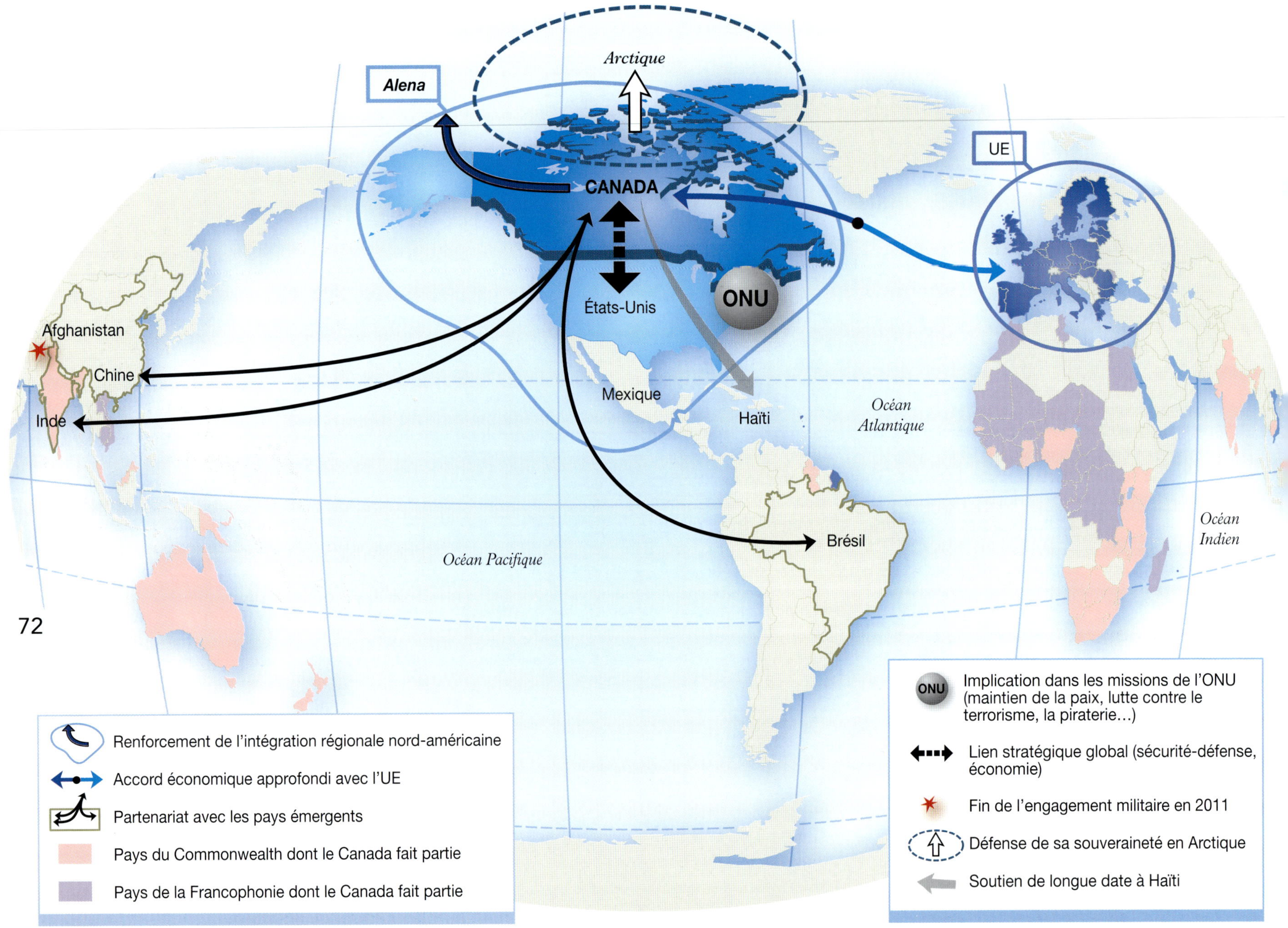
Arctique
Alena
UE
CANADA
États-Unis
ONU
Afghanistan
Chine
Inde
Mexique
Haïti
Océan Atlantique
Océan Indien
Océan Pacifique
Brésil
Renforcement de l'intégration régionale nord-américaine
Accord économique approfondi avec l'UE
Partenariat avec les pays émergents
Pays du Commonwealth dont le Canada fait partie
Pays de la Francophonie dont le Canada fait partie
ONU Implication dans les missions de l'ONU (maintien de la paix, lutte contre le terrorisme, la piraterie…)
Lien stratégique global (sécurité-défense, économie)
Fin de l'engagement militaire en 2011
Défense de sa souveraineté en Arctique
Soutien de longue date à Haïti

LE CANADA

Le Canada est partagé entre les influences européennes, notamment britannique et française, et américaine. Si, à sa naissance – c'est le statut de Westminster en 1931 qui lui a donné sa pleine souveraineté – le Canada était sur un relatif pied d'égalité, il doit subir les effets de la colossale montée en puissance de son voisin.

À l'issue de la seconde guerre mondiale, le Canada disposait d'atouts considérables. Il avait la 4e armée mondiale et était la 3e puissance économique. Il est doté d'un gigantesque territoire, même si sa population est relativement réduite.

Dans le cadre de l'ALENA, 87 % des exportations canadiennes sont absorbées par les États-Unis. Les deux voisins partagent la plus longue frontière terrestre du monde : près de 9 000 kilomètres. Le Canada est membre de l'OTAN depuis sa création en 1949 et le Grand Nord canadien est utilisé comme site de surveillance par les radars américains.

Mais sur le plan de la conception des relations internationales, de la place du droit international, du multilatéralisme ou de l'encadrement juridique du recours à la force, le Canada est plus proche des conceptions européennes que de celle des États-Unis. Le Canada ne peut se permettre de se fâcher avec son imposant voisin, mais il souhaite maintenir une spécificité, aussi bien sur le plan national (et ne pas avoir le sentiment d'être absorbé) qu'international (et insister sur sa préférence pour une approche multilatérale). Le renforcement de l'unilatéralisme américain et leur mutation en hyper-puissance ont rendu pendant un temps la position du Canada plus délicate. Le Canada est très attaché au multilatéralisme, à tel point qu'un ancien ministre canadien a pu déclarer que « l'ONU fait probablement parti de l'ADN de la plupart des Canadiens ». Les forces de maintien de la paix de l'ONU furent créées à l'initiative du Secrétaire d'État aux Affaires extérieures, Lester Pearson, en 1956, après la guerre de Suez. Il reçut l'année suivante le prix Nobel de la paix, ce qui confirmait les Canadiens dans l'idée que le multilatéralisme était le meilleur multiplicateur de leur poids dans les affaires internationales. Les Canadiens sont actifs dans la coopération Nord-Sud, au sein de la francophonie comme du Commonwealth. Le Canada a été dès l'origine membre du G7. Si le 11 Septembre a montré de façon indirecte aux Canadiens que le territoire nord-américain n'était plus un sanctuaire inviolable, ils restent sceptiques sur le type de réponse apporté par les États-Unis. Outre son déclin relatif par rapport à son statut au sortir de la seconde guerre mondiale, le Canada est affecté par la crise générale du multilatéralisme et la montée des nouveaux pôles de puissance.

Ne pas se fâcher avec les États-Unis tout en maintenant la spécificité canadienne

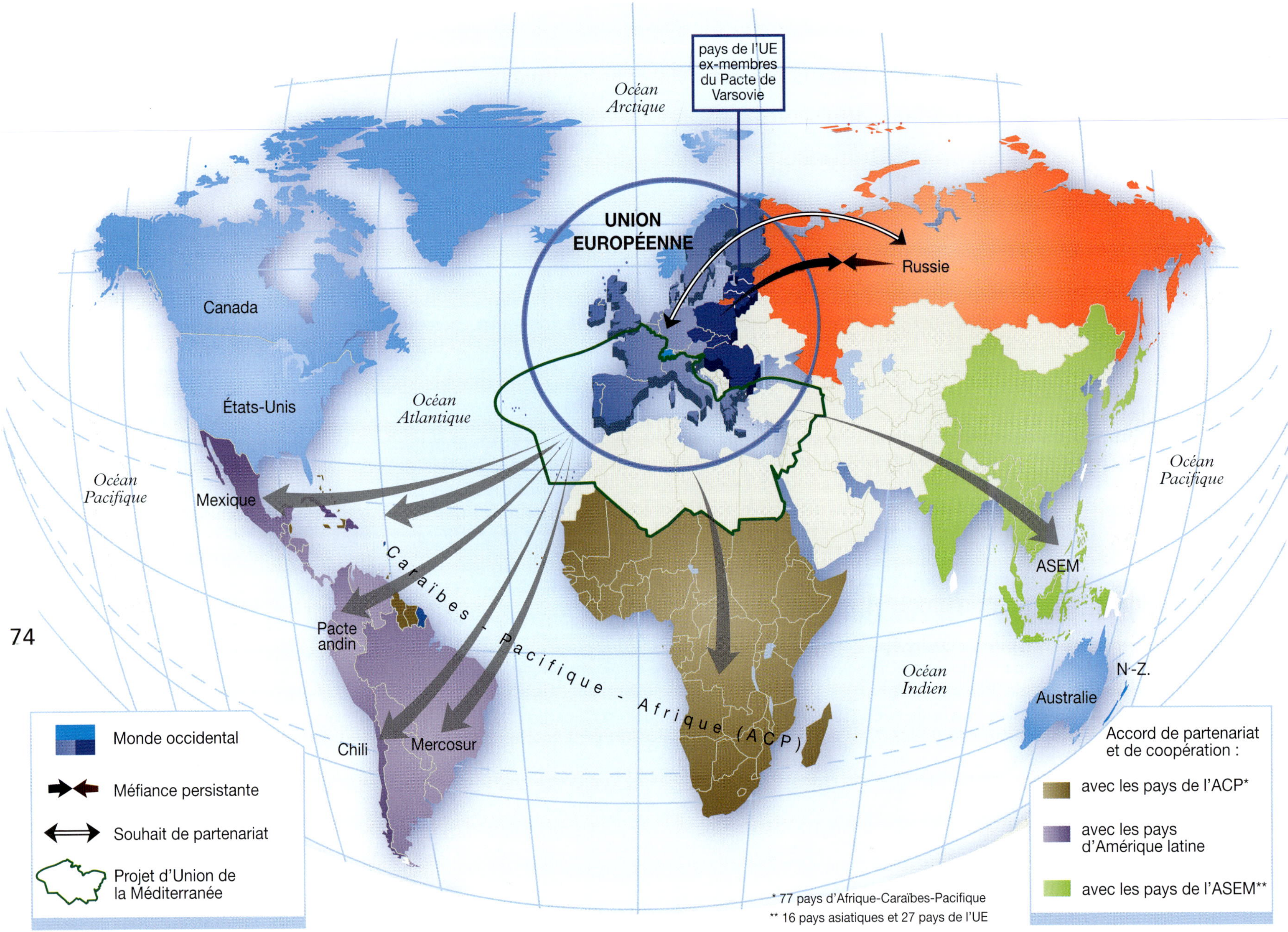
pays de l'UE
ex-membres
du Pacte de
Varsovie
Océan
Arctique
UNION
EUROPÉENNE
Russie
Canada
États-Unis
Océan
Atlantique
Océan
Pacifique
Mexique
Océan
Pacifique
ASEM
Caraïbes - Pacifique - Afrique (ACP)
Pacte
andin
Chili
Mercosur
Océan
Indien
N.-Z.
Australie
Monde occidental
Méfiance persistante
Souhait de partenariat
Projet d'Union de
la Méditerranée
Accord de partenariat
et de coopération :
avec les pays de l'ACP*
avec les pays
d'Amérique latine
avec les pays de l'ASEM**
* 77 pays d'Afrique-Caraïbes-Pacifique
** 16 pays asiatiques et 27 pays de l'UE

LE MONDE VU PAR...

LES EUROPÉENS

Après la seconde guerre mondiale, les Européens de l'Ouest ont bénéficié économiquement et militairement de la volonté américaine d'empêcher la mainmise soviétique sur l'Europe. Ensuite, avec la CECA et le traité de Rome, ils ont cherché à rendre irréversible cette paix et à améliorer leur niveau de vie par un Marché Commun. Une partie des élites européennes a même cru possible, jusqu'au rejet en 2005 de la « Constitution », le dépassement des identités nationales dans une sorte d'Europe fédérale, inspirée des États-Unis. Une dizaine de pays, sous l'impulsion de François Mitterrand, de Helmut Kohl et de Jacques Delors, au début des années 1990 ont abandonné leur monnaie pour une monnaie unique, l'euro. Après la chute de l'URSS qui a rendu possible la réunification allemande et l'adhésion à l'Union européenne d'une dizaine de nouveaux pays européens, les Européens ont traversé une période d'optimisme. Le monde allait s'unifier sous le double effet de l'économie globale de marché et de la démocratie et mettre en pratique les valeurs universelles proclamées par l'ONU. L'Europe, pensaient même les Français, allait devenir une Europe puissance, bénéfique au monde.

Quelques années plus tard, le doute s'est installé. Les Européens se rendent compte que leurs valeurs universelles ne sont pas universellement considérées comme telles. Ils ne veulent pas croire à un risque de choc des civilisations mais voient bien que des petits groupes fanatiques, au sein de l'Islam ou de l'Occident, mènent dans cet esprit une politique du pire. Ils voudraient faire preuve d'humanisme face à l'immigration mais la pression est devenue quantitativement si forte que des règles plus strictes s'imposent peu à peu partout en Europe. Ils voulaient aider des pays pauvres à se développer mais ne veulent pas avoir à renoncer sous la pression des pays émergents à leurs acquis sociaux exceptionnels. Ils étaient conscients que leurs ancêtres avaient exploré et colonisé le monde pendant des siècles, et que cela était fini, mais ils espéraient pouvoir continuer un rôle, par l'ingérence ou des aides conditionnelles, pour propager, cette fois-ci, la démocratie et les droits de l'Homme, et ne s'attendaient pas à être placés eux-mêmes sur la défensive par tant de nouvelles puissances géopolitiques rivales.

Pas d'accord entre les Européens sur la poursuite de l'intégration politique

Les Européens sont attachés à l'Union européenne. Mais ils ne veulent pas pousser plus loin l'intégration politique au-delà du traité de Lisbonne (sauf dans la zone euro) ou de l'élargissement géographique de l'Europe pas encore achevé. Ils prennent en plus conscience, dans les premières années 2000, du choc démographique mondial qui réduit leur poids relatif et des perspectives de pénurie énergétique. Ils sont moins naïfs qu'après 1989-1991. Ils se résignent à mettre en chantier la gigantesque métamorphose de l'économie et de la société imposée par les risques écologiques, mais ils voudraient, malgré la crise, préserver leur mode de vie.

Il dépend beaucoup d'eux de jouer à nouveau un rôle de premier plan dans le monde, par exemple si l'Union européenne à 27, ou plus, réussissait à devenir le pôle régulateur de la mondialisation sauvage. De tous les pôles possibles du monde multipolaire, c'est le pôle européen dont l'avenir est le plus incertain.

L'Europe après la seconde guerre mondiale

La construction de l'Union européenne 1957-2010

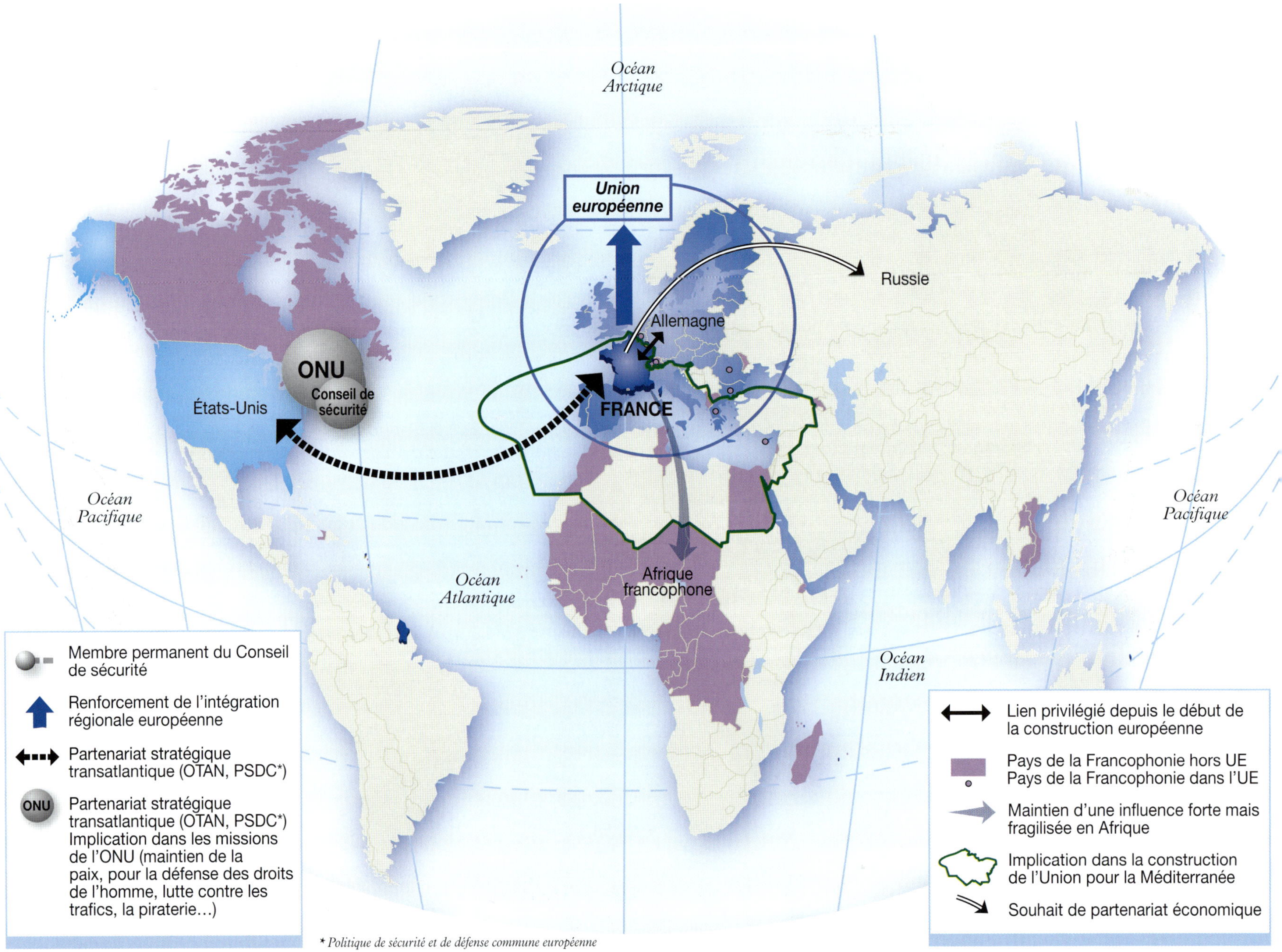

* *Politique de sécurité et de défense commune européenne*

LE MONDE VU PAR…

LA FRANCE

Grâce à Richelieu, Mazarin, et Louis XIV, et à son poids démographique alors que l'Europe dominait le monde, la France a été le pays majeur en Europe une partie du XVIIe siècle et du XVIIIe siècle. L'Empire napoléonien a été l'apogée de la puissance française mais a marqué par sa chute la précipitation de son déclin au profit de la Grande-Bretagne. En 1871, la défaite de Napoléon III permet à Bismarck de parachever l'unité allemande, ce que les dirigeants français depuis Richelieu avaient toujours réussi à éviter. La France connaît alors une nouvelle période de doute. Alors qu'elle avait négligé ses premières possessions outre-mer, la conquête coloniale, notamment en Afrique et en Asie sous prétexte de « devoir de civilisation », lui donne un nouvel horizon. La première guerre mondiale représente une saignée démographique terrible et un affaiblissement relatif du pays, comme du continent européen dans les équilibres mondiaux. Plus tard, la défaite et l'effondrement de mai 1940 traduisent cet épuisement dans l'inconscient national. Cette humiliation ne fut pas compensée par l'action du général de Gaulle ou par celle de la résistance intérieure. Après la Libération, les possessions coloniales devinrent symboliquement plus importantes, au moment même où le prestige de la métropole y est affaibli, d'où des guerres perdues d'avance pour s'opposer à la décolonisation. La France se lance alors dans la construction européenne, vue comme un multiplicateur de puissance et la garantie de l'impossibilité d'une nouvelle guerre entre pays européens (de toute façon impossible entre membres d'une même alliance). La réconciliation franco-allemande devient, un temps, le moteur de cette construction. Après 1962, la fin des guerres coloniales permet à la France de donner à l'ONU, et dans l'ensemble des institutions multilatérales, un plus grand retentissement à son action internationale.

> *Entre excès de prétention et sous-estimation de soi, la France s' interroge*

L'humiliation de la guerre de Suez en 1956, s'ajoutant au refus américain d'aider la France dans ses conflits coloniaux, avait convaincu les dirigeants français qu'ils devaient développer des capacités d'autonomie stratégique, c'est-à-dire la dissuasion nucléaire.

Sous la Ve République, la stratégie française consiste à élargir les marges de manœuvre de la France en pratiquant à l'égard des États-Unis une relation d'allié soucieux de son indépendance. La France se veut alors le partenaire naturel des pays du Sud qui cherchent une alternative au choix binaire États-Unis/URSS.

Aujourd'hui, la France entend conserver un rôle spécifique sur la scène internationale, ayant, de par son histoire, une vision large des affaires mondiales. Mais elle sait qu'elle n'a plus les moyens de l'action unilatérale, ce dont elle a fait un principe vertueux. Elle garde la capacité et la volonté de prendre des initiatives, de jouer un rôle particulier, mais ne peut le faire le plus souvent que dans un cadre multilatéral. Elle conserve sur les différents continents une influence culturelle, une influence économique variable, une politique à la fois active et spécifique. Depuis la fin du monde bipolaire et l'entrée dans le monde global, incertaine face à la mondialisation, la France – en tout cas ses élites – s'interroge, plus que d'autres pays comparables, sur son rôle, son influence, ses moyens, sur ce qui continuera à relever de son effort propre et ce qui sera européen, et sur ce qu'elle doit changer ou préserver. Entre l'excès de prétention et la sous-estimation de soi, la France actuelle a du mal à trouver le juste milieu, alors même qu'elle demeure quand même une des dix à douze puissances qui ont une influence mondiale. Elle est un membre actif et influent du G8, du G20 et membre permanent du Conseil de sécurité de l'ONU.

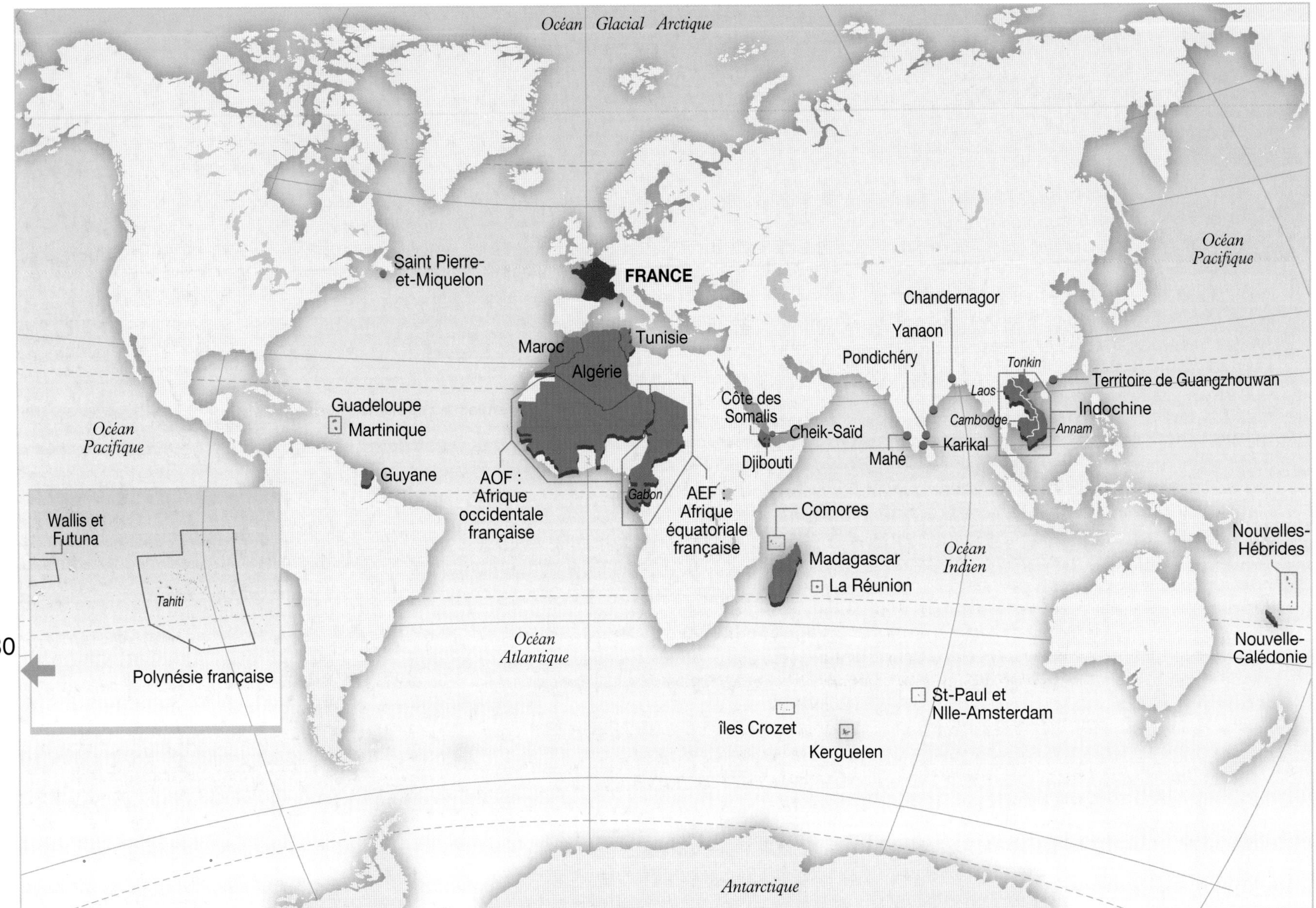

L'Empire français en 1930

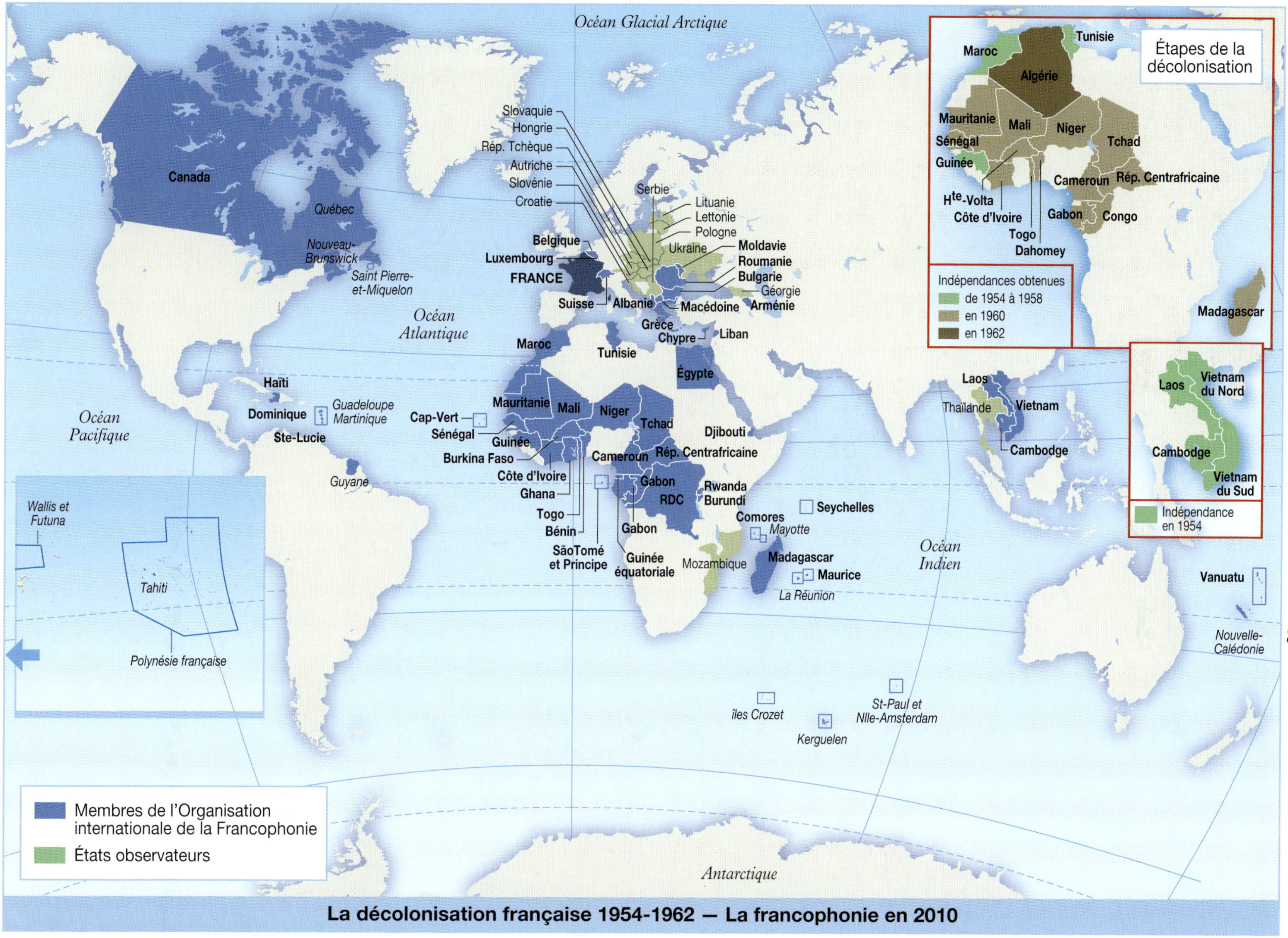

La décolonisation française 1954-1962 — La francophonie en 2010

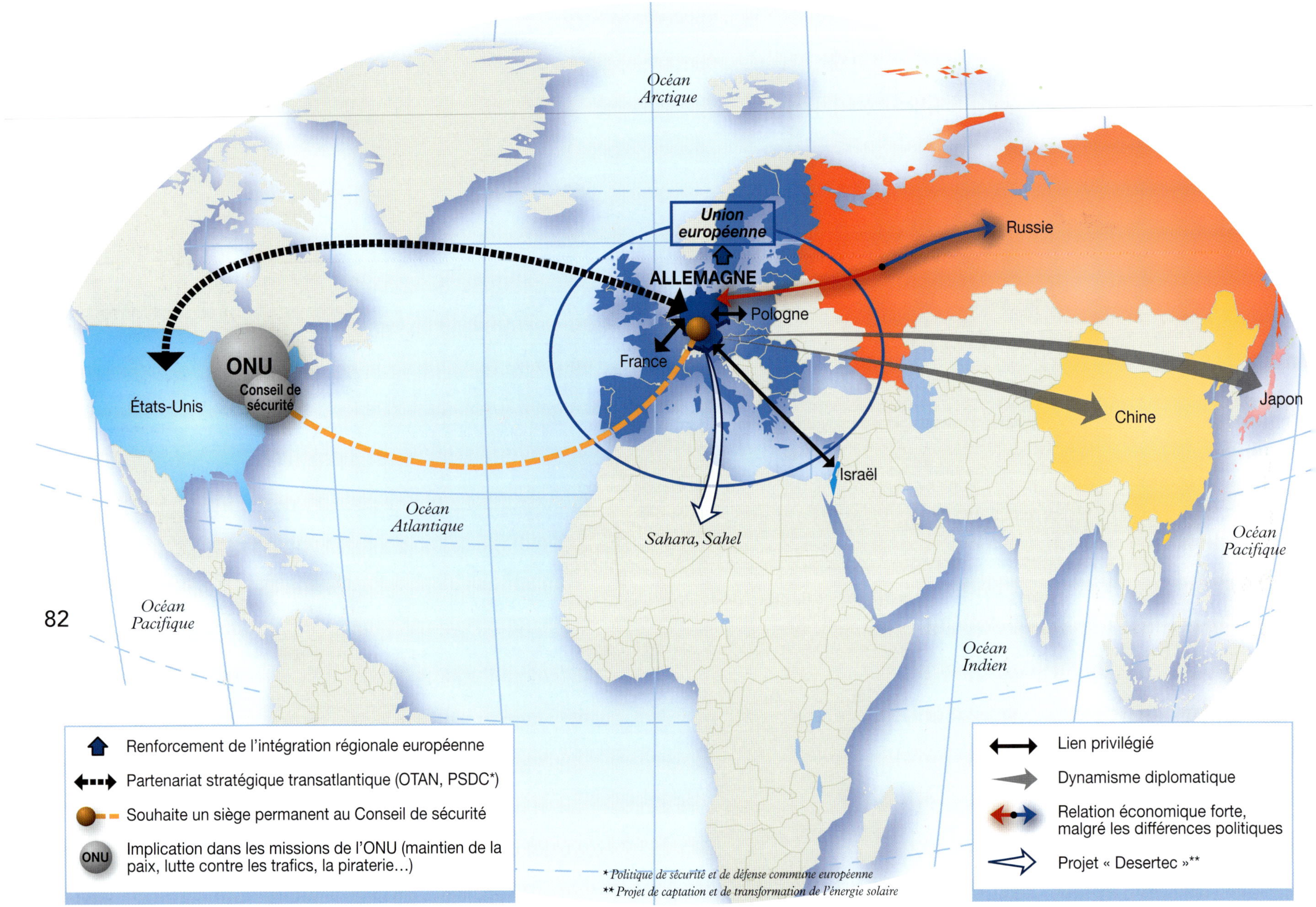
Océan Arctique
Union européenne
ALLEMAGNE
Russie
Pologne
France
ONU
Conseil de sécurité
États-Unis
Japon
Chine
Israël
Océan Atlantique
Sahara, Sahel
Océan Pacifique
Océan Pacifique
Océan Indien
Renforcement de l'intégration régionale européenne
Partenariat stratégique transatlantique (OTAN, PSDC*)
Souhaite un siège permanent au Conseil de sécurité
ONU
Implication dans les missions de l'ONU (maintien de la paix, lutte contre les trafics, la piraterie…)
Lien privilégié
Dynamisme diplomatique
Relation économique forte, malgré les différences politiques
Projet « Desertec »**
* Politique de sécurité et de défense commune européenne
** Projet de captation et de transformation de l'énergie solaire

LE MONDE VU PAR…

L'Allemagne

L'émiettement de l'Allemagne en multiples royaumes et principautés, que la France s'employait à maintenir, a longtemps empêché son émergence comme puissance majeure. C'est Bismarck qui réalisa, en neuf ans, son unité sous l'égide de la Prusse, couronnée par la victoire militaire sur la France en 1871. L'Empire allemand s'affirme ensuite comme la puissance dominante de l'Europe tant sur le plan démographique qu'industriel et militaire.

Cette montée en puissance de Berlin brise les équilibres européens du XIXe siècle établis lors du Congrès de Vienne en 1815. L'exacerbation des rivalités européennes et le jeu des alliances conduit alors à la première guerre mondiale. L'Allemagne en sort vaincue par les Alliés, humiliée et exsangue. Mais elle estime injuste d'avoir à en porter seule la responsabilité et ses conséquences. Alors qu'elle était sur le point de supplanter la Grande-Bretagne comme première puissance mondiale, elle se retrouve obligée de payer des réparations, privée de son empire colonial, bientôt ruinée par la crise de 1929. Hitler exploite ce sentiment d'humiliation et ce désir de revanche attisés par la précarité sociale. Arrivé au pouvoir avec le parti nazi aux élections de 1933, il lance l'Allemagne dans une course à la conquête d'un « espace vital » notamment à l'Est, sur fond de haine raciale antislave et antisémite. Le « Reich de mille ans » s'achève en 1945 par une défaite totale, l'occupation de l'Allemagne par les alliés, et sa division entre Occidentaux et Soviétiques.

Les États-Unis imposent alors à l'Allemagne de l'Ouest la démocratie, la reconnaissance des crimes du nazisme, la renonciation à la puissance stratégique, l'intégration dans l'Alliance atlantique et la construction européenne et leur protection contre la menace soviétique. À partir des années 1960, la réconciliation avec la France devient effective et le couple franco-allemand est un moteur de la construction européenne.

> *L'Allemagne tient la première place au Conseil européen*

La réunification de l'Allemagne, annoncée par la « chute » du mur de Berlin en 1989, officialisée en 1990, rendue possible par l'affaiblissement puis la disparition de l'URSS, donne au pays un poids et des marges de manœuvre nouvelles, et lui permet une affirmation plus nette de ses intérêts au sein de l'Union européenne et dans le monde. Au cours des années 1991-2007, elle conquiert par la négociation la première place au Parlement européen (99 parlementaires sur 785) et au Conseil européen (18 % des voix à compter de 2017). Elle a pesé de tout son poids pour que les Vingt-Sept acceptent avec le « traité de Lisbonne » la substance de la Constitution non ratifiée. Dans ses relations avec la France, les autres membres de l'Union et les États-Unis, elle combine sa volonté de renforcer l'Europe (jusqu'à l'arrêt de la Cour de Karlsruhe en juillet 2009) et, de plus en plus, la défense de ses propres intérêts économiques, énergétiques et industriels, notamment dans ses relations avec la Russie et la Chine.

La Prusse et la Confédération germanique en 1815

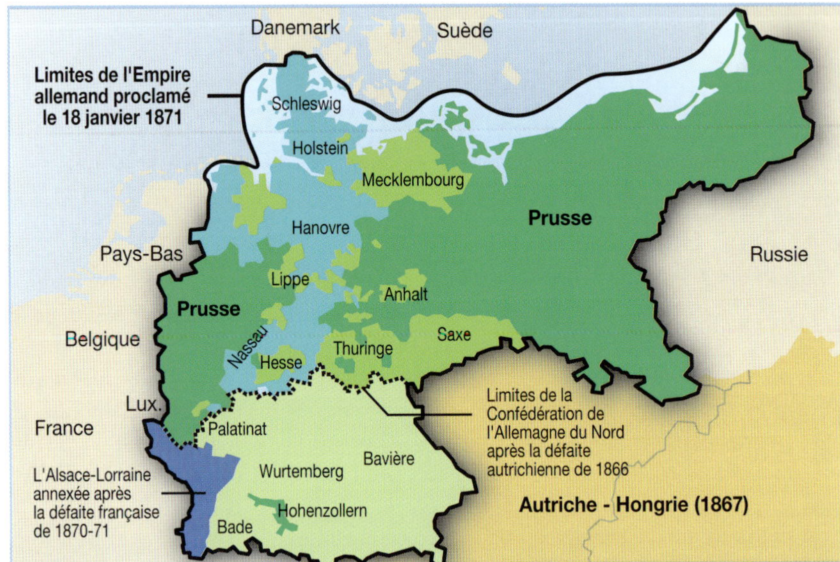

L'Unité Allemande : 1866-1871

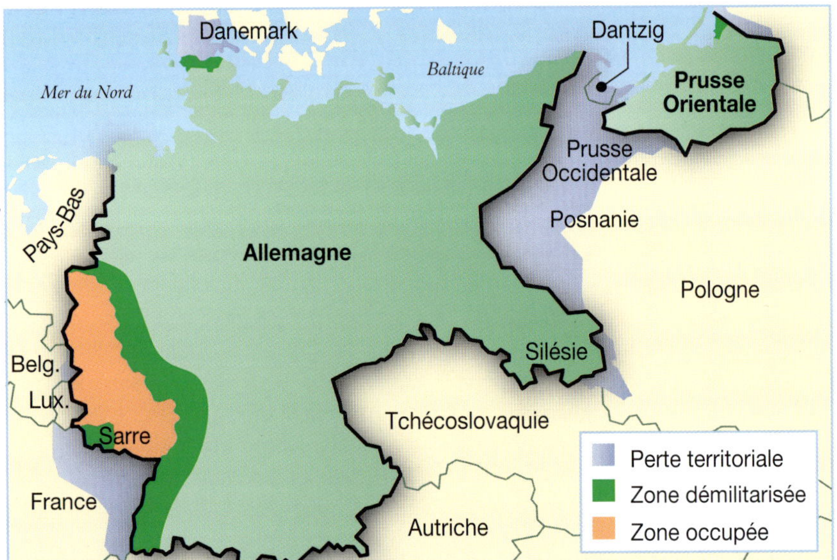

L'Allemagne en 1919

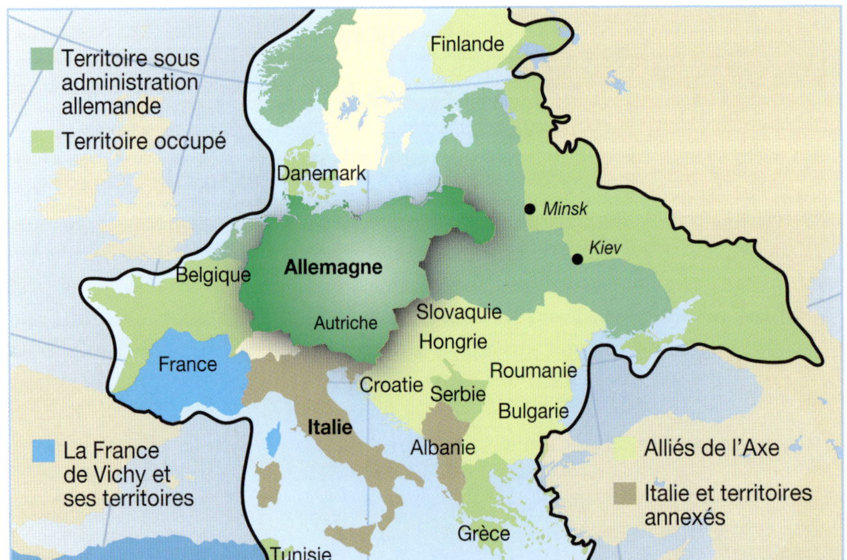

Les puissances de l'Axe en novembre 1942

L'Allemagne après la seconde guerre mondiale

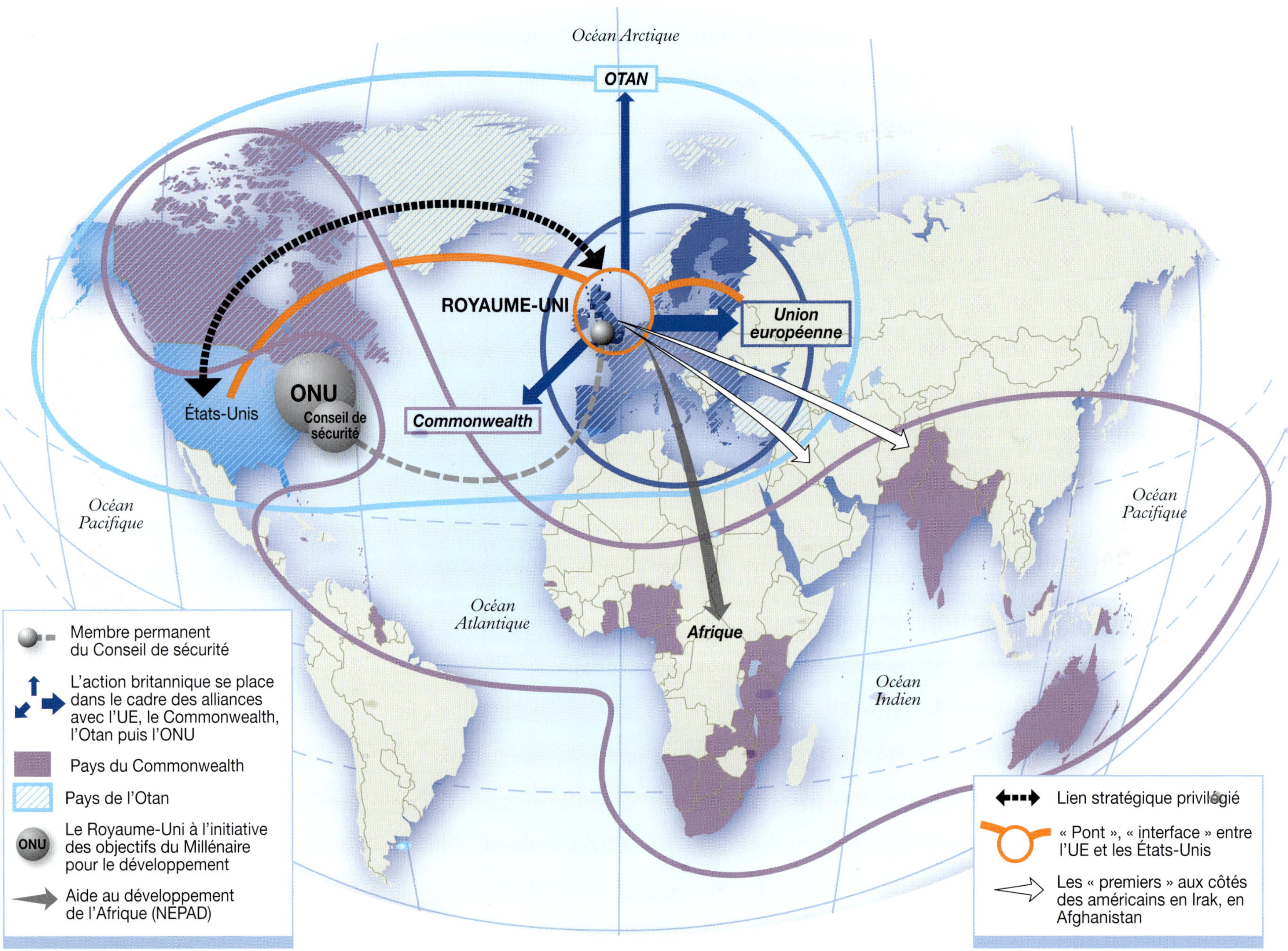
Océan Arctique
OTAN
ROYAUME-UNI
Union européenne
Commonwealth
États-Unis
ONU
Conseil de sécurité
Afrique
Océan Pacifique
Océan Atlantique
Océan Indien
Océan Pacifique
Membre permanent du Conseil de sécurité
L'action britannique se place dans le cadre des alliances avec l'UE, le Commonwealth, l'Otan puis l'ONU
Pays du Commonwealth
Pays de l'Otan
Le Royaume-Uni à l'initiative des objectifs du Millénaire pour le développement
Aide au développement de l'Afrique (NEPAD)
Lien stratégique privilégié
« Pont », « interface » entre l'UE et les États-Unis
Les « premiers » aux côtés des américains en Irak, en Afghanistan

LE MONDE VU PAR...

LE ROYAUME-UNI

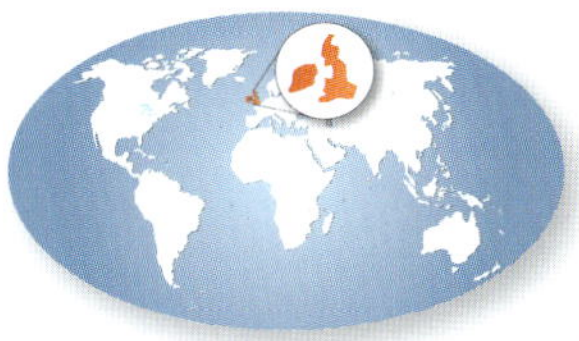

Sa défaite au terme de la guerre de Cent Ans, au XVe siècle, marque la fin des possessions continentales de l'Angleterre. Le pays va alors s'étendre dans les îles britanniques en Irlande (1541), en Écosse (en deux temps : 1603 et 1707) et outre-mer. À la veille de la Révolution française, le royaume britannique est affaibli par la perte de ses colonies américaines. Plus tard, son caractère insulaire le protège de la conquête napoléonienne. La Grande-Bretagne veille, si possible sans intervenir, tout au long du XIXe siècle, au maintien d'un équilibre entre les puissances européennes continentales afin qu'aucune ne domine. C'est le splendide isolement. Elle poursuit son expansion coloniale et commerciale dans le reste du monde et devient au XIXe siècle la première puissance commerciale et industrielle mondiale. La livre sterling est la monnaie d'échange internationale.

Face à la menace allemande, elle se rapproche de la France en concluant l'entente cordiale en 1904. Après la première guerre mondiale, elle voit sa suprématie commencer à être concurrencée par les États-Unis. Mais elle en sort durablement affaiblie et doit affronter la perte de son empire colonial et de sa prééminence, commerciale et maritime. Afin de rétablir un nouvel équilibre continental européen face à la menace soviétique, W. Churchill obtient pour la France une zone d'occupation en Allemagne et un siège de membre permanent au Conseil de sécurité de l'ONU. L'injonction américaine de mettre fin, en 1956, à l'expédition de Suez lui fait comprendre qu'elle n'a plus les moyens de mener seule une opération stratégique d'envergure sans le soutien, et encore moins contre Washington. Elle se tient à l'écart de la construction européenne dans laquelle elle voit un risque de dilution de son identité et de ses intérêts et préserve sa « relation spéciale » avec les États-Unis. Elle espère, en effet, que ses liens historiques, la communauté philosophique et linguistique entre les deux nations, et l'influence que peuvent exercer ses Premiers ministres sur les Présidents américains, sont un multiplicateur d'influence pour elle. Elle se résigne finalement à rejoindre la construction européenne, en 1973, dont elle reste un partenaire réticent tout en conservant des liens spécifiques avec les pays du Commonwealth. Pendant la guerre d'Irak, le suivisme de Tony Blair, considéré comme aveugle à l'égard des États-Unis, provoque un vrai trouble. L'influence de Londres sur Washington se révèle illusoire. La Grande-Bretagne est confrontée au discrédit qui frappe les pays qui se sont lancés dans cette guerre, mais elle estime avoir toujours un rôle capital d'intermédiaire entre les États-Unis et les autres pays européens. D'autant que Londres est le *hub* de la finance mondiale et veut le rester, même après la grande crise qui éclate en 2008.

> ***Dans la guerre d'Irak, l'influence de Londres sur Washington fut inexistante***

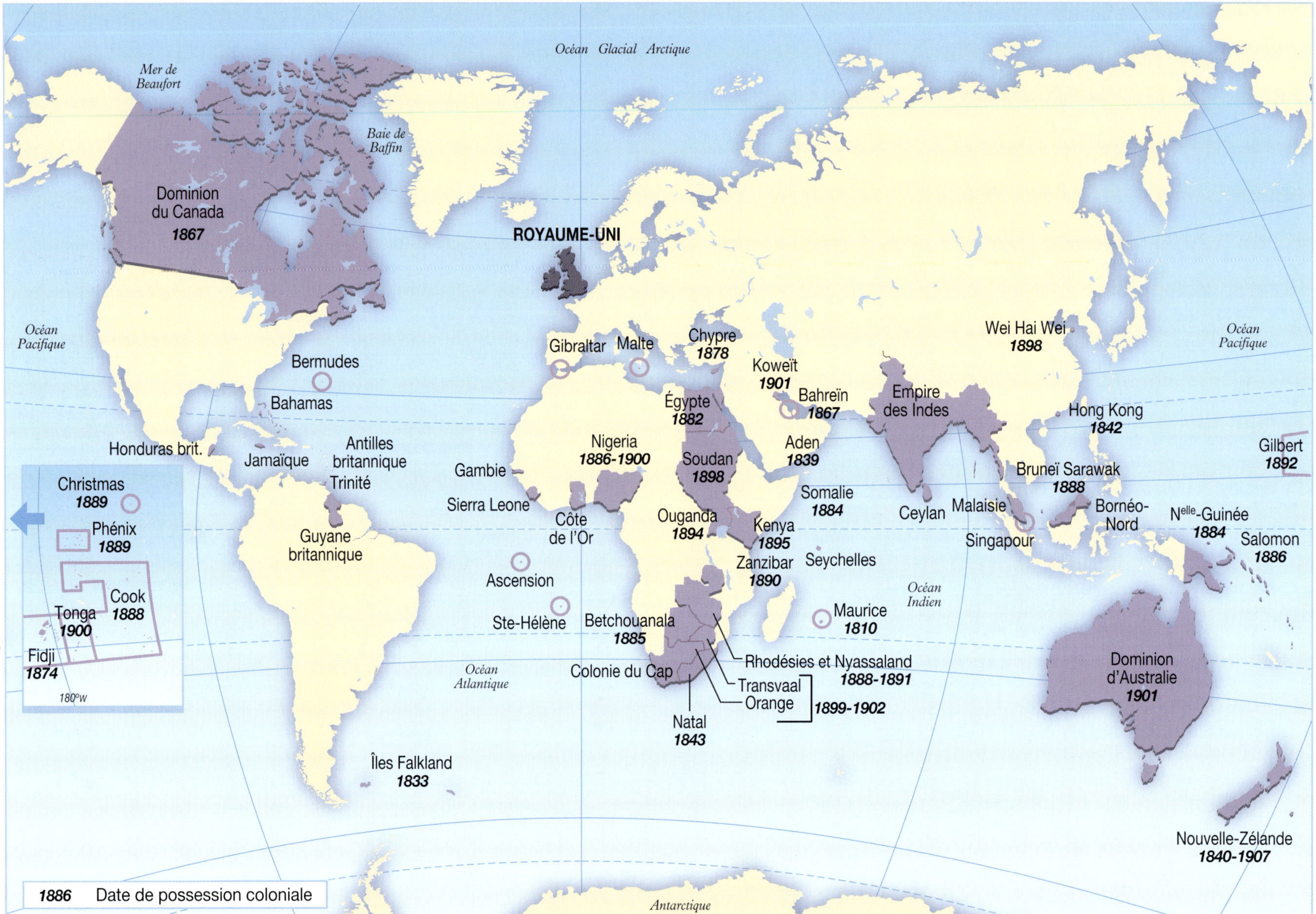

L'Empire britannique en 1901

88

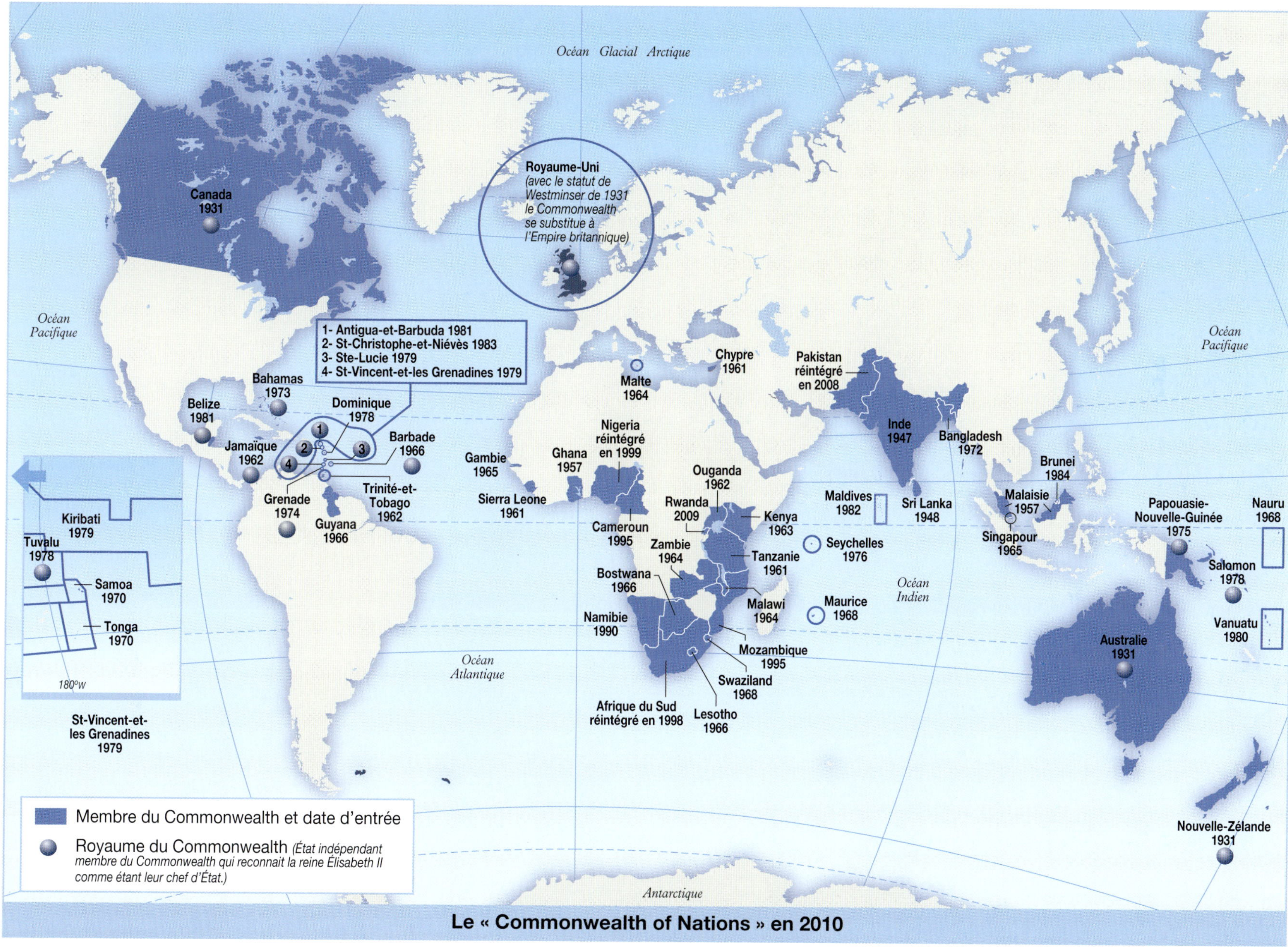

Le « Commonwealth of Nations » en 2010

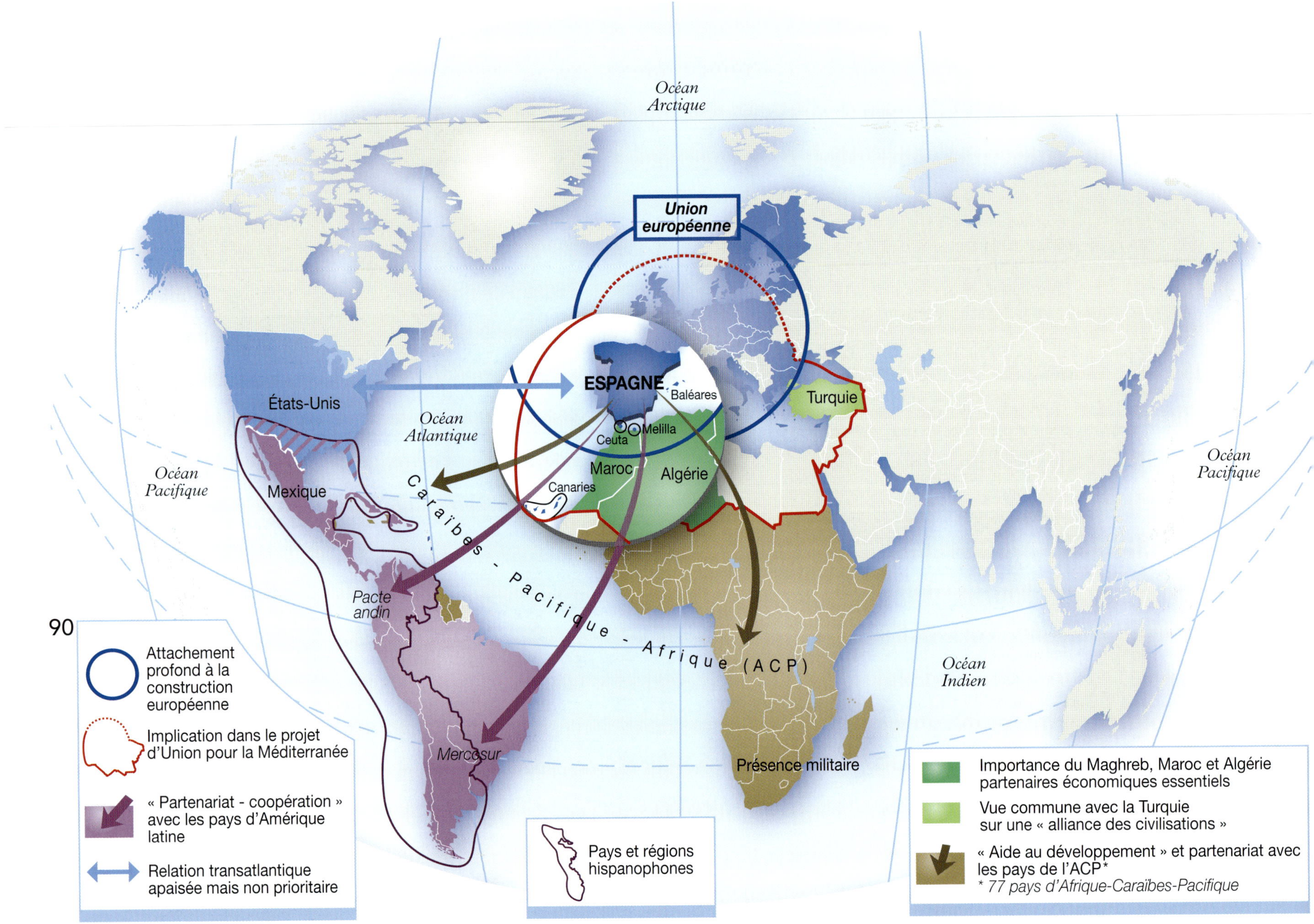
Océan Arctique
Union européenne
ESPAGNE
Baléares
Turquie
États-Unis
Océan Atlantique
Ceuta
Melilla
Maroc
Algérie
Canaries
Océan Pacifique
Mexique
Caraïbes - Pacifique - Afrique (ACP)
Pacte andin
Mercosur
Présence militaire
Océan Pacifique
Océan Indien
Attachement profond à la construction européenne
Implication dans le projet d'Union pour la Méditerranée
« Partenariat - coopération » avec les pays d'Amérique latine
Relation transatlantique apaisée mais non prioritaire
Pays et régions hispanophones
Importance du Maghreb, Maroc et Algérie partenaires économiques essentiels
Vue commune avec la Turquie sur une « alliance des civilisations »
« Aide au développement » et partenariat avec les pays de l'ACP*
* 77 pays d'Afrique-Caraïbes-Pacifique

LE MONDE VU PAR...

L'ESPAGNE

Après avoir réalisé son unité territoriale et s'être lancée à la conquête des Amériques, sources d'immenses richesses, l'Espagne fut, un temps, la puissance européenne dominante et, au XVIe siècle, la première puissance mondiale. On a pu ainsi parler de « mondialisation ibérique ». Mais à partir du XVIIIe siècle, commence son déclin, marqué au XIXe par la perte de ses colonies latino-américaines et par son incapacité à prendre le virage de la révolution industrielle. En 1931, rompant avec des siècles de monarchie, la République est instaurée. Cinq ans plus tard, en 1936, l'extrême droite refuse de reconnaître la victoire du Front populaire et plonge le pays dans une guerre civile qui fera plus de 500 000 morts. Le général Franco prend le pouvoir en 1939 et il entend tenir l'Espagne à l'écart de la seconde guerre mondiale, malgré l'aide que lui ont apportée Hitler et Mussolini pour assurer sa victoire. Sa dictature dure jusqu'en 1975. Elle isole l'Espagne du continent européen, même si un accord bilatéral est établi dès l'après-guerre avec les États-Unis dans le cadre de la lutte anticommuniste.

Le rétablissement de la démocratie en 1978, sous l'égide du roi Juan Carlos, permet à l'Espagne de quitter ses habits d'État semi-paria et de retrouver sa place dans l'Europe. Dès 1986, elle adhère à la Communauté économique européenne : c'est le début d'une longue période de développement qui explique l'attachement des Espagnols à la construction européenne. Le souvenir de l'appui des États-Unis à Franco, s'il n'a pas dissuadé l'Espagne d'adhérer à l'OTAN, fait que celle-ci essaie de conserver une certaine indépendance par rapport à Washington.

L'Espagne veut être un pont entre les civilisations

L'Espagne s'emploie à avoir une politique étrangère active par le prisme européen. Elle entretient, comme le Portugal, des relations étroites, ibéro-américaines, avec l'Amérique latine. Elle pense aussi pouvoir être un pont entre l'Europe et le monde arabe. Le soutien du gouvernement Aznar à la guerre en Irak en 2003 a été massivement rejeté par l'opinion espagnole et il a contribué, avec les attentats de Madrid de mars 2004, à sa chute. Son successeur socialiste, Zapatero, a lancé à l'Assemblée générale de l'ONU en 2004 et avec la Turquie, l'idée d'une « alliance des civilisations », contraire au point de vue défendu par Bush et Aznar du caractère inéluctable du choc des civilisations. Zapatero s'appuie notamment sur le succès de la politique économique et sociale mise en œuvre pour contrer le terrorisme de l'ETA qui continue de sévir en Espagne.

Très éprouvée par la crise de 2007-2008, en raison de l'éclatement de la bulle immobilière, l'Espagne entend valoriser, en Méditerranée et ailleurs, sa présidence européenne au premier semestre 2010.

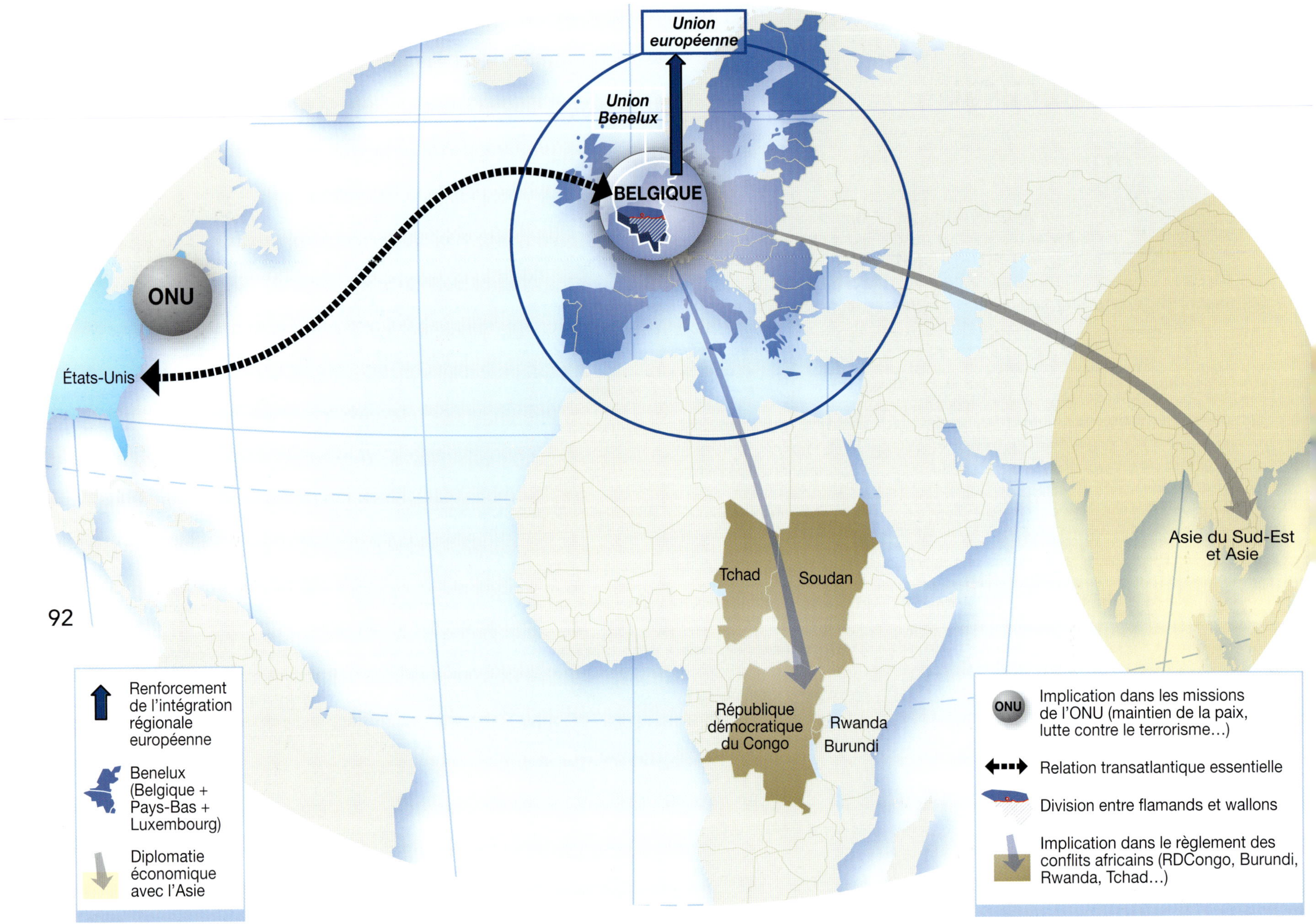

Union européenne
Union Benelux
BELGIQUE
ONU
États-Unis
Tchad
Soudan
République démocratique du Congo
Rwanda
Burundi
Asie du Sud-Est et Asie
Renforcement de l'intégration régionale européenne
Benelux (Belgique + Pays-Bas + Luxembourg)
Diplomatie économique avec l'Asie
Implication dans les missions de l'ONU (maintien de la paix, lutte contre le terrorisme…)
Relation transatlantique essentielle
Division entre flamands et wallons
Implication dans le règlement des conflits africains (RDCongo, Burundi, Rwanda, Tchad…)

LA BELGIQUE

Le territoire belge et par extension celui du Benelux ont vu s'affronter les grandes forces antagonistes à l'œuvre au cours de l'histoire européenne. Son contrôle a permis à Napoléon de mettre en place l'embargo contre la Grande-Bretagne. Son envahissement éclair fut la base des plans allemands au cours des deux guerres mondiales pour vaincre l'armée française.

Créée en 1830 par le « Concert européen », la Belgique possède un important passé africain. L'actuelle République démocratique du Congo est issue du Congo, devenu belge en 1885 ; le Rwanda et le Burundi ont été confiés à la Belgique après le démantèlement de l'empire colonial allemand en 1919. Avant son indépendance, le Congo a été une source de richesses pour la monarchie belge dont il était la propriété. Il est devenu une source de problèmes graves après l'indépendance, mais aussi du fait de la déliquescence du régime Mobutu par la suite.

La Belgique est très engagée dans la construction européenne, en laquelle elle voit une protection et une façon de peser au niveau international plus que son faible poids ne le lui permettrait. Elle a été l'un des membres fondateurs de l'Union de l'Europe occidentale dès 1948, puis du traité de Rome en 1957. Elle abrite aujourd'hui le siège des institutions européennes, celui de l'OTAN et son économie est complètement insérée dans celle de l'Union européenne. Sur le plan intérieur, la division entre Wallons et Flamands, qui menace l'unité du pays, n'aurait peut-être pas été si loin sans cette impression de sécurité procurée par le « toit commun » européen. Les Belges disent vouloir que l'Europe devienne un acteur global.

Au bord de l'éclatement, l'Europe reste une bouée de secours

Les controverses sur le génocide rwandais de 1994 ont indirectement éclaboussé l'ancienne puissance coloniale belge (comme d'ailleurs la France, l'ONU et l'OUA). À la fin des années 1990, le parlement belge a voulu donner à la Belgique le rôle de champion d'une diplomatie morale fondée sur l'éthique dans les rapports internationaux, le combat contre la violation des droits de l'homme, la lutte conte l'impunité ou l'exploitation abusive des ressources naturelles et des matières premières. La Belgique s'est alors dotée d'une loi dite de « compétence universelle » qui permettait à tout un chacun de porter plainte auprès des juridictions belges contre une personnalité internationale à laquelle des crimes étaient reprochés même sans lien avéré avec la Belgique. Cette position juridique intenable, source de tensions avec de nombreux pays, a été ensuite amendée (comme ce fut le cas aussi en Espagne).

Symbole du rôle joué par la Belgique au sein de l'Union, en 2009, le Premier ministre belge, M. Van Rompuy, est devenu le premier président du Conseil européen sur une longue période (deux ans et demi).

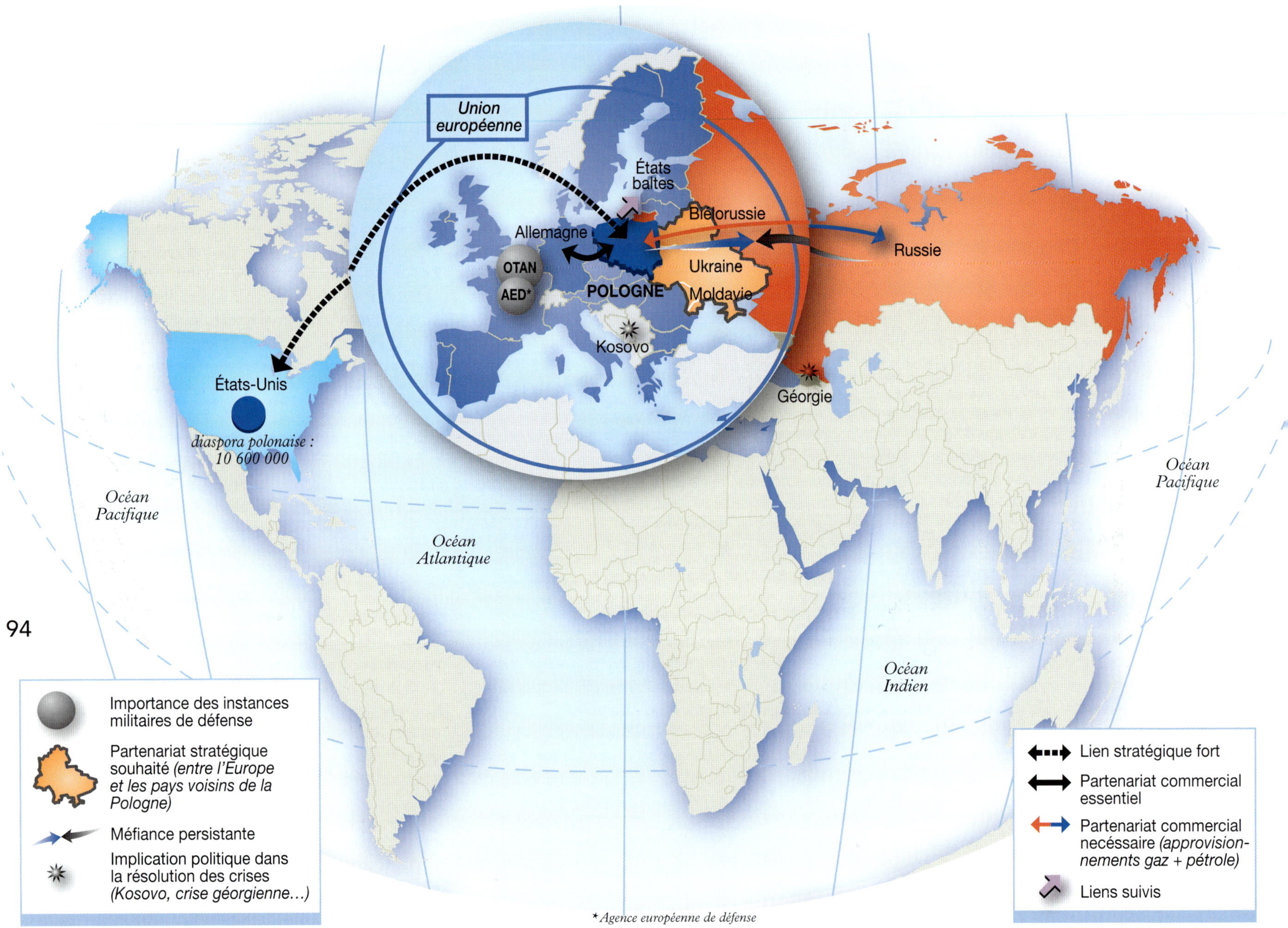

*Agence européenne de défense

LE MONDE VU PAR...

LA POLOGNE

Bien souvent tragique, l'histoire de la Pologne permet de comprendre les conceptions actuelles des Polonais. Constamment soumise aux influences et aux appétits de ses voisins, notamment allemand et russe, la Pologne a souvent vu sa souveraineté contestée, voire même niée. Elle a été rayée de la carte à la fin du XVIIIe siècle, recréée sous la forme du Duché de Varsovie par Napoléon Ier, puis de nouveau supprimée à l'issue du Congrès de Vienne et partagée entre la Russie, l'Autriche et la Prusse. Récréée par le Traité de Versailles en 1919, elle fut occupée par l'Allemagne nazie au cours de la seconde guerre mondiale, puis placée sous domination soviétique jusqu'à la fin de la guerre froide. La Pologne a jusqu'à aujourd'hui des relations compliquées avec l'Allemagne malgré la reconnaissance par cette dernière des crimes nazis, et la renonciation explicite, par l'Allemagne réunifiée, aux territoires allemands au-delà de la ligne Oder-Neisse attribués à la Pologne en 1945. Elle continue à craindre toute tentative d'influence ou de domination russe, énergétique ou autre. L'histoire fait qu'elle n'a confiance ni dans les traités ni dans les garanties des institutions internationales. Elle voit donc dans la protection américaine le seul moyen de mettre en échec les appétits russes, et aussi une façon de contrebalancer les influences allemande et française. Alors que la France et l'Angleterre s'étaient portées à son secours contre le nazisme et que les Français, au cours de la guerre froide, ont toujours appelé au dépassement de la division de l'Europe en blocs, les Polonais ont le sentiment de n'avoir dû leur salut contre le nazisme et le communisme qu'aux seuls États-Unis.

> *La Pologne a peu confiance dans les traités et dans les institutions internationales*

La très grande religiosité des deux sociétés et la présence d'une forte communauté polonaise bien organisée aux États-Unis aident à consolider ce lien. Cet héritage historique a conduit la Pologne à suivre sans réserve la politique de l'administration Bush et la guerre en Irak. Son adhésion à l'OTAN, facilitée par la volonté américaine d'élargir le plus possible l'alliance après la chute de l'URSS, et soutenue par le « lobby » polonais des États-Unis, comparée aux longues et irritantes négociations d'adhésion à l'Union européenne, est venue conforter ce sentiment d'une plus grande amitié et ouverture des États-Unis à l'égard de la Pologne que celle de l'Europe, bien que le développement économique de la Pologne soit principalement dû à son intégration européenne. L'extrême sensibilité de la Pologne pour tout ce qui relève de sa souveraineté et ses positions jugées rétrogrades sur les questions sociales, en ont fait au début un partenaire européen difficile. Néanmoins, les sentiments pro-américains de l'opinion ont diminué, du fait des résultats catastrophiques de la guerre d'Irak. Le plus probable est que, avec le temps, la Pologne, tout en restant un partenaire difficile et très vigilant envers la Russie, assume de plus en plus sa situation de grand pays de l'Union européenne et y trouve un moyen nouveau de développer son influence. Cette évolution est déjà sensible.

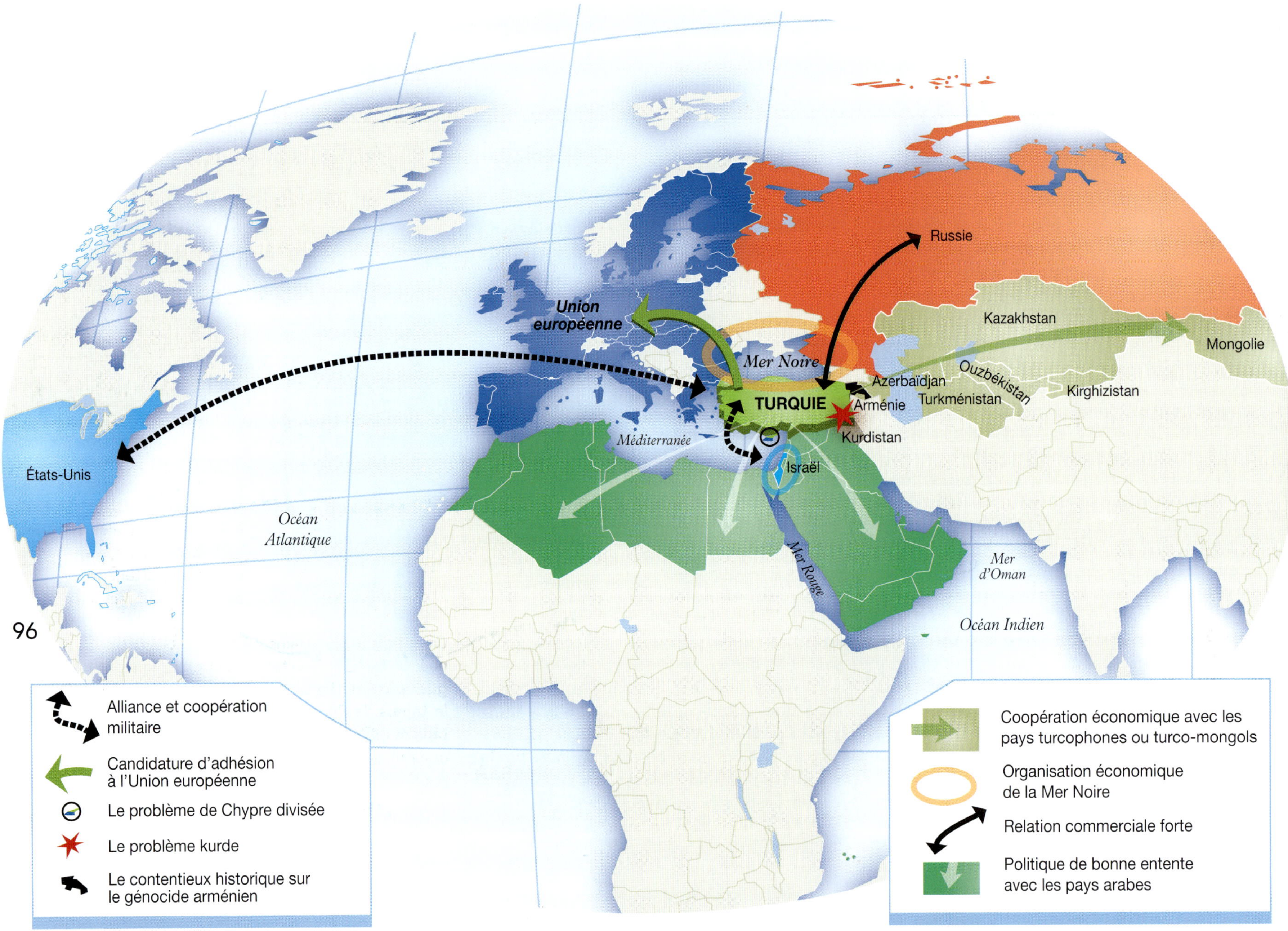
Russie
Union européenne
Mer Noire
TURQUIE
Azerbaïdjan
Arménie
Kurdistan
Kazakhstan
Mongolie
Ouzbékistan
Turkménistan
Kirghizistan
Méditerranée
Israël
États-Unis
Océan Atlantique
Mer Rouge
Mer d'Oman
Océan Indien
Alliance et coopération militaire
Candidature d'adhésion à l'Union européenne
Le problème de Chypre divisée
Le problème kurde
Le contentieux historique sur le génocide arménien
Coopération économique avec les pays turcophones ou turco-mongols
Organisation économique de la Mer Noire
Relation commerciale forte
Politique de bonne entente avec les pays arabes

LA TURQUIE

Édifié au XVe siècle, l'Empire Ottoman connaît son apogée en 1529 avec le siège infructueux de Vienne. Soliman, allié de François Ier, dispute alors l'hégémonie continentale à Charles Quint. Sa puissance entraîne des réactions. Au XVIIe siècle, en 1683, un nouvel échec devant Vienne entraîne la formation d'une « sainte ligue » contre les Ottomans, (Autriche, Venise, Pologne, Russie). L'Empire Ottoman s'affaiblit. La fin du XIXe siècle voit se multiplier les ingérences des puissances européennes (France, Grande-Bretagne, Russie, Allemagne) dans un empire considéré comme « l'homme malade de l'Europe ». Avant la première guerre mondiale, dans laquelle les Ottomans s'engagent aux côtés des Allemands, il ne contrôle plus en Europe que la Thrace occidentale. Vaincu, l'Empire est démembré par les vainqueurs au traité de Sèvres (1920). Celui de Lausanne en 1923 donne naissance à la nouvelle Turquie. Mustapha Kemal prend le pouvoir, s'inspire de l'Europe, et décide d'imposer aux Turcs la laïcité et l'occidentalisation pour enrayer le déclin national.

Restée neutre pendant la seconde guerre mondiale, la Turquie bénéficie du plan Marshall en 1947 et adhère à l'OTAN en 1952. À l'Ouest, elle est le pays qui a la plus grande frontière terrestre avec l'Union soviétique et elle participe activement à la défense atlantique. La rivalité avec la Grèce conduit les deux pays à un conflit à propos de Chypre en 1974 mais s'atténue ensuite. La dissolution de l'Union soviétique fait perdre à la Turquie sa position privilégiée de rempart de l'OTAN contre le communisme, mais lui permet de renouer dans le Caucase et en Asie centrale avec les autres pays turcophones, et de confirmer son rôle au Moyen-Orient lors de la guerre de 1990-1991 pour la libération du Koweït. À partir de l'accord du Conseil européen d'Helsinki en décembre 1999 pour l'ouverture des négociations, le projet d'adhésion à l'Union européenne est considéré comme un moyen de modernisation, mais aussi de reconnaissance politique de la Turquie, comme appartenant de plein droit au monde occidental et européen. Ce sujet divise les opinions européennes. Les négociations devraient durer longtemps.

> *L'orientation du rôle stratégique de la Turquie dépendra de son entrée ou non dans l'Union européenne*

La Turquie trouve dans sa relation avec les États-Unis, pour qui elle reste un partenaire clef, un appui stratégique et politique. Elle a cependant refusé le libre passage de l'armée américaine sur son territoire pendant la guerre d'Irak de 2003. Elle craint que l'autonomie, ou pire, l'indépendance, du Kurdistan irakien n'ait un effet de contagion sur les Kurdes de Turquie.

Pays musulman non arabe, la Turquie entretient des relations compliquées avec les pays arabes du fait de l'histoire (ancien colonisateur) et de sa coopération militaire avec Israël (même si les relations entre Ankara et Tel Aviv ont été affectées par la guerre de Gaza). La question du génocide arménien de 1915 demeure ultrasensible, et un sujet de graves divergences avec les pays alliés dont les gouvernements, ou même seulement les parlements, le reconnaissent. Mais cela n'a pas empêché, en 2009, le rétablissement de relations avec l'Arménie. À l'avenir, l'orientation du rôle stratégique et géopolitique de la Turquie dépendra largement de son entrée, ou non, au terme des négociations en cours, dans l'Union européenne. Mais il sera de toute façon très important.

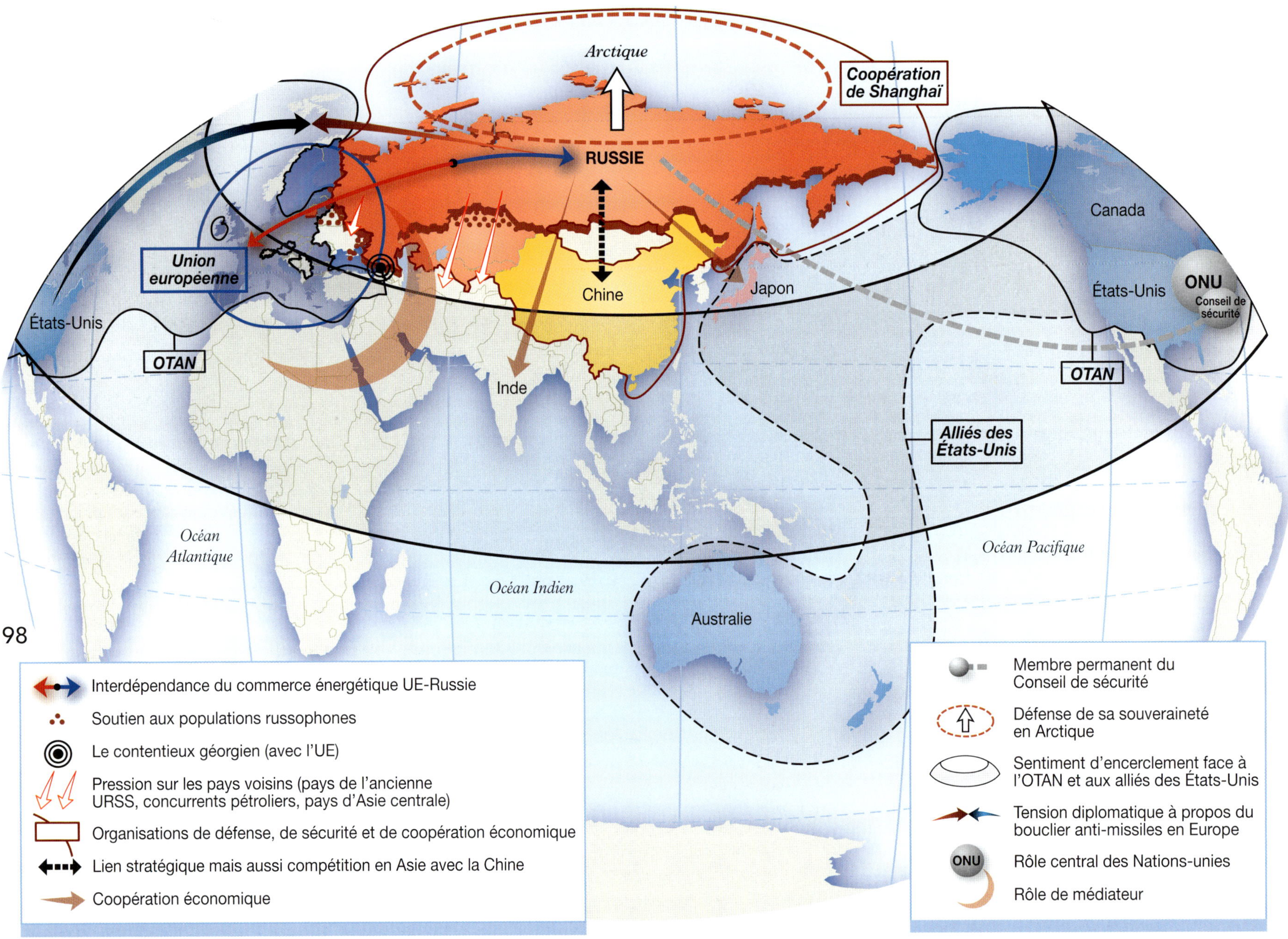
Arctique
Coopération de Shanghaï
RUSSIE
Union européenne
Chine
Japon
Inde
Canada
États-Unis
ONU
Conseil de sécurité
États-Unis
OTAN
OTAN
Alliés des États-Unis
Océan Atlantique
Océan Indien
Océan Pacifique
Australie
Interdépendance du commerce énergétique UE-Russie
Soutien aux populations russophones
Le contentieux géorgien (avec l'UE)
Pression sur les pays voisins (pays de l'ancienne URSS, concurrents pétroliers, pays d'Asie centrale)
Organisations de défense, de sécurité et de coopération économique
Lien stratégique mais aussi compétition en Asie avec la Chine
Coopération économique
Membre permanent du Conseil de sécurité
Défense de sa souveraineté en Arctique
Sentiment d'encerclement face à l'OTAN et aux alliés des États-Unis
Tension diplomatique à propos du bouclier anti-missiles en Europe
ONU
Rôle central des Nations-unies
Rôle de médiateur

LE MONDE VU PAR…

LA RUSSIE

À partir de la création du Duché de Kiev au IXe siècle, puis à partir de celle du grand-duché de Moscou (1340), les Russes ont constamment agrandi le territoire de leur pays jusqu'à ce qu'il s'étende sur deux continents et atteigne la plus grande superficie mondiale en dépit de profonds troubles politiques intérieurs et d'assauts extérieurs. Parvenu aux portes de Moscou, Napoléon Ier sera vaincu par l'hiver et la guérilla russe. La Russie est reconnue au Conseil de Vienne en 1815 comme une grande puissance européenne. Après la révolution bolchevique de 1917, pour sauver son régime, Lénine se résigne à des renonciations territoriales et consent aux différentes nationalités de la Russie (plus de la moitié de la population) une indépendance qui sera de courte durée.

Pendant la seconde guerre mondiale, les troupes allemandes parviennent aux portes de Moscou et sont stoppées à Stalingrad, tournant de la guerre. Après la guerre, et au mépris des promesses faites à Yalta, l'URSS se constitue alors un glacis territorial en Europe de l'Est afin, dit-elle, de se protéger d'une nouvelle agression.

Mais l'imposition de régimes dictatoriaux conformes au sien – les « démocraties » populaires – donne l'impression d'une volonté d'expansion et de conquête mondiale sur fond d'impérialisme idéologique. Pour « endiguer » l'avancée soviétique, les États-Unis l'entourent par un système d'alliances qui nourrit en Russie un complexe d'encerclement. Se sentant menacée de toutes parts, l'URSS qui dispose d'un arsenal nucléaire et conventionnel considérable est vécue comme menaçante. Le régime soviétique se maintient par la contrainte. Mais la parité stratégique obtenue avec les Américains – l'autre superpuissance – constitue, au-delà des critères idéologiques, un motif de fierté nationale pendant la guerre froide. À son apogée, Moscou est à la tête d'un État d'une taille inégalée, contrôle l'Europe de l'Est et possède des alliés et des points d'ancrage dans l'ensemble du monde.

La Russie nourrit un complexe d'encerclement par l'OTAN, l'Union européenne et la Chine

En 1985, M. Gorbatchev décide de ne pas employer la force pour maintenir les régimes communistes en Europe de l'Est. Il espère réformer l'URSS, mais celle-ci est condamnée par le fiasco économique et politique, la catastrophique expédition afghane et le discrédit politique général.

La disparition de l'URSS en décembre 1991 se traduit pour la Russie non seulement par la perte des implantations soviétiques dans le Tiers-monde et la fin du contrôle de l'Europe de l'Est, mais aussi par la perte de gains territoriaux datant de la seconde guerre mondiale, même du XIXe siècle, voire d'avant comme l'Ukraine.

La fin du système communiste engendre une perte vertigineuse de puissance et de prestige. L'économie de marché s'implante en Russie sous sa forme la plus sauvage. Le régime n'est plus totalitaire mais autoritaire. Aujourd'hui, la Russie, sans rêver d'un retour au statut de seconde puissance mondiale, veut à nouveau défendre ses intérêts et être respectée sur la scène internationale. Elle n'accepte plus d'être tenue comme quantité négligeable, comme dans les années 1990 d'autant qu'elle a des ressources considérables en pétrole et en gaz. Mais elle redoute toujours la puissance militaire américaine, nourrit toujours un complexe d'encerclement face à l'extension de l'OTAN voire de l'Union européenne, et à la poussée chinoise. Avec Poutine et Medvedev, elle a entrepris de réaffirmer sa puissance, y compris militaire.

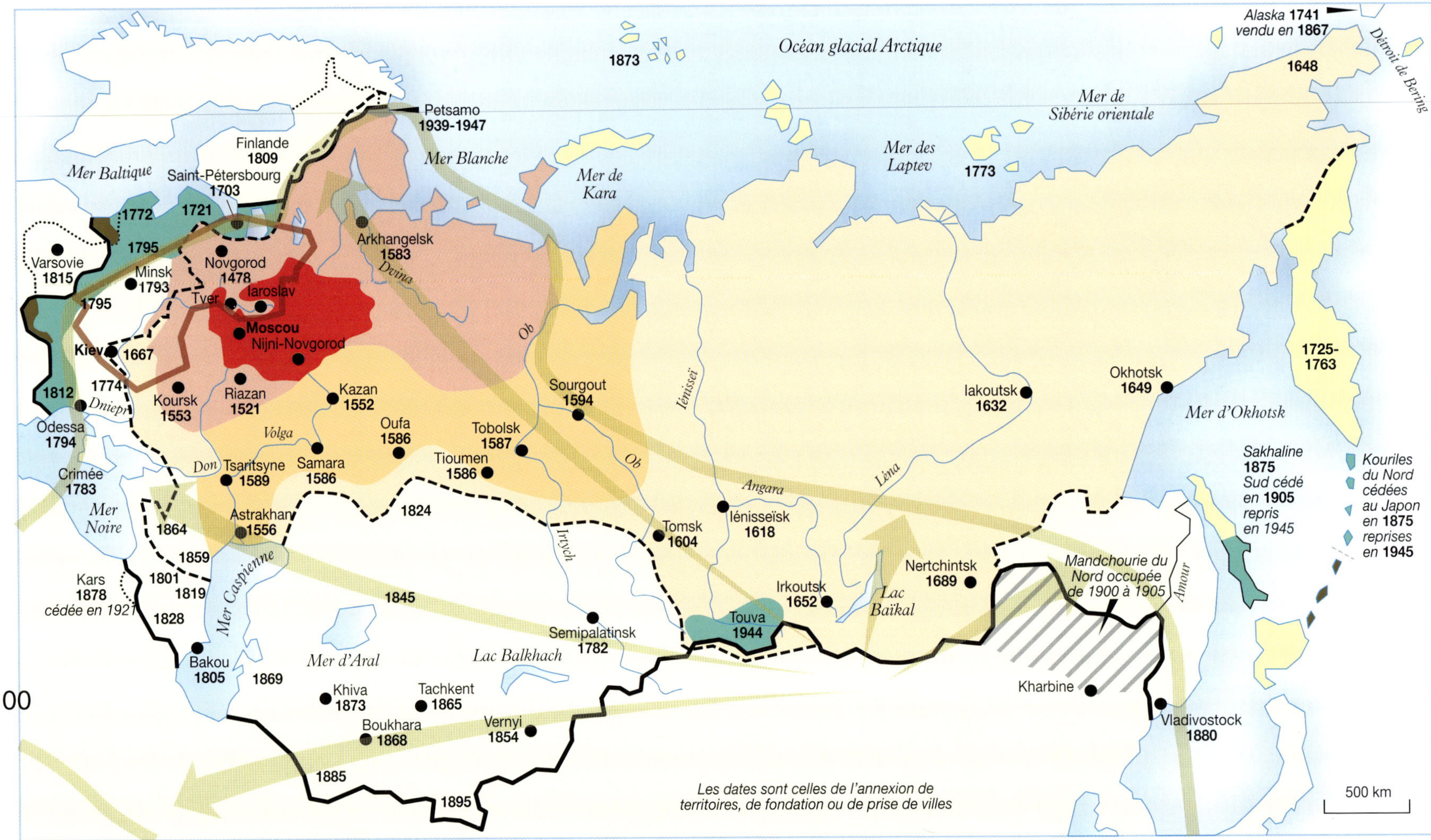

La principauté de Kiev en 1054	L'État russe vers 1598
Limites de l'Empire mongol à la fin du XIIIe siècle	Frontière de la Russie en 1689
La Moscovie en 1462 à l'avènement d'Ivan III	L'Empire russe en 1721
Russie moscovite à l'avènement d'Ivan IV (1533)	Frontière de l'Empire russe avant 1914
Frontière de l'URSS en 1945	
Territoires perdus entre 1918 et 1921 et récupérés entre 1939 et 1945	
Territoires acquis par l'URSS en 1945	

La formation de l'espace russe et soviétique

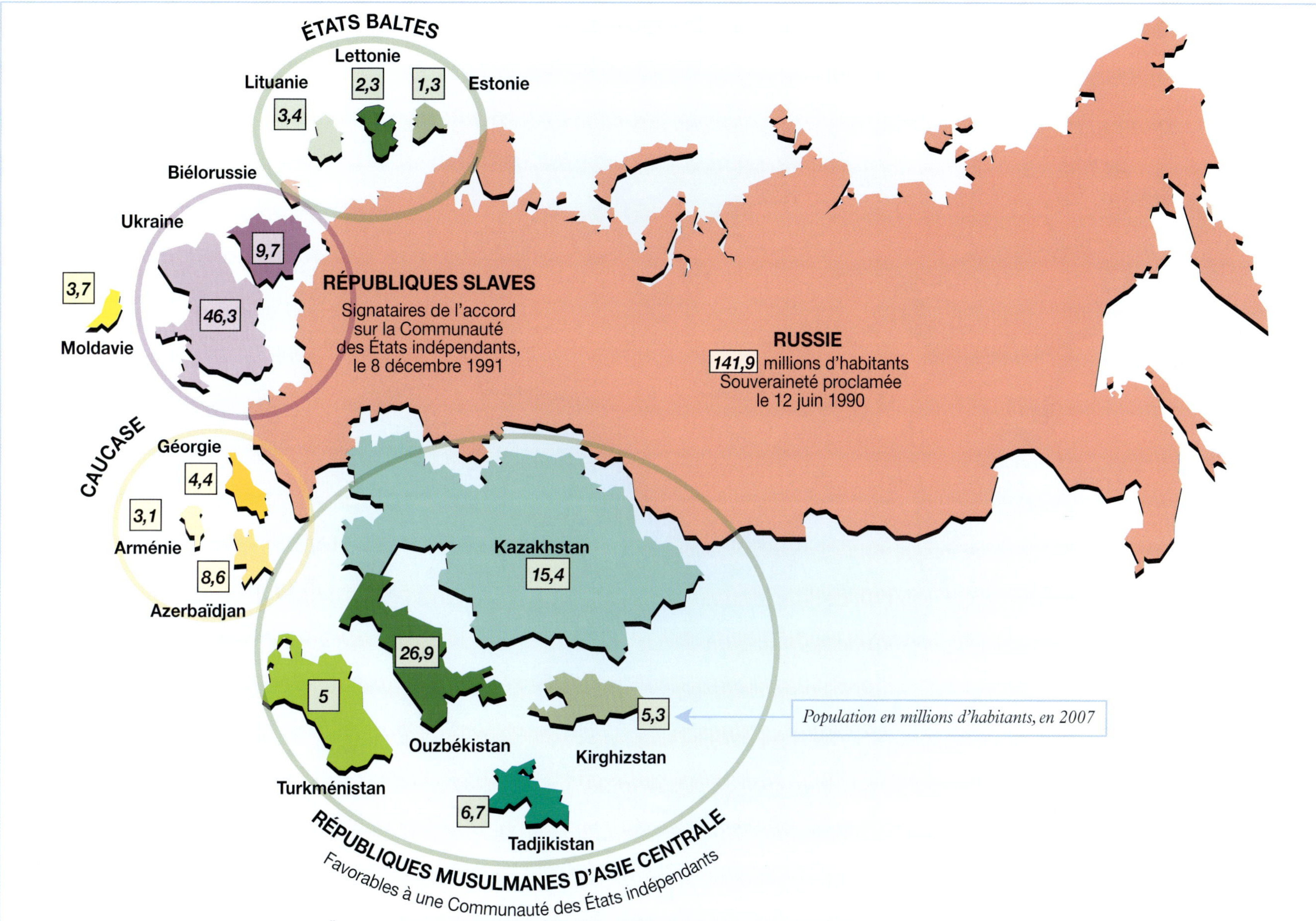

L'éclatement de l'URSS (avril-décembre 1991)

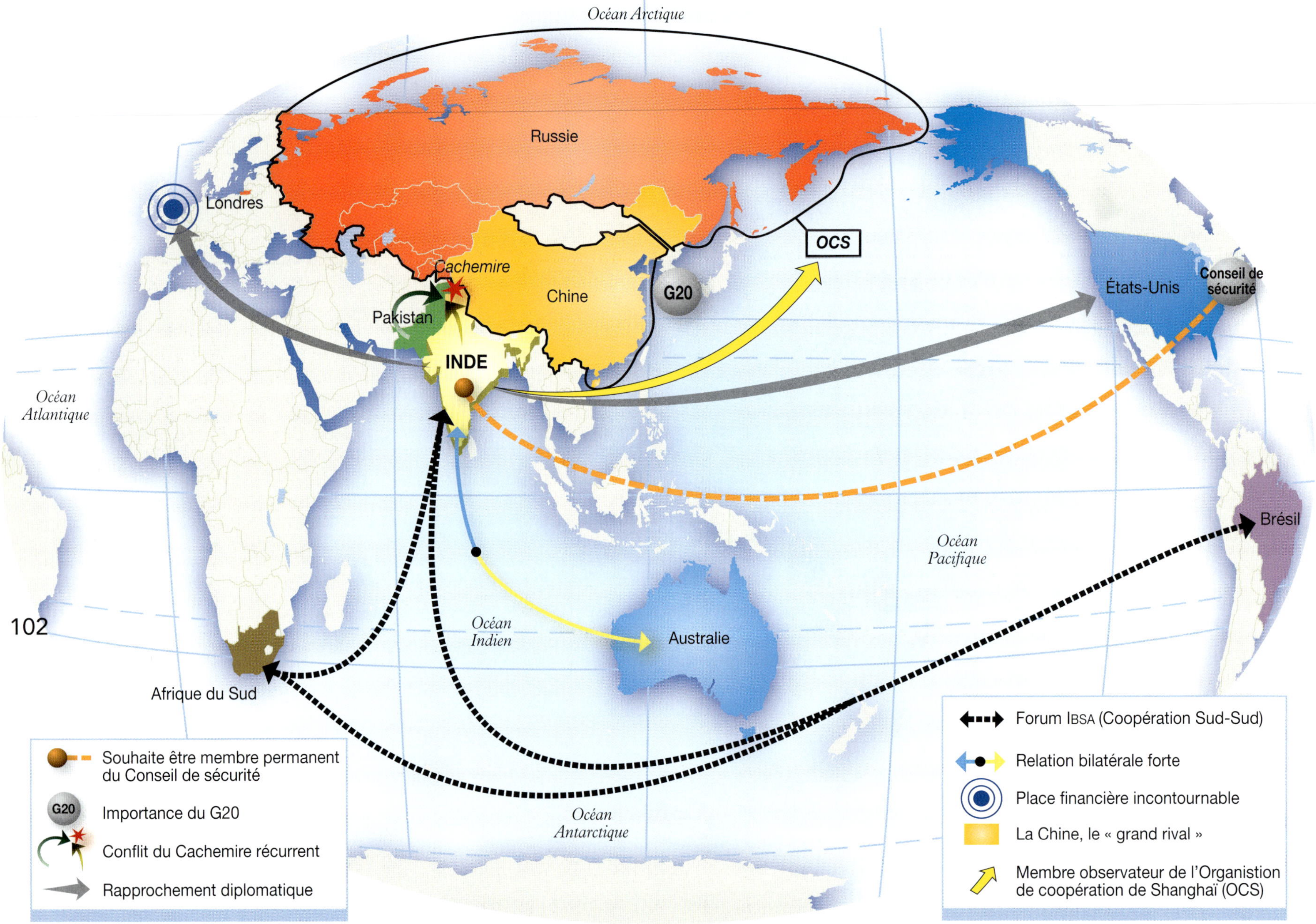
Océan Arctique
Russie
Londres
OCS
Cachemire
Chine
G20
États-Unis
Conseil de sécurité
Pakistan
INDE
Océan Atlantique
Brésil
Océan Pacifique
Océan Indien
Australie
Afrique du Sud
Océan Antarctique
Souhaite être membre permanent du Conseil de sécurité
G20
Importance du G20
Conflit du Cachemire récurrent
Rapprochement diplomatique
Forum IBSA (Coopération Sud-Sud)
Relation bilatérale forte
Place financière incontournable
La Chine, le « grand rival »
Membre observateur de l'Organistion de coopération de Shanghaï (OCS)

LE MONDE VU PAR...

L'INDE

À l'époque de la guerre froide, l'Inde occupait une place de leader au sein des pays non-alignés, ce qui lui donnait sur la scène mondiale une importance supérieure à son poids économique relativement faible. Ce non-alignement s'accompagnait cependant d'accords militaires développés avec l'Union soviétique. Sous l'influence de Gandhi, l'Inde qui se présentait comme la plus grande démocratie du monde, mettait en avant ses traditions de pacifisme, d'humanisme et d'universalisme. Au niveau international, elle prônait la non-ingérence, le respect de la souveraineté, le désarmement, et se voulait le symbole et le porte-parole des pays du Sud. Elle jugeait cela compatible avec la constitution d'un arsenal nucléaire et l'affirmation d'une politique de puissance au niveau régional.

L'Inde avait deux rivaux principaux. Le premier était le Pakistan dont la scission lors de l'indépendance n'est toujours pas acceptée par une partie des nationalistes indiens et contre lequel le pays mène trois guerres – en 1948, en 1962 et en 1971 – qui conduisirent à l'indépendance du Bangladesh. Le second rival était la Chine contre laquelle l'Inde subit une défaite traumatisante en 1962. Au fil des années, l'équilibre des forces économiques, technologiques et militaires entre l'Inde et le Pakistan a tourné à l'avantage de New Delhi. Seule la possession de l'arme nucléaire par les deux pays apporta un correctif d'égalité et les contraignit à une certaine prudence de comportement. À l'inverse, la montée en puissance économique de la Chine inquiète l'Inde qui estime que le monde occidental lui porte trop d'attention, à son détriment. La disparition du clivage Est-Ouest a obligé l'Inde à réinventer une diplomatie, l'implosion de l'Union soviétique l'ayant privée de son principal partenaire stratégique. L'Inde a, dès lors, opéré un rapprochement avec Washington dans l'espoir d'avoir ainsi un levier sur le Pakistan et un allié potentiel contre la Chine. Elle espère tirer de ce partenariat – contesté en interne par les musulmans et par la gauche – le moyen d'accélérer son accession au statut de grande puissance.

> *Washington est pour l'Inde un allié contre la Chine et un partenaire influent sur le Pakistan*

Si les principes de Gandhi sont toujours mis en avant, le nationalisme indien s'affiche de plus en plus. Les capacités nucléaires, autrefois cachées, sont revendiquées depuis une série d'essais en 1998. L'Inde aspire à être la sixième grande puissance mondiale et à obtenir un siège de membre permanent au Conseil de sécurité de l'ONU. Elle estime avoir un statut international insuffisamment reconnu et en décalage avec la vision qu'elle a d'elle-même.

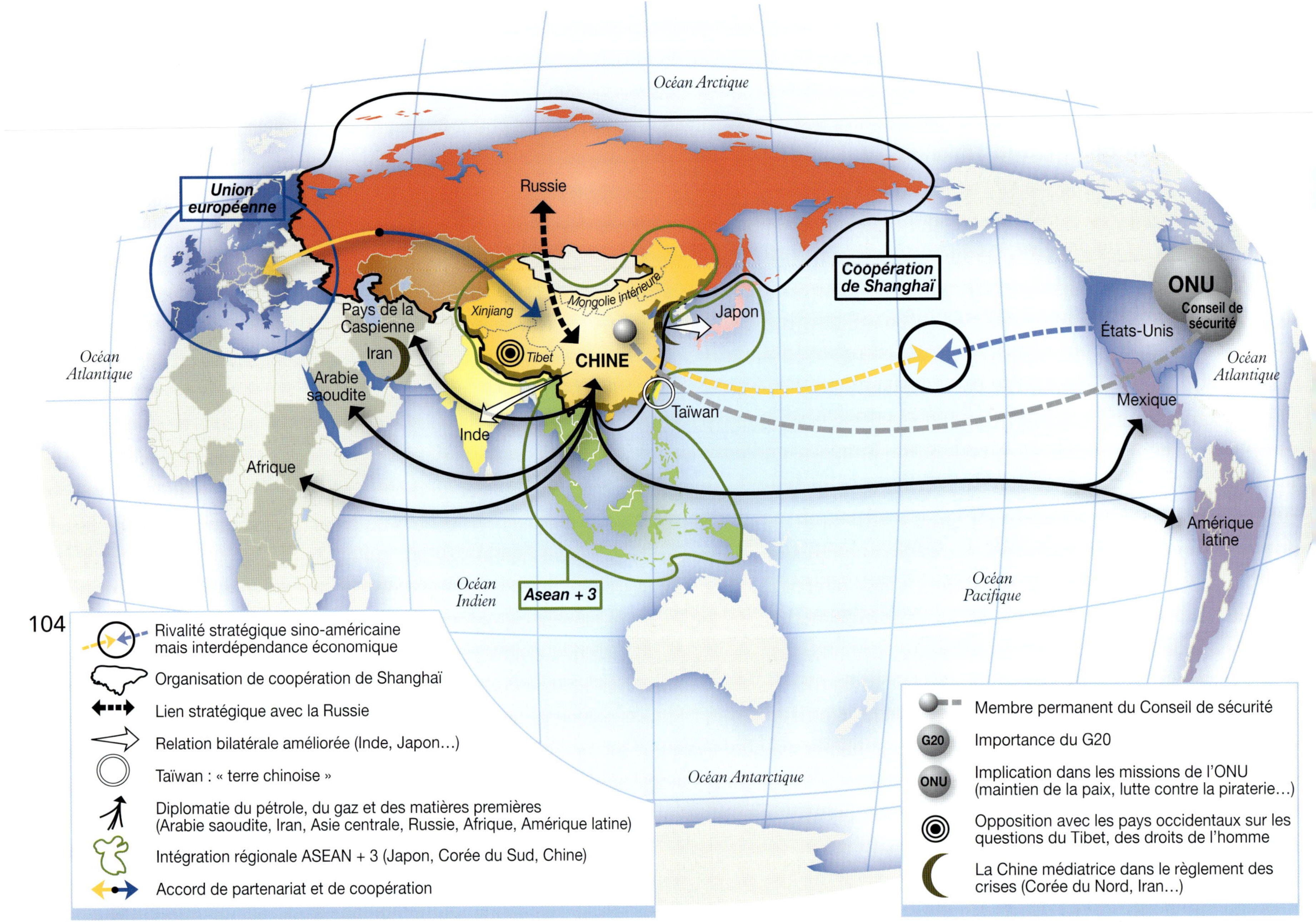
Océan Arctique
Union européenne
Russie
Coopération de Shanghaï
ONU
Conseil de sécurité
Xinjiang
Mongolie intérieure
Japon
Pays de la Caspienne
Iran
Tibet
CHINE
États-Unis
Océan Atlantique
Océan Atlantique
Arabie saoudite
Taïwan
Mexique
Inde
Afrique
Amérique latine
Océan Indien
Asean + 3
Océan Pacifique
Océan Antarctique
Rivalité stratégique sino-américaine mais interdépendance économique
Organisation de coopération de Shanghaï
Lien stratégique avec la Russie
Relation bilatérale améliorée (Inde, Japon…)
Taïwan : « terre chinoise »
Diplomatie du pétrole, du gaz et des matières premières (Arabie saoudite, Iran, Asie centrale, Russie, Afrique, Amérique latine)
Intégration régionale ASEAN + 3 (Japon, Corée du Sud, Chine)
Accord de partenariat et de coopération
Membre permanent du Conseil de sécurité
G20
Importance du G20
ONU
Implication dans les missions de l'ONU (maintien de la paix, lutte contre la piraterie…)
Opposition avec les pays occidentaux sur les questions du Tibet, des droits de l'homme
La Chine médiatrice dans le règlement des crises (Corée du Nord, Iran…)

LE MONDE VU PAR…

LA CHINE

Vieille de plusieurs millénaires, la Chine se considère jusqu'au XIXe siècle comme « l'Empire du milieu » qui, tout en réalisant quelque 30 % du PNB mondial (mais dans un monde non globalisé), estime ne pas avoir besoin d'être en relation avec les autres parties du monde. Mais les Européens profitent des affrontements internes qui entraînent, à partir de la seconde moitié du XIXe siècle, l'affaiblissement de la Chine. Ils la mettent sous tutelle, lui imposent un dépeçage partiel, des « traités inégaux » et des concessions, zones qui échappent à la souveraineté chinoise. Les Chinois en ressentent une profonde humiliation que la brutale agression japonaise de 1937, prélude à la seconde guerre mondiale, ne fait qu'exacerber.

C'est en s'appuyant sur la paysannerie misérable mais aussi, largement, en jouant sur la fibre nationaliste, que le communiste Mao Tsé-toung parvient à prendre le pouvoir en 1949 à l'issue de plusieurs années de combats. Les dirigeants nationalistes anticommunistes se réfugient alors à Taiwan où ils fondent un régime protégé par les Américains. C'est ainsi bien plus en vertu de ce nationalisme qu'en raison de motifs idéologiques que Mao rompt avec l'Union soviétique en 1961 : Pékin n'accepte plus d'être sous la domination – même indirecte – de Moscou, leader du bloc communiste. Après la mort de Mao, à partir de 1978, la Chine se lance sous l'impulsion de Deng Xiaoping dans une politique dite d'économie socialiste de marché, conjuguant contrôle politique du Parti communiste, capitalisme sauvage, et ouverture économique au monde. Aujourd'hui, après avoir récupéré Hong Kong et Macao, l'un des objectifs de la Chine reste la réunification avec l'île de Taiwan, ou en tout cas d'empêcher la reconnaissance de son indépendance.

Géant démographique (1,3 milliard d'habitants) et territorial, la Chine est renforcée par une croissance ininterrompue depuis près de trente ans. Elle est aujourd'hui un géant économique, prototype de la puissance « émergente » et pourrait dépasser les États-Unis au cours du siècle à venir. Elle est très intégrée dans la mondialisation, dont elle tire un immense profit par ses avantages comparatifs monétaires, sociaux et autres, sans en respecter complètement les règles. C'est ce pays qui est sorti le plus rapidement de la crise économique et financière de décembre 2008.

D'économique, la rivalité avec les États-Unis pourrait devenir stratégique

Les plaies du passé, notamment les crimes commis par les Japonais de 1937 à 1945, n'ont pas été refermées, ce qui explique que la relation soit restée difficile entre Pékin et Tokyo. La rivalité avec les États-Unis, de nature économique, pourrait devenir stratégique. Contrairement à l'URSS du temps de la guerre froide, la Chine ne conteste pas le modèle américain de l'économie de marché. Elle veut simplement prendre la tête de la compétition. Certains cercles américains voient dans la Chine non pas un partenaire mais un rival stratégique, voire une menace pour Taiwan, pour le Japon, pour les approvisionnements énergétiques, pour les États-Unis eux-mêmes. Quant à ses relations avec la Russie, la Chine les aborde sans complexe, estimant l'avoir dépassée dans tous les domaines. Elle s'intéresse aujourd'hui à l'Afrique – où elle n'a pas de passé, et donc de passif, colonial – et à l'Amérique latine pour s'assurer de l'énergie et des matières premières qui lui manquent. Soucieuse de prévenir l'inquiétude que suscite sa puissance nouvelle, elle affirme que son émergence sera pacifique.

Quatre questions principales se posent sur l'avenir de la Chine. Va-t-elle continuer sa progression, malgré l'aggravation des tensions sociales et écologiques, et devenir un jour la première puissance mondiale ? La modernisation économique entraînera-t-elle une modification de la nature du régime dans un sens démocratique ? Se satisfera-t-elle de retrouver une place de premier plan ou voudra-t-elle exercer une influence politique mondiale ? Enfin, quelle sera la réaction des voisins et des autres puissances à l'émergence de la Chine ?

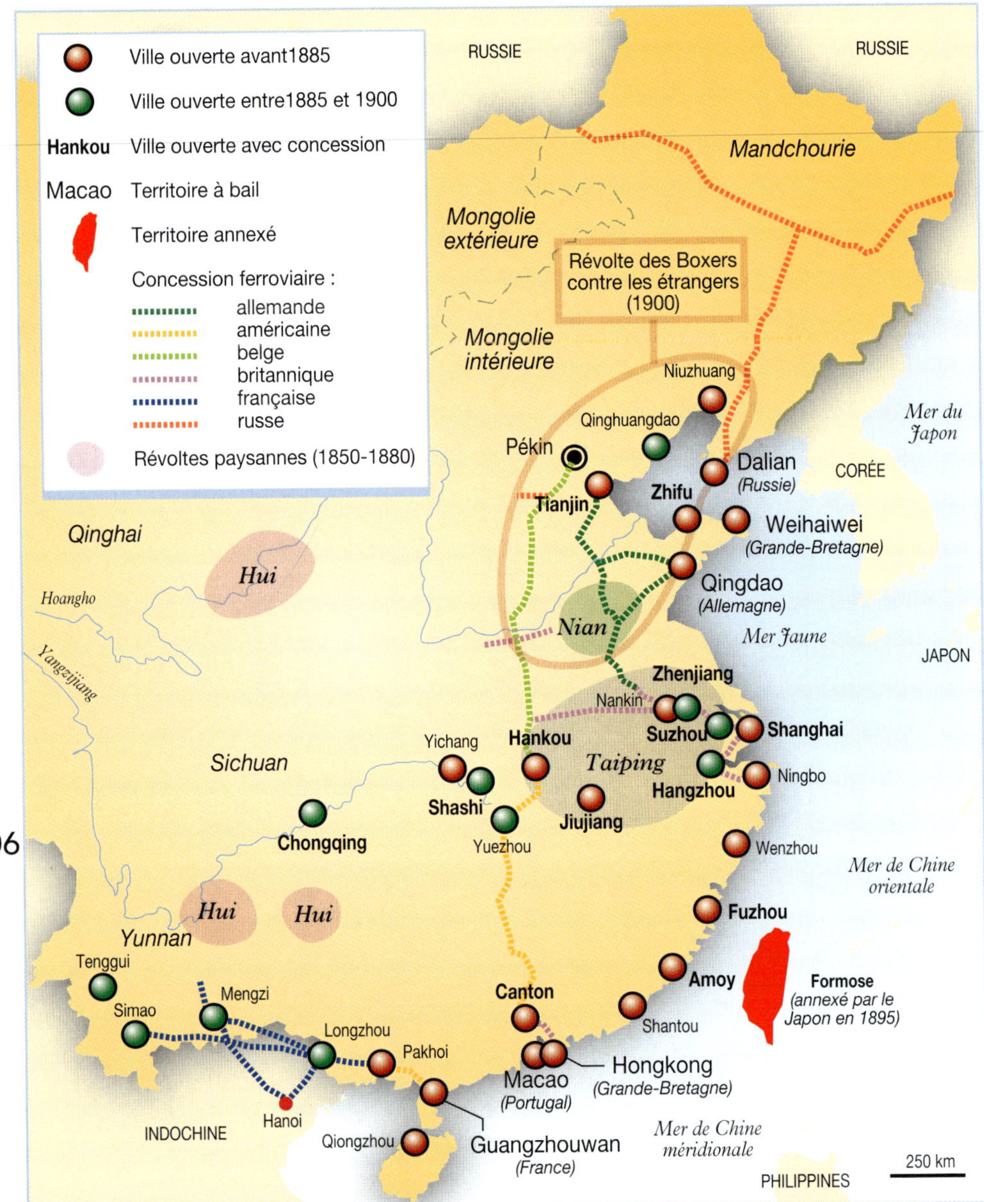

La Chine à la fin du XIXe siècle

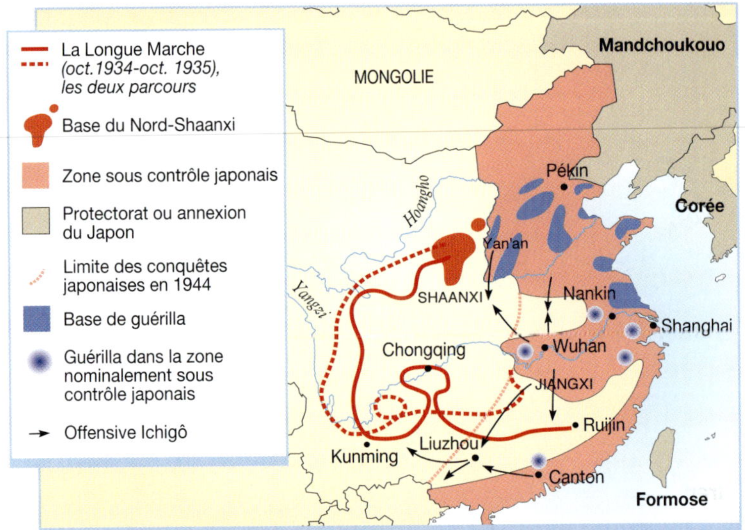

La Longue Marche et la guerre de Chine, 1934-1944

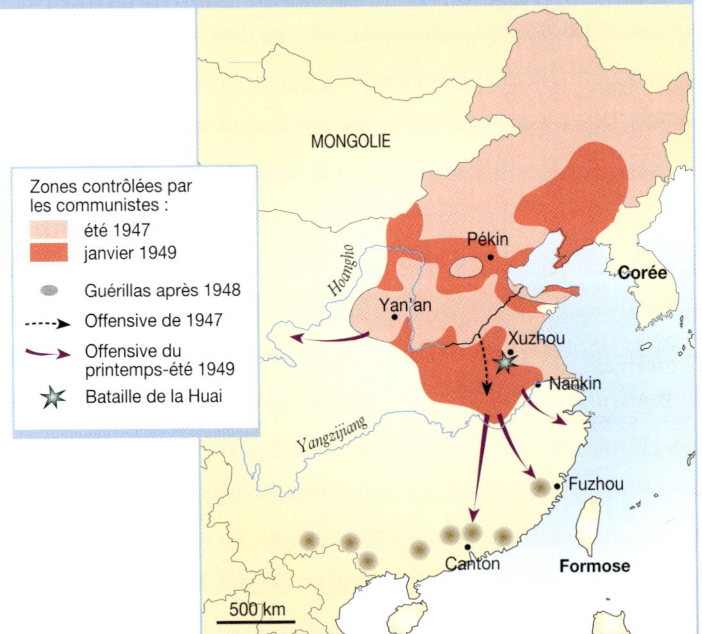

L'offensive communiste, 1947-1949

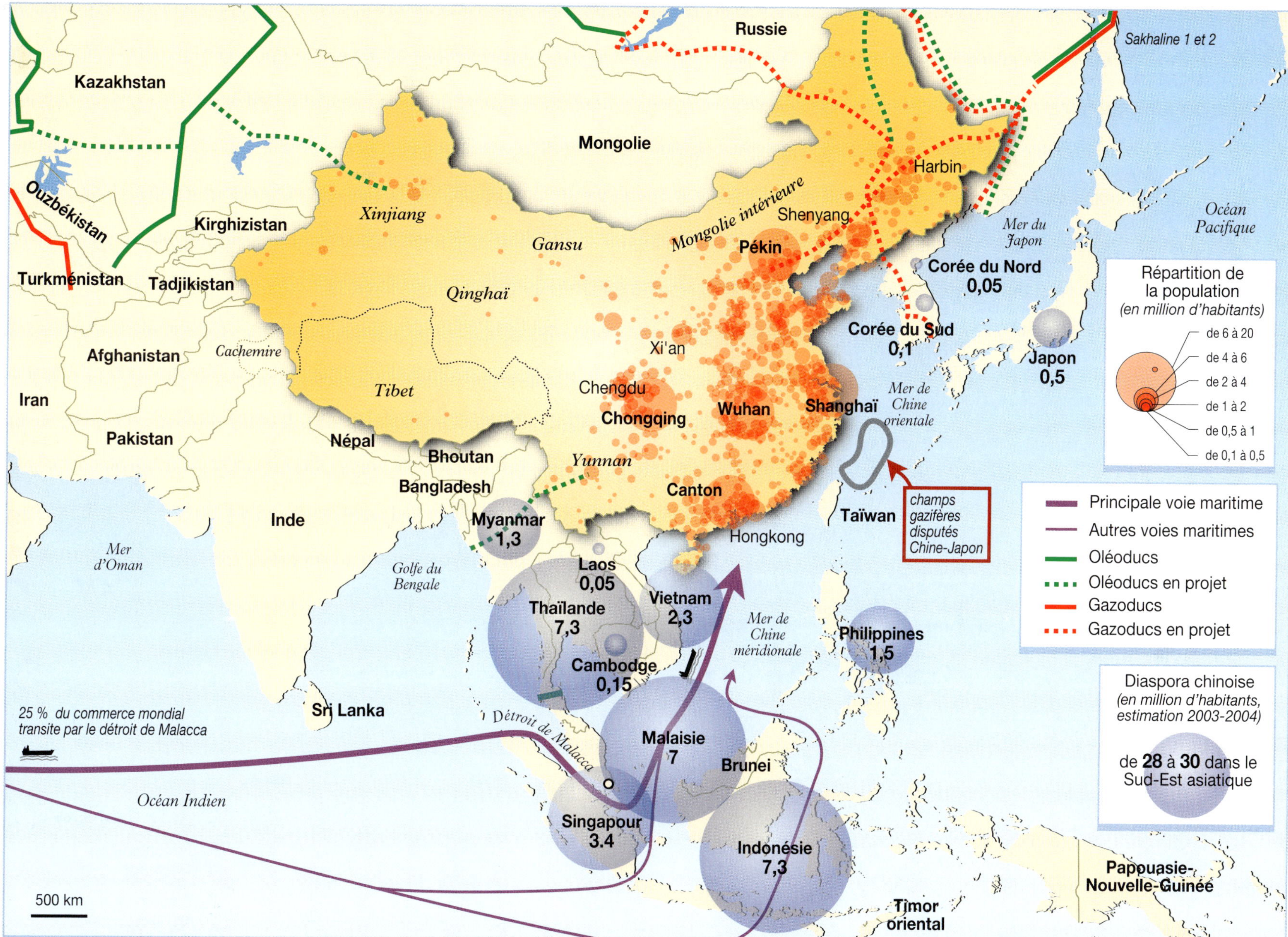

La Chine en 2010

107

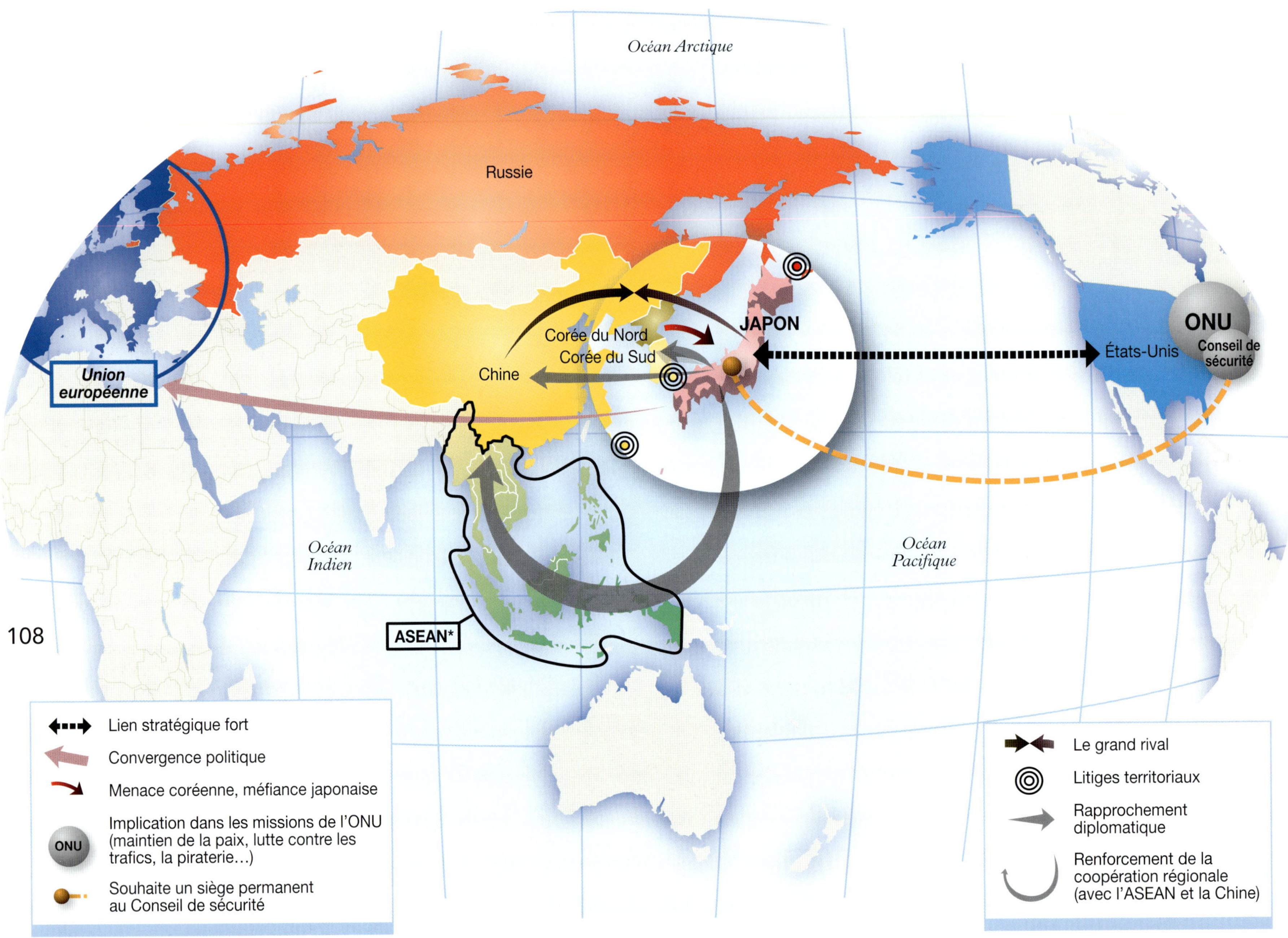
Océan Arctique
Russie
Union européenne
Corée du Nord
Corée du Sud
Chine
JAPON
États-Unis
ONU
Conseil de sécurité
Océan Indien
Océan Pacifique
ASEAN*
Lien stratégique fort
Convergence politique
Menace coréenne, méfiance japonaise
ONU
Implication dans les missions de l'ONU (maintien de la paix, lutte contre les trafics, la piraterie…)
Souhaite un siège permanent au Conseil de sécurité
Le grand rival
Litiges territoriaux
Rapprochement diplomatique
Renforcement de la coopération régionale (avec l'ASEAN et la Chine)

LE JAPON

Longtemps fermé au monde extérieur, le Japon s'ouvre au commerce international sous la contrainte des canonniers du commodore américain Perry en 1864. Pendant l'ère Meiji (1868-1912), « gouvernement éclairé », le Japon se modernise en s'inspirant du monde occidental. Il inflige à la Russie, en 1905, la première défaite militaire subie depuis des siècles par un peuple « blanc » du fait d'un peuple qui ne l'est pas. Il se lance ensuite dans la première moitié du XXe siècle, dans une politique d'expansion en Asie. Il annexe la Corée en 1910, envahit la Mandchourie (devenue Manchoukouo) en 1931, la Chine en 1938 et s'en prend aux États-Unis, à Pearl Harbour en décembre 1941, occupe le Pacifique. En Asie du Sud-Est, il prétend lutter contre les puissances coloniales européennes mais établit sa propre domination basée sur une répression impitoyable.

À l'issue de la seconde guerre mondiale, une fois le Japon vaincu (après les bombes atomiques sur Hiroshima et Nagasaki, les 6 et 9 août 1945), les Américains décident de maintenir le régime impérial mais ne laissent à l'empereur que des pouvoirs symboliques. Ils n'obligent pas les Japonais à procéder au même examen de conscience par rapport à leurs crimes que les Allemands. La guerre de Corée fait du Japon l'irremplaçable porte-avions des Américains en Asie face aux puissances soviétique et chinoise. Les relations du Japon avec la Corée capitaliste comme avec la Chine « communiste » restent sensibles parce que le passé, la guerre et les atrocités japonaises n'ont pas été clairement reconnus et assumés. En dépit des liens économiques entre les pays de l'Asie de l'Est, la crainte de la renaissance d'un militarisme japonais reste diffuse dans l'ensemble de l'Asie.

> ***Demeure, en Asie, la crainte de voir renaître le militarisme japonais***

Le Japon connaît un développement économique phénoménal à partir des années 1950, bondissant de 3 % du PNB mondial à 16 % au début des années 1980. Deuxième PNB mondial, premier banquier de la planète, quoique politiquement contraint, le Japon est alors qualifié de géant économique et de « futur 3e grand ». À partir des années 1980, les États-Unis sont partagés entre le désir de faire plus participer le Japon à l'effort commun de défense et la crainte d'y réveiller des appétits de puissance. Le Japon lui-même s'interroge sur les avantages et les inconvénients d'ajouter la puissance stratégique à la puissance économique et financière. Le Japon des années 2000 postule ainsi à un siège de membre permanent du Conseil de sécurité.

La fin de la guerre froide en Asie n'a pas fait disparaître les rivalités nationales. Le Japon reste préoccupé pour sa propre sécurité face à la Chine, en dépit de l'interdépendance des deux économies, et face à la Corée du Nord, même si cette menace semble pouvoir être contrôlée. Des litiges territoriaux non résolus pèsent sur les relations avec la Russie. De ce fait, il reste très dépendant des États-Unis pour sa sécurité et ses marges de manœuvre vis-à-vis de Washington sont limitées. La difficulté pour le Japon est de défendre ses intérêts essentiels (sécurité énergétique) face à la Chine et à la Russie. Développer ses capacités militaires nécessiterait de modifier sa Constitution et de faire bouger l'opinion, ce qui n'est pas acquis sans aller au-delà de ce qu'acceptent les États-Unis ni réveiller une inquiétude en Asie. Le nouveau gouvernement élu en 2009 voudrait être plus indépendant envers les États-Unis et coopérer avec la Chine.

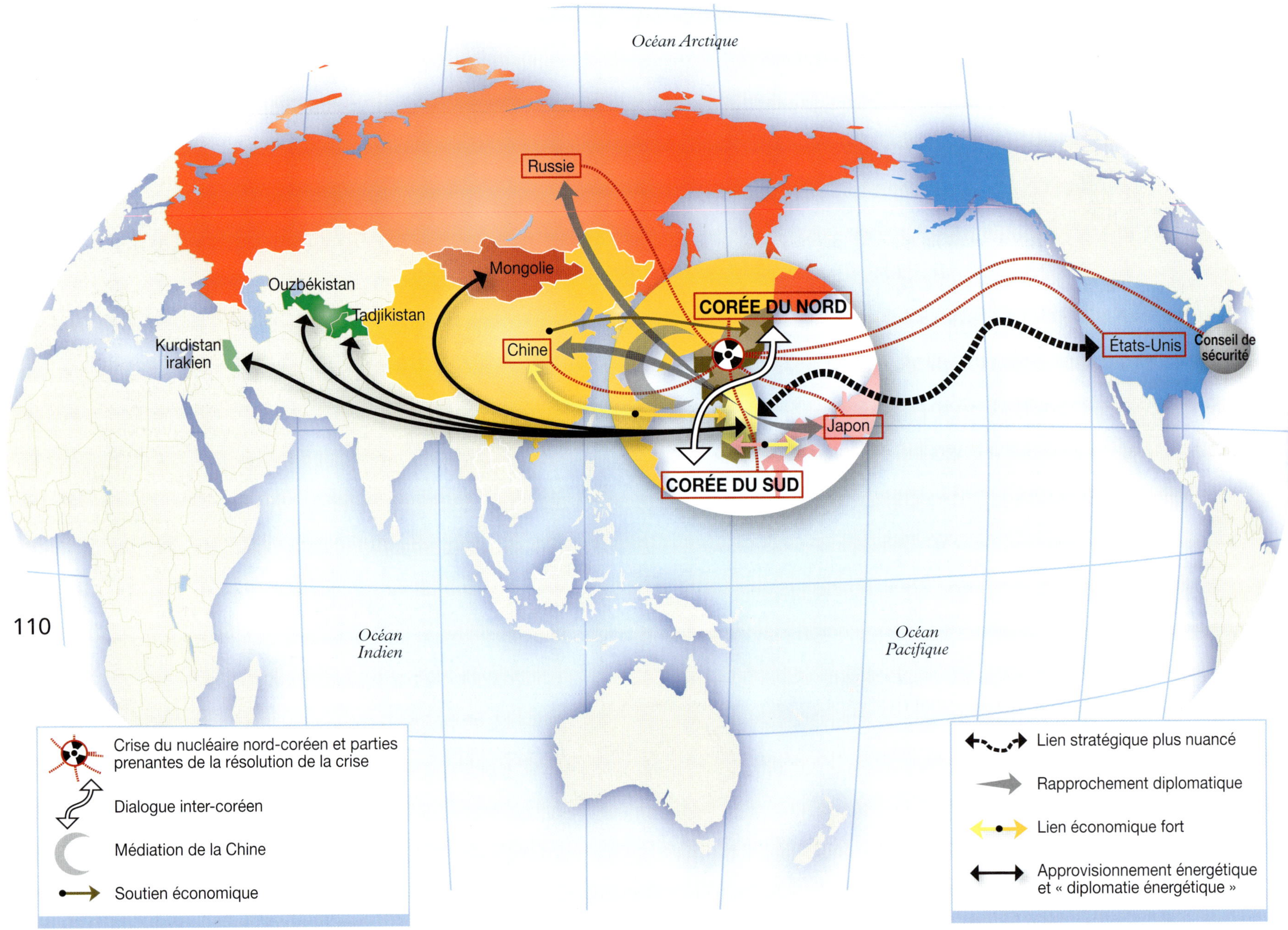
Océan Arctique
Russie
Mongolie
Ouzbékistan
Tadjikistan
Kurdistan
irakien
Chine
CORÉE DU NORD
CORÉE DU SUD
Japon
États-Unis
Conseil de
sécurité
Océan
Indien
Océan
Pacifique
Crise du nucléaire nord-coréen et parties
prenantes de la résolution de la crise
Dialogue inter-coréen
Médiation de la Chine
Soutien économique
Lien stratégique plus nuancé
Rapprochement diplomatique
Lien économique fort
Approvisionnement énergétique
et « diplomatie énergétique »

LA CORÉE

La Corée est un pays aujourd'hui divisé dont la réunification reste certainement l'objectif essentiel. À l'issue de la seconde guerre mondiale, la Corée a été occupée de part et d'autre du 38e parallèle par les Soviétiques et par les Américains. En 1950, la Corée du Nord, aidée par l'URSS et la Chine, déclencha une guerre – la guerre la plus importante de la guerre froide – contre la Corée du Sud soutenue par les États-Unis. Elle se solda par le *statu quo*. Le Sud capitaliste et le Nord communiste mirent tous deux en place un régime dictatorial, sur fond de climat de guerre. La Corée du Sud misant sur l'industrialisation, l'éducation, et le capitalisme connut un développement rapide, contrairement à la Corée du Nord. Dans les années 1980, la Corée du Sud se démocratise et donne naissance à une société civile où le tissu associatif et politique est très développé.

Depuis les années 1990, la Corée du Sud a adopté un ton plus modéré à l'égard de la Corée du Nord. Les Coréens estiment appartenir à un peuple millénaire, uni par une culture et une langue communes, au-delà des divisions politiques. Séoul redoute un affrontement, mais également l'effondrement d'un régime qui obligerait à une réunification trop rapide dont le coût économique et social serait difficilement supportable (23 millions d'habitants en Corée du Nord, 48 millions d'habitants en Corée du Sud). Alors que la Chine a dominé la Corée pendant des siècles jusqu'à la conquête par le Japon en 1895, les relations entre Séoul et Pékin sont bonnes. La Chine est perçue comme un partenaire économique et comme jouant un rôle de modérateur du comportement Nord-Coréen. Il n'en va pas de même pour le Japon qui fit de la Corée, entre 1895 et 1945, une tête de pont vers l'Asie, exploitant ses richesses et asservissant sa population. Le caractère insuffisant et tardif des excuses japonaises gène la réconciliation entre les deux pays. L'organisation des Jeux Olympiques en 1988 et la co-organisation de la Coupe du monde de football en 2002 ont permis aux Coréens d'affirmer de façon pacifique leur nationalisme. Les Coréens dépendent de la protection américaine, comme les Japonais. Mais la peur de la Chine étant moins forte en Corée, il y a un plus grand désir d'indépendance à l'égard de Washington. Les jeunes générations, contrairement aux plus anciennes, ont une vision moins positive des États-Unis : un pays dont la puissance fait plus peur qu'elle ne rassure, en tout cas sous Bush. Le fait d'avoir placé la Corée du Nord dans « l'axe du mal » et d'avoir très longtemps adopté une tonalité jugée agressive à l'égard de Pyongyang ont été jugés négativement par les Coréens. Les contentieux commerciaux entre Washington et Séoul et le sentiment d'être instrumentalisé par les États-Unis dans leurs objectifs stratégiques compliquent la relation. La Corée du Sud cherche à exister de façon autonome sur la scène internationale et à gagner des marges de manœuvre à l'égard des États-Unis tout en maintenant une alliance avec eux. Elle continue à espérer la réunification, mais au terme d'un processus prudent et contrôlé. Pour cela, elle est prête à aider la Corée du Nord à ne pas s'effondrer d'un coup.

> *Exister de façon autonome sur la scène internationale et maintenir l' alliance avec les États-Unis*

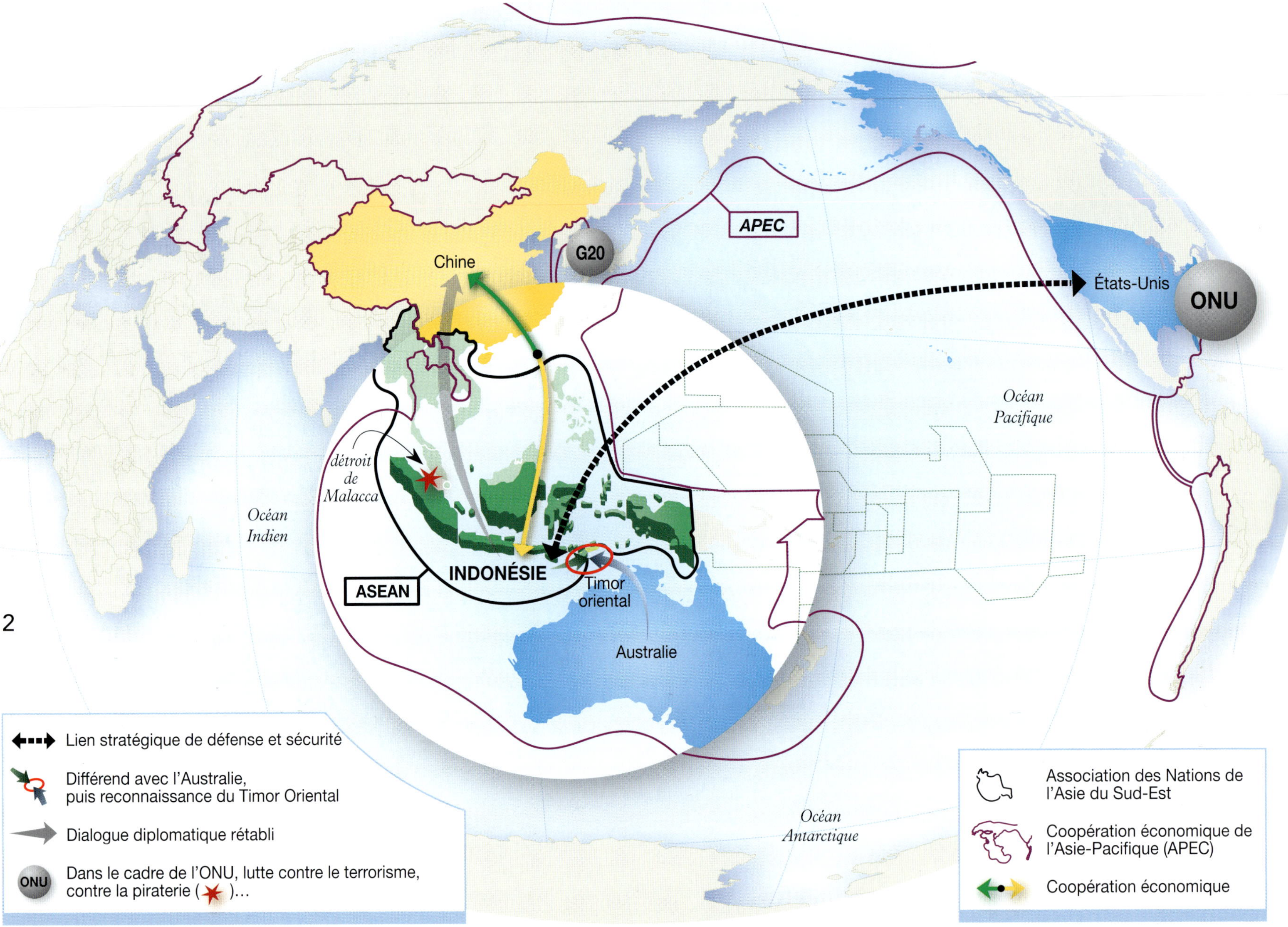
Chine
G20
APEC
États-Unis
ONU
Océan Pacifique
détroit de Malacca
Océan Indien
INDONÉSIE
ASEAN
Timor oriental
Australie
Océan Antarctique
Lien stratégique de défense et sécurité
Différend avec l'Australie, puis reconnaissance du Timor Oriental
Dialogue diplomatique rétabli
ONU
Dans le cadre de l'ONU, lutte contre le terrorisme, contre la piraterie ( )…
Association des Nations de l'Asie du Sud-Est
Coopération économique de l'Asie-Pacifique (APEC)
Coopération économique

LE MONDE VU PAR...

L'INDONÉSIE

Vaste archipel formé de 17 508 îles et peuplé par trois cents ethnies différentes, l'Indonésie a été colonisée par les Pays-Bas qui mirent deux cents ans à unifier le pays. La fin de la seconde guerre mondiale voit la proclamation de l'indépendance. En 1965, le régime progressiste de Sukarno est renversé par le général Suharto, aidé par les États-Unis dans le cadre de la lutte contre le communisme. Ce coup d'État et ses conséquences font près de 500 000 morts. Dès lors, l'Indonésie cesse d'être un des leaders actifs du Tiers-monde pour s'aligner sur les États-Unis. En 1998, la crise économique entraîne de violentes émeutes auxquelles l'établissement de la démocratie vient mettre fin. Elle y a été respectée depuis.

Tout en restant fidèle ou en renouant avec l'esprit de la conférence de Bandung, qui marque l'émergence du Tiers-monde en 1955, l'Indonésie entend être l'un des porte-parole des pays du Sud. Cette jeune démocratie montre l'exemple par sa propre réussite et sa fidélité aux principes politiques d'indépendance, de droit des peuples à disposer d'eux-mêmes et de non-ingérence.

L'Indonésie est la première puissance économique d'Asie du Sud-Est, le quatrième pays le plus peuplé au monde et le premier pays musulman en termes de population. L'archipel est traversé par la première route maritime mondiale, par le détroit de Malacca. Après une période de troubles et d'affrontements, en 1999, l'Indonésie a reconnu l'indépendance du Timor qui avait été annexé par la force par le général Suharto en 1975. L'Indonésie est membre fondateur l'ASEAN (Association des nations de l'Asie du Sud-Est) dont elle est le membre le plus important. Le second cercle de l'influence indonésienne est celui du forum de la coopération économique de l'Asie-Pacifique (APEC), créé en 1989. Elle appartient également à l'Organisation de la conférence islamique (OCI).

Premier pays musulman, porte-parole des émergents

L'Indonésie conserve des liens stratégiques étroits avec les États-Unis. En même temps, au nom de la politique de bon voisinage, elle a développé des liens avec Pékin, depuis 1990, et le rétablissement de leurs relations diplomatiques. Enfin, en tant que pays « émergent », l'Indonésie fait partie du G20 créé en 2008.

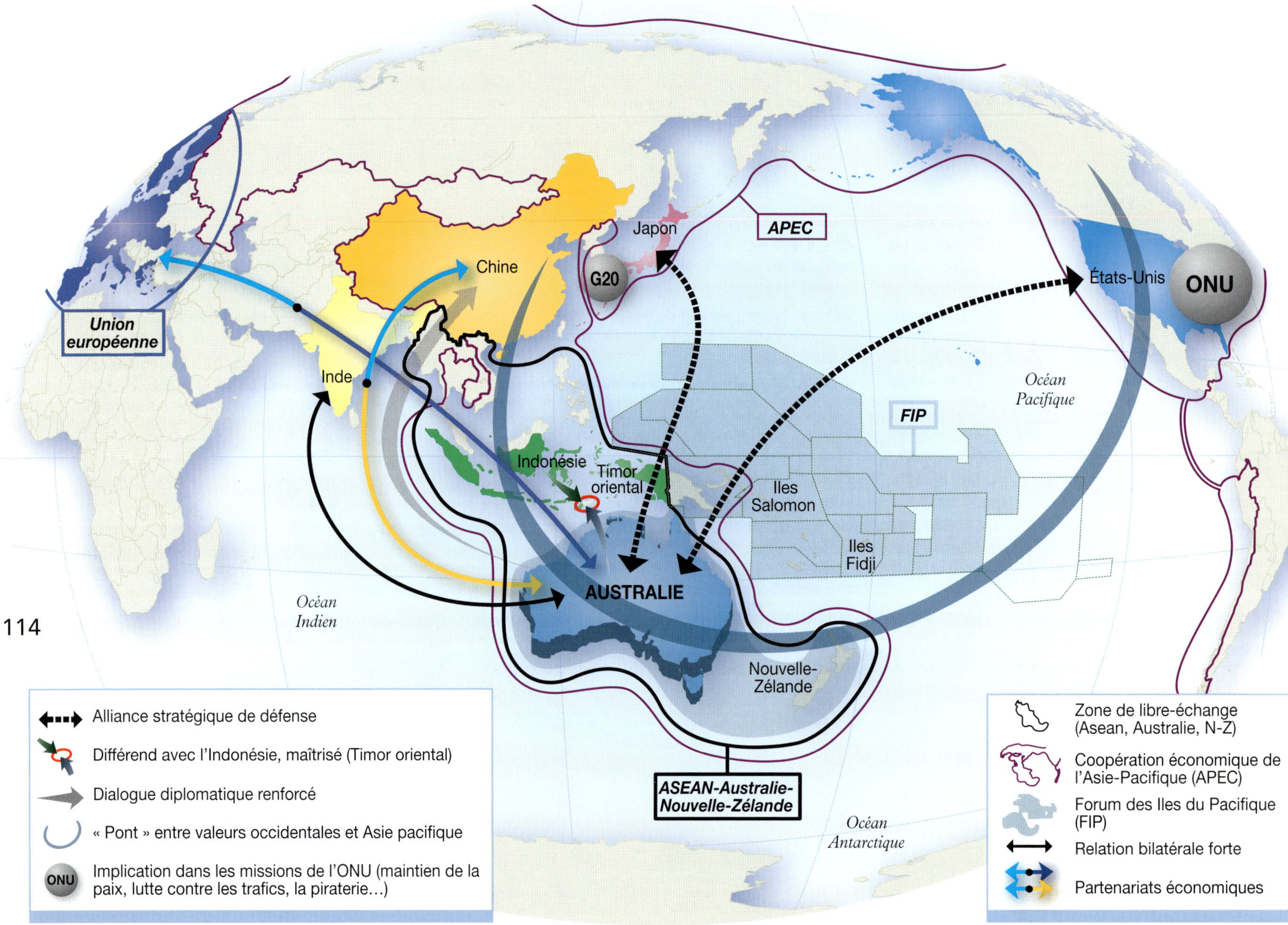
Union européenne
Chine
Japon
APEC
G20
États-Unis
ONU
Inde
FIP
Océan Pacifique
Indonésie
Timor oriental
Iles Salomon
Iles Fidji
AUSTRALIE
Océan Indien
Nouvelle-Zélande
ASEAN-Australie-Nouvelle-Zélande
Océan Antarctique
Alliance stratégique de défense
Différend avec l'Indonésie, maîtrisé (Timor oriental)
Dialogue diplomatique renforcé
« Pont » entre valeurs occidentales et Asie pacifique
Implication dans les missions de l'ONU (maintien de la paix, lutte contre les trafics, la piraterie…)
Zone de libre-échange (Asean, Australie, N-Z)
Coopération économique de l'Asie-Pacifique (APEC)
Forum des Iles du Pacifique (FIP)
Relation bilatérale forte
Partenariats économiques

LE MONDE VU PAR…

L'Australie

La colonisation de l'Australie par les Britanniques remonte à la fin du XVIIIe siècle. L'île-continent est d'abord peuplée d'anciens prisonniers exilés et, comme dans toutes les autres colonies de puissances européennes, les droits fonciers et sociaux des populations aborigènes sont totalement ignorés.

L'Australie est devenue indépendante en 1901. Elle a participé aux deux guerres mondiales aux côtés des Alliés.

C'est un pays immense à la densité très faible : quatorze fois plus grande que la France, elle est trois fois moins peuplée. L'Australie qui est un pays agricole puissant dispose de ressources minières et énergétiques considérables.

Sa politique étrangère a été calquée sur celle de l'Angleterre puis sur celle des États-Unis. L'Australie a été un allié solide des Occidentaux pendant la guerre froide (traité de l'ANZUS, 1957). Au milieu des années 1970, elle s'est très vivement opposée aux essais nucléaires français dans le Pacifique. Après 2001, l'Australie a soutenu la politique de George W. Bush dans la « guerre contre le terrorisme » et contre l'Irak.

L'Australie est néanmoins consciente de son appartenance au monde Pacifique et de la nécessité d'établir de meilleures relations avec son environnement asiatique. L'Australie est membre de l'APEC (l'Organisation de la coopération économique de l'Asie-Pacifique). Pays de culture occidentale et blanche dans un ensemble asiatique ou pacifique, bâti sur la spoliation des premiers habitants originaires, l'Australie est un pays d'immigration européenne dans un environnement potentiellement hostile, mais elle se voudrait le porte-parole des valeurs occidentales en Asie-Pacifique. En même temps, ce pays presque vide a parfois peur d'être submergé par le dynamisme démographique asiatique. L'Australie est désormais très impliquée dans les affaires internationales malgré son relatif isolement géographique et a participé à de nombreuses missions de maintien de la paix. Elle a ménagé l'Indonésie lorsque celle-ci s'est emparée du Timor entre 1975 et 1998. Au sein de l'APEC, elle espère concilier ses racines anglo-saxonnes (les États-Unis et le Canada y participant), son appartenance régionale et le nécessaire dialogue avec la Chine. L'Australie est aujourd'hui membre du G20.

Très ancrée dans le Commonwealth, l'Australie se « pacifique »

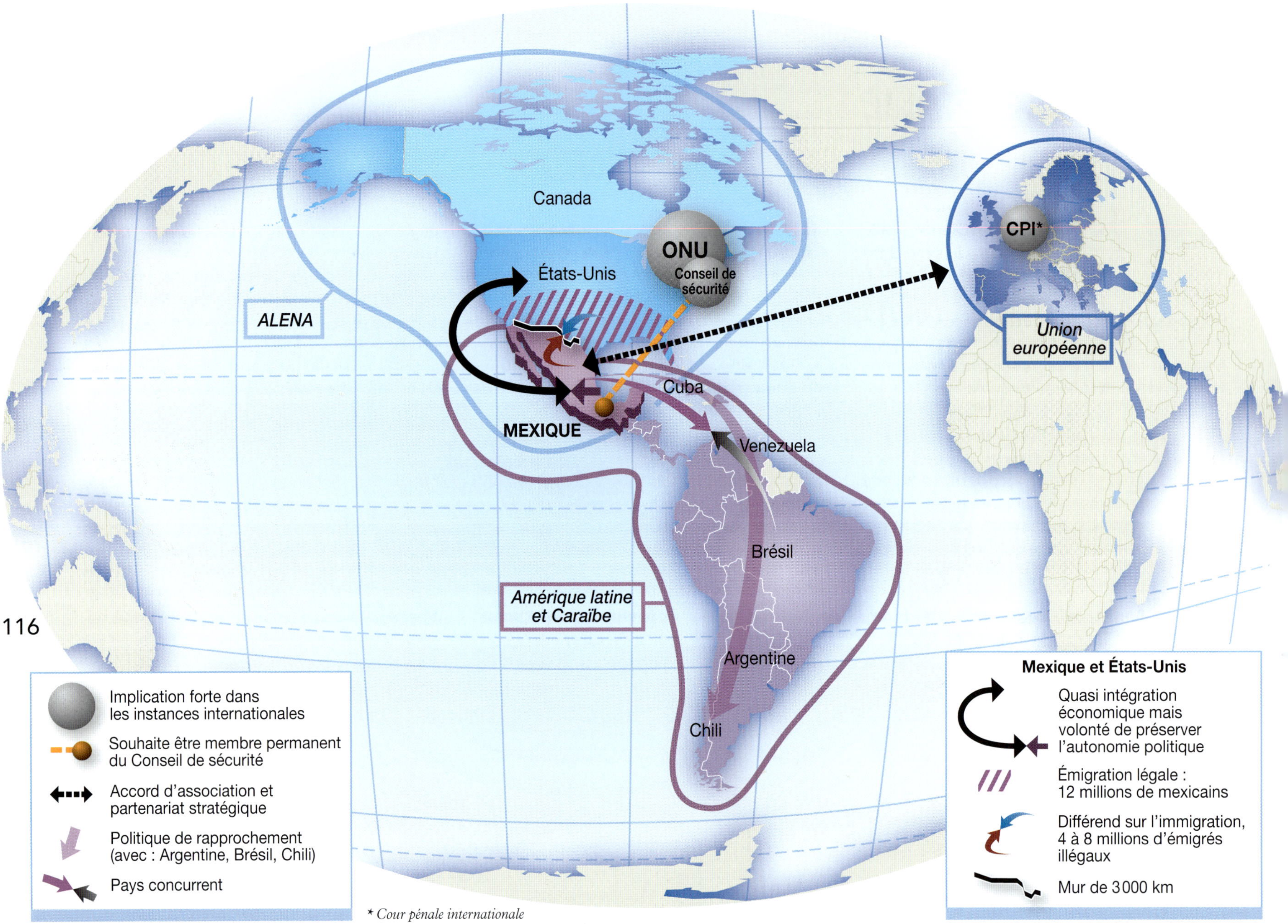

* *Cour pénale internationale*

LE MONDE VU PAR...

LE MEXIQUE

« Pauvre Mexique, si loin de Dieu, si près des États-Unis ! ». Dans ce pays, devenu indépendant en 1821, la proximité avec les États-Unis n'a pas toujours été vécue de façon positive. Si une seule guerre a opposé les deux pays entre 1846 et 1848, elle s'est traduite pour le Mexique par la perte de la Californie, du Nouveau Mexique, de l'Arizona et du Texas. En 1861, le Mexique a subi également une intervention militaire française, qui fut un fiasco pour Napoléon III. Peu après la révolution mexicaine de 1911, le Mexique doit encore subir le débarquement des troupes américaines à Vera Cruz. L'histoire explique donc l'attachement du Mexique aux principes de souveraineté nationale, d'intégrité territoriale et de non-ingérence dans ses affaires intérieures.

La relation avec les États-Unis détermine en grande partie la politique mexicaine. La nationalisation du pétrole en 1938 est ainsi plus vue comme un moyen d'indépendance nationale que de justice sociale. Les 3 000 kilomètres de frontière commune interdisent l'ignorance mutuelle, mais l'histoire et la dissymétrie des situations empêchent des relations apaisées. Au cours de la guerre froide, le Mexique marque sa différence en maintenant de bonnes relations avec le régime castriste et condamne les différentes ingérences américaines en Amérique latine. Il s'est posé comme un des leaders du mouvement des pays non-alignés, moyen de renforcer ses marges de manœuvre par rapport à Washington. L'essor pétrolier après 1973-1974 lui donne de nouveaux moyens, mais son souci d'indépendance l'empêche de rejoindre l'OPEP. Il n'entend pas développer un outil militaire qui serait inutile, car insignifiant par rapport à son voisin nord-américain, et surdimensionné par rapport aux petites puissances d'Amérique centrale. En 1992, il signe le traité d'Accord de libre-échange pour l'Amérique du Nord (ALENA – ou NAFTA pour *North America free trade agreement*) avec les États-Unis et le Canada. Les États-Unis absorbent ainsi 85 % des exportations mexicaines, le Mexique ne comptant que pour 10 % dans les exportations américaines.

> *Le Mexique se veut pays charnière entre les deux Amériques*

Membre temporaire en 2003 du Conseil de sécurité, le Mexique s'oppose à la guerre d'Irak. Son soutien à la Cour pénale internationale irrite également les États-Unis. Le Mexique a ratifié le protocole de Kyoto. La construction d'un mur par les États-Unis pour empêcher les entrées illégales sur leur territoire est un autre sujet de vives discordes. Bien que culturellement très différent, le Mexique se retrouve, à certains égards, dans la même position que le Canada, devant avant tout se définir par rapport à l'hyperpuissance américaine, à la fois indispensable et irritante. Il se veut concurrent du Brésil pour la prééminence latino-américaine et réclame lui aussi un siège de membre permanent au Conseil de sécurité de l'ONU, tout en se voulant un pays charnière entre l'Amérique du Nord et l'Amérique du Sud.

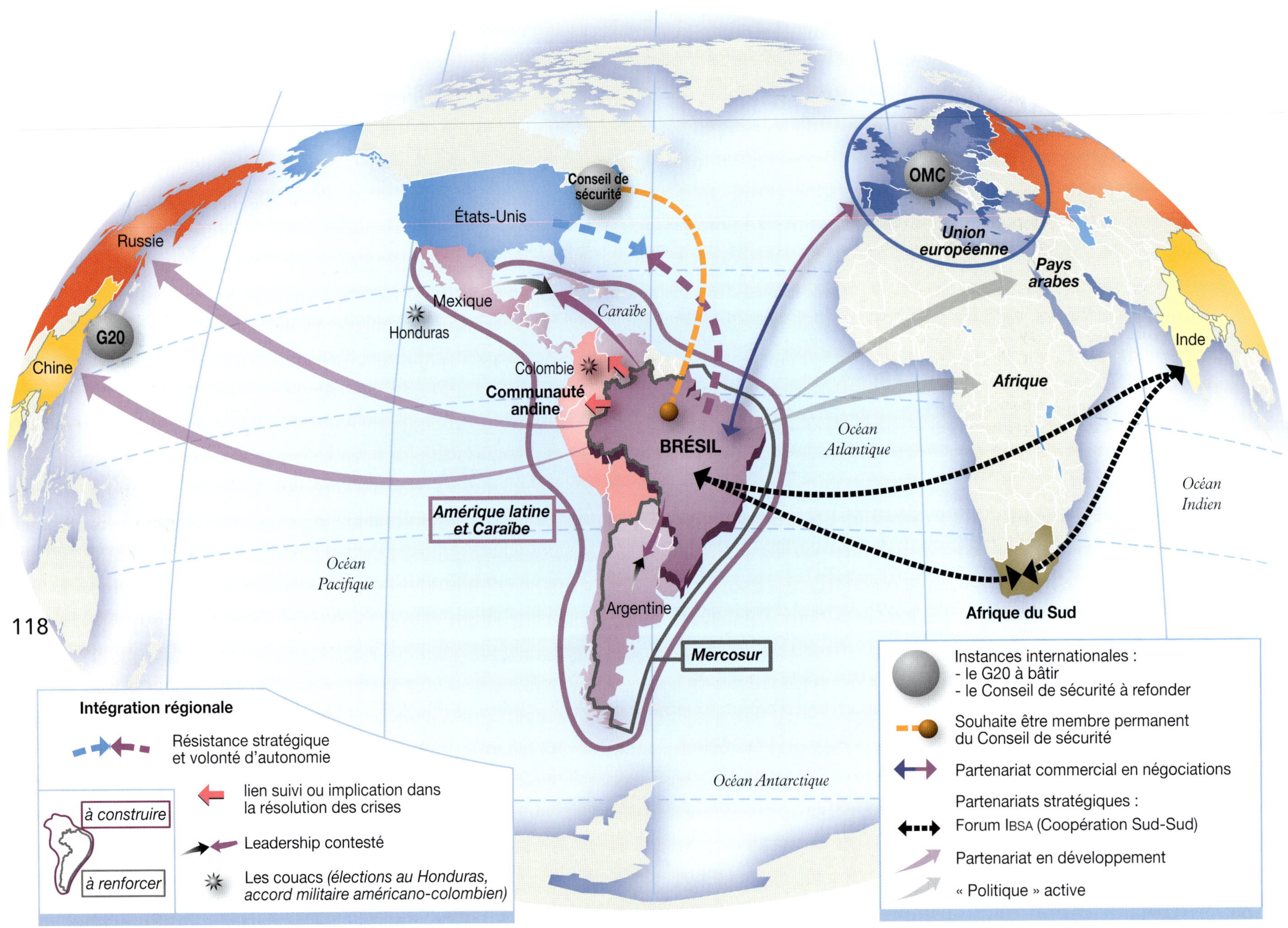
Conseil de sécurité
États-Unis
Russie
G20
Chine
Mexique
Honduras
Caraïbe
Colombie
Communauté andine
BRÉSIL
Amérique latine et Caraïbe
Océan Pacifique
Argentine
Mercosur
Océan Antarctique
OMC
Union européenne
Pays arabes
Inde
Afrique
Océan Atlantique
Océan Indien
Afrique du Sud
Intégration régionale
Résistance stratégique et volonté d'autonomie
à construire
à renforcer
lien suivi ou implication dans la résolution des crises
Leadership contesté
Les couacs (élections au Honduras, accord militaire américano-colombien)
Instances internationales :
- le G20 à bâtir
- le Conseil de sécurité à refonder
Souhaite être membre permanent du Conseil de sécurité
Partenariat commercial en négociations
Partenariats stratégiques :
Forum IBSA (Coopération Sud-Sud)
Partenariat en développement
« Politique » active

LE BRÉSIL

Géant latino-américain et puissance mondiale potentielle, le Brésil n'a jusqu'ici pas tenu le rôle international que ses multiples atouts pourraient lui permettre de jouer. Alors qu'une mission américaine, envoyée par le président Monroe en 1817, voyait dans le Brésil un empire destiné à rivaliser avec les États-Unis, le pays avait jusqu'à la fin du XXe siècle plutôt justifié le fameux mot de Clemenceau pour qui le Brésil est « un pays d'avenir qui le restera longtemps ».

Sa taille et son poids démographique ont mis le Brésil à l'abri des visées de ses voisins immédiats. L'éloignement l'a protégé des puissances européennes et nord-américaines. Cela a permis au Brésil, depuis son indépendance en 1822, de n'être impliqué que de façon secondaire dans les affaires internationales, à l'instar du continent latino-américain. Longtemps en rivalité régionale avec l'Argentine, le Brésil l'est désormais avec le Mexique, premier pays hispanophone de l'Amérique latine.

Durant la guerre froide, le Brésil s'est rangé aux côtés de sa famille naturelle, le monde occidental. Les États-Unis y ont soutenu un régime militaire répressif à partir de 1964, ce qui a laissé des traces négatives dans la perception des États-Unis par l'opinion brésilienne. Si la guerre froide n'a en effet affecté que marginalement l'Amérique latine, cette période a vu la mise en place de dictatures militaires et de guérillas. Plus tard, le retour à la démocratie et le décollage économique de la région mettent le Brésil dans une position avantageuse. Il résiste aux appétits américains, refuse d'entrer dans l'Association de libre-échange de l'Amérique du Nord et fonde un marché commun sud-américain avec ses voisins immédiats (Mercosur) et veut l'étendre aux pays andins.

> *Le Brésil veut être leader régional et puissance mondiale émergente*

Avec l'élection du président Lula en 2002, le Brésil s'est doté d'un chef d'État charismatique qui développe une rhétorique progressiste, tout en se comportant comme un gestionnaire prudent, y compris dans la relation avec les États-Unis. Le Brésil entend désormais être non seulement le leader régional mais aussi l'une des puissances mondiales émergentes. Il tire parti, pour son développement, de la libéralisation du commerce international et d'une agriculture intensive. Il est le « B » de l'acronyme BRIC (Brésil, Russie, Inde, Chine). Acteur de poids à l'OMC, il fait campagne pour obtenir un siège de membre permanent au Conseil de sécurité de l'ONU et il s'implique désormais dans les grands débats stratégiques internationaux. Il est sur la sellette en raison de l'exploitation peu écologique et de la destruction de l'immense forêt amazonienne. Son rôle est croissant dans les négociations climatiques.

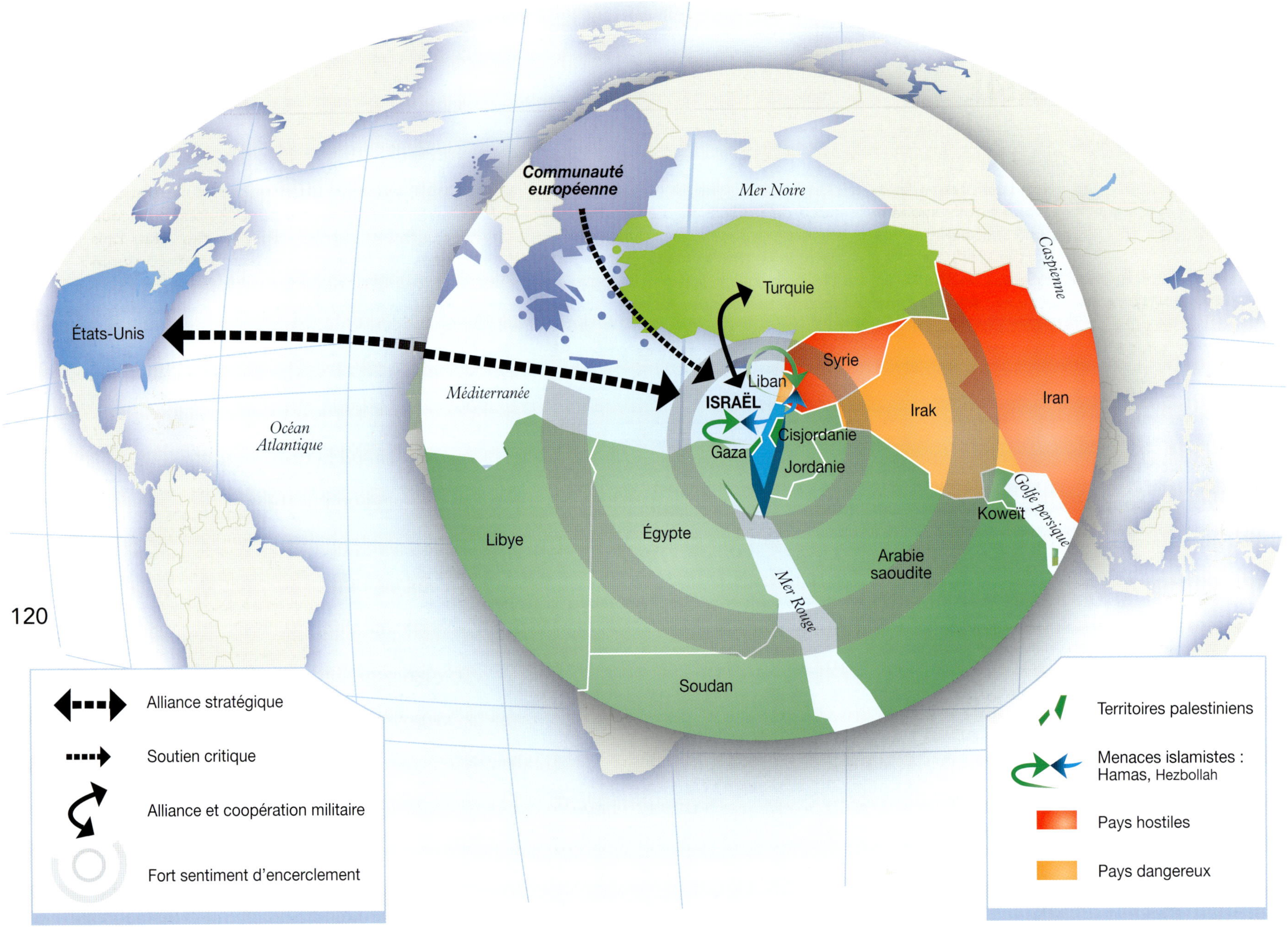
Communauté
européenne
Mer Noire
Caspienne
Turquie
États-Unis
Syrie
Liban
Méditerranée
ISRAËL
Iran
Irak
Océan
Atlantique
Cisjordanie
Gaza
Jordanie
Golfe persique
Koweït
Libye
Égypte
Arabie
saoudite
Mer Rouge
Soudan
Alliance stratégique
Soutien critique
Alliance et coopération militaire
Fort sentiment d'encerclement
Territoires palestiniens
Menaces islamistes :
Hamas, Hezbollah
Pays hostiles
Pays dangereux

ISRAËL

Dispersés par Rome aux Ier et IIe siècles après J.-C., les Juifs subirent au cours des siècles de nombreuses persécutions. En 1492, ils furent chassés du royaume d'Espagne par Isabelle la catholique. La révolution française marque la reconnaissance de leurs droits au sein de la République. Discriminations et pogromes se développent au sein de l'Empire russe en particulier au XIXe siècle. Ailleurs en Europe, ils continuent d'être victimes de l'antisémitisme, y compris souvent de façon violente. C'est en réaction à ces manifestations de racisme que Théodore Hertzl publie en 1896 *L'État juif* qui sera à la base du projet sioniste. Le sionisme est la reconnaissance du fait national juif, dans la lignée du mouvement des nationalités en Europe au XIXe siècle, avec pour objectif la création d'un État où ils seront à l'abri des persécutions. En 1917, le ministre britannique des Affaires étrangères, lord Balfour, se prononce en faveur de la création d'un foyer national juif en Palestine sur le principe d'« une terre sans peuple pour un peuple sans terre », en contradiction avec les promesses faites aux Arabes d'obtenir une pleine indépendance vis-à-vis de l'Empire Ottoman. D'autre part, s'il y a bien un peuple sans terre, il n'y a pas de terre sans peuple. Le développement de l'antisémitisme entre les deux guerres en Europe va provoquer une immigration massive des Juifs en Palestine, elle-même génératrice de tensions.

Mais c'est après la seconde guerre mondiale, et en réaction au génocide nazi, que l'idée de la création d'un État pour les Juifs s'impose. L'ONU qui comprend à l'époque une cinquantaine d'États, dont très peu d'États du Sud, prévoit un plan de partage de la Palestine, qui était sous mandat britannique, entre Arabes palestiniens et Juifs. Mais cette solution est refusée par les pays arabes voisins qui se lancent dans une première guerre contre le nouvel État, Israël, et la perdent. Israël contrôle dès lors 78 % du territoire de la Palestine sous mandat. Le refus arabe de reconnaître l'existence d'Israël, s'ajoutant à la mémoire du génocide et aux traditions antisémites dans de nombreux pays, va faire d'Israël pour beaucoup de Juifs un État refuge qui, vivant dans un environnement hostile qui veut sa disparition, se sent toujours menacé dans son existence. À l'occasion de la guerre de 1967, Israël conquiert les 22 % restants de la Palestine et l'autre moitié (Est) de Jérusalem, lesquels forment la base territoriale d'un éventuel futur État palestinien. Le général de Gaulle condamne l'occupation de ces territoires en 1967, ce qui marque la rupture de l'alliance stratégique avec la France et le début de celle avec les États-Unis. Israël est alors vu par les Israéliens eux-mêmes comme une nation occidentale et démocratique, au sein du Proche-Orient, et par beaucoup comme une base avancée des États-Unis dans la compétition Est-Ouest. À l'issue de celle-ci, l'alliance entre ces deux pays apparaît comme indestructible, la guerre « contre le terrorisme » devenant en 2001 un nouveau ciment. Malgré la possession d'un arsenal nucléaire qui sanctuarise son territoire, une supériorité militaire désormais incontestée, une garantie stratégique, une aide multiforme américaine et les offres de paix répétées des pays arabes, Israël vit toujours dans l'angoisse de sa destruction. Une partie des leaders politiques israéliens estime que seule la suprématie militaire et la poursuite de l'occupation des territoires palestiniens lui permettront de vivre en sécurité. Une autre partie estime que le moment est venu de faire des concessions territoriales pour obtenir la paix et la normalisation avec les voisins arabes, et donc d'accepter la création d'un État palestinien, ce que pensait déjà Itzhak Rabin au milieu des années 1990. Depuis plusieurs années, l'opinion israélienne, selon les sondages, accepte l'idée d'un État palestinien. Mais celui-ci reste à créer.

Malgré sa supériorité nucléaire, Israël vit toujours dans l'angoisse de la destruction

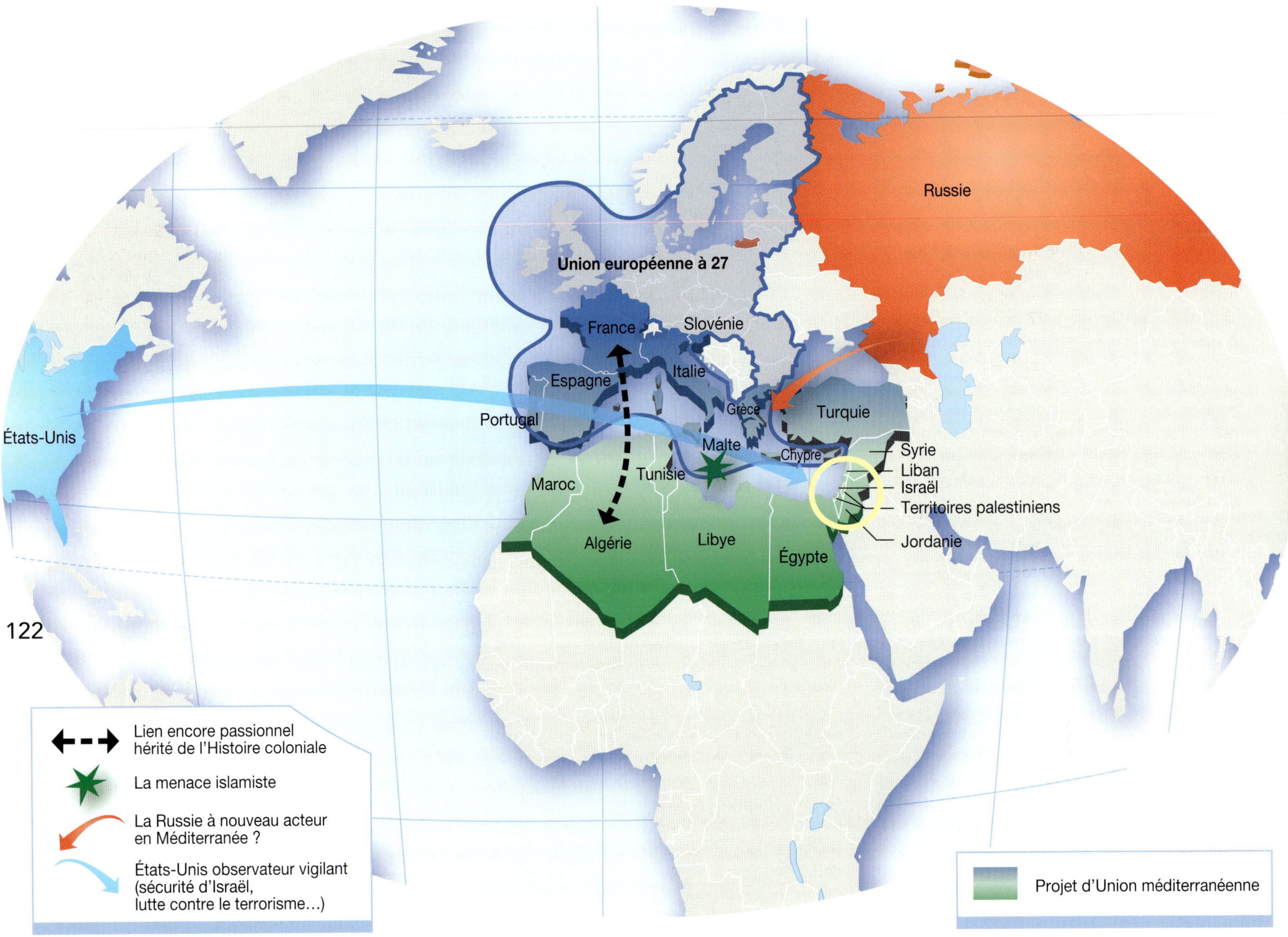
Russie
Union européenne à 27
France
Slovénie
Italie
Espagne
Portugal
Grèce
Turquie
États-Unis
Malte
Chypre
Syrie
Liban
Israël
Territoires palestiniens
Jordanie
Tunisie
Maroc
Algérie
Libye
Égypte
Lien encore passionnel hérité de l'Histoire coloniale
La menace islamiste
La Russie à nouveau acteur en Méditerranée ?
États-Unis observateur vigilant (sécurité d'Israël, lutte contre le terrorisme…)
Projet d'Union méditerranéenne

LE MONDE VU PAR...

LES MÉDITERRANÉENS

Il est aisé de définir la Méditerranée sur un plan océanographique, climatique, ou géographique, et de faire la liste des pays qui la bordent (27 ; plus si on y ajoute la mer Adriatique et la mer Noire). En revanche sur les plans politique, religieux, linguistique et culturel, sauf à remonter à l'Empire Romain, ce sont les contrastes, voire les antagonismes qui sautent aux yeux. La principale coupure est celle qui a été introduite au VIIe siècle par la conquête du sud et de l'est de la Méditerranée, et de presque toute l'Espagne pour plusieurs siècles, par une religion nouvelle, l'Islam. Cette différence reste essentielle encore qu'il faille distinguer au sein du monde musulman méditerranéen entre Turcs et arabes et au sein de ceux-ci entre pays. Et au sein du monde « chrétien » entre pays catholiques et orthodoxes. À quoi il faut ajouter depuis 1948 l'existence de l'État d'Israël dont les relations avec ses voisins arabes ne sont pas normalisées et restent subordonnées à la création d'un État palestinien. Les pays de la rive nord, européens, sont parmi les plus développés et les plus riches du monde. Les pays du sud ont un PNB très variable selon qu'ils ont du gaz et du pétrole (Algérie, Libye, un peu Égypte) ou non. Mais au regard des indices onusiens de développement humain, ce sont des pays qui restent en développement.

Les relations des pays du sud avec les anciennes puissances colonisatrices (France, Grande-Bretagne, Italie, Espagne) sont, en principe seulement (France/Algérie), dépassionnées et tournées vers l'avenir.

Constatant l'interdépendance économique et humaine de cette zone entre l'Europe et la Méditerranée, l'Union européenne a développé depuis presque trente ans vis-à-vis du sud de la Méditerranée des politiques d'aide, de voisinage, d'accords divers, et, depuis 1995, un ambitieux processus de partenariat dit de « Barcelone ». Les pays du sud apprécient l'aide financière liée à ce processus, mais ils la voudraient moins conditionnelle. Ils sollicitent plus d'accès au marché et, de plus en plus, une quasi-liberté des mouvements migratoires. À l'inverse, soumis à une très forte pression, les pays européens s'orientent vers une maîtrise renforcée de ces flux. De leur côté, les mouvements islamistes extrémistes rêvent, à partir des fortes minorités musulmanes d'Europe, à une islamisation de l'ancienne chrétienté. Les États-Unis voient surtout dans la Méditerranée une zone sensible (sécurité d'Israël, lutte contre le terrorisme) que surveille la VIIe flotte. La Russie après une éclipse de quinze ans entreprend d'y faire revenir la sienne. Les regards sur la Méditerranée sont très divers.

> *La principale coupure fut introduite au VIIe siècle par les conquêtes islamiques*

Essentiellement issus des pays européens, notamment de France, divers groupes militent pour une grande « politique méditerranéenne » qui transcende ces différences et ces obstacles, soit en embrassant l'ensemble ou, plus modestement, en s'intéressant en priorité à la Méditerranée occidentale. Une intégration Nord-Sud générerait 1,5 % de croissance en plus au Maghreb et 0,5 % dans les pays méditerranéens de l'Union. Le président français a proposé à l'été 2007 une « Union de la Méditerranée » élaborée entre Méditerranéens. Mais les institutions européennes et les pays non méditerranéens de l'Union européenne, Allemagne en tête, préférant des politiques de l'Union *au bénéfice de* la rive sud, l'Union est devenue Union pour la Méditerranée.

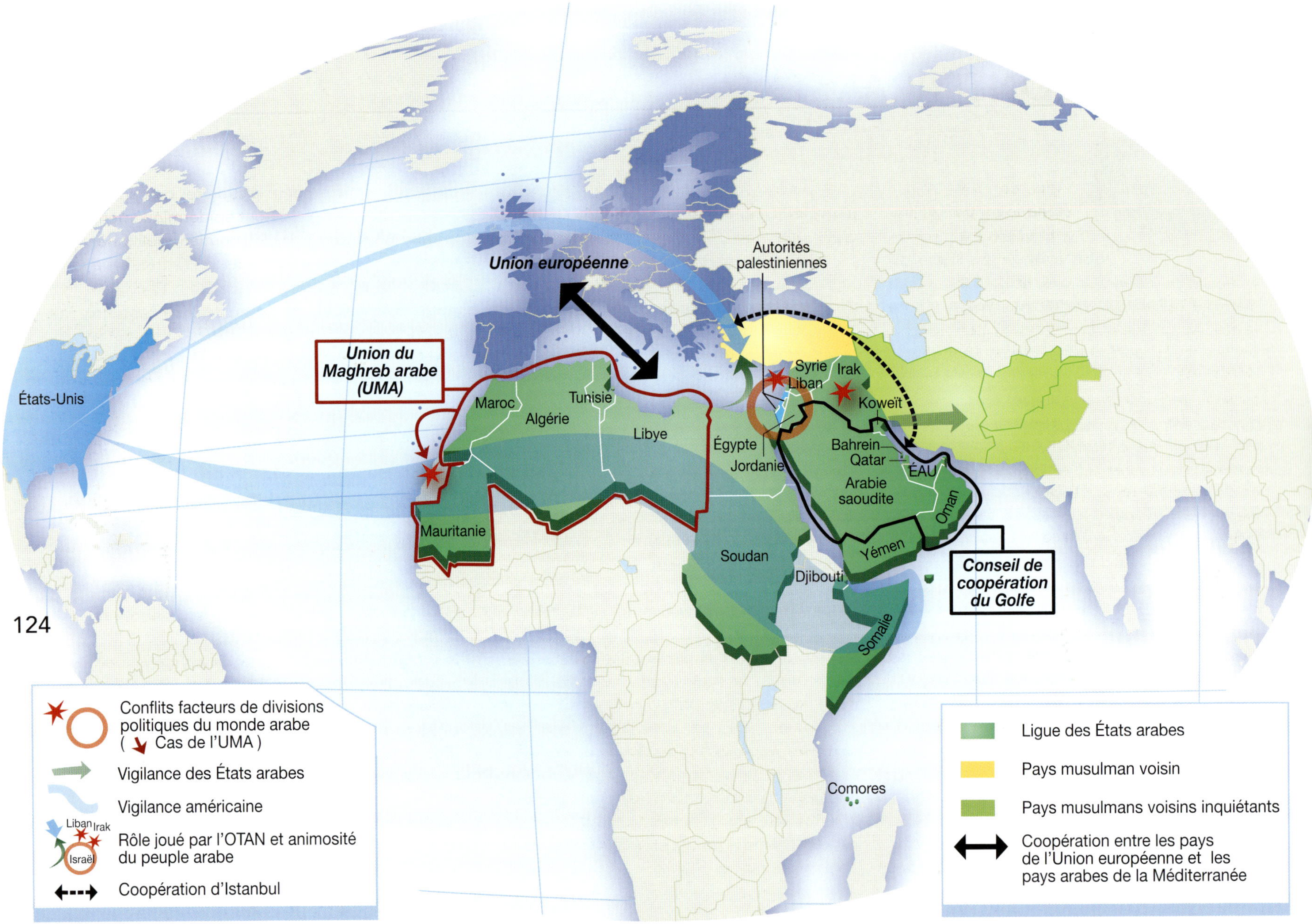
Union européenne
Autorités palestiniennes
Union du Maghreb arabe (UMA)
États-Unis
Maroc
Algérie
Tunisie
Libye
Égypte
Jordanie
Syrie
Liban
Irak
Koweït
Bahrein
Qatar
ÉAU
Arabie saoudite
Oman
Yémen
Mauritanie
Soudan
Djibouti
Somalie
Comores
Conseil de coopération du Golfe
Conflits facteurs de divisions politiques du monde arabe (Cas de l'UMA)
Vigilance des États arabes
Vigilance américaine
Liban Irak Israël
Rôle joué par l'OTAN et animosité du peuple arabe
Coopération d'Istanbul
Ligue des États arabes
Pays musulman voisin
Pays musulmans voisins inquiétants
Coopération entre les pays de l'Union européenne et les pays arabes de la Méditerranée

LE MONDE ARABE

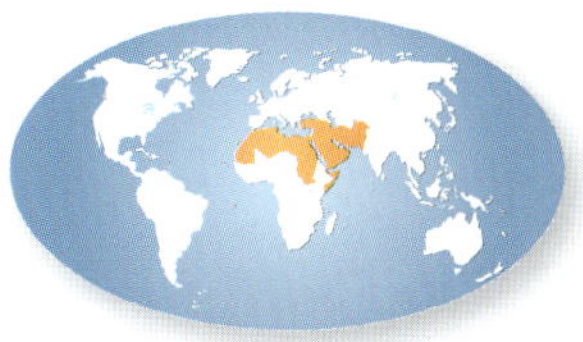

Apparue au VIIe siècle, étendue sur trois continents dès le VIIIe, la civilisation arabe est à l'époque médiévale plus dynamique et plus puissante que la civilisation chrétienne avec laquelle elle est en concurrence. Seule la civilisation chinoise – qui vit repliée sur elle-même – peut alors prétendre l'égaler. Mais au XVe siècle, les Arabes sont refoulés d'Europe. Au XVIe siècle, les Ottomans imposent leur souveraineté sur le Moyen-Orient et, bien qu'ayant conservé un certain degré d'autonomie, les Arabes vivent quatre siècles sous domination ottomane. Au partir du XIXe siècle, et au XXe, la France, la Grande-Bretagne et l'Italie font du nord de l'Afrique des colonies. Au cours de la première guerre mondiale, tandis que l'Empire Ottoman s'allie avec l'Allemagne, la plupart des Arabes prennent fait et cause pour les Alliés, espérant ainsi obtenir leur indépendance. Ces espoirs sont déçus : la France et la Grande-Bretagne, par les accords Sykes-Picot, se répartissent les protectorats sur le Proche-Orient. La déclaration Balfour en 1917 ouvre la voie à la création d'un foyer national juif en Palestine. Les Arabes passent d'une domination ottomane à une domination européenne. Au sentiment de trahison s'ajoute celui de l'humiliation. Après la seconde guerre mondiale, la création de l'État d'Israël est vécue comme un nouveau choc, les Arabes ayant le sentiment qu'ils paient le prix d'un crime européen. Ils seront une nouvelle fois humiliés par leur défaite dans la guerre (1948-1949) contre l'État d'Israël à peine proclamé. Les mouvements panarabes développent à partir de ce moment là une rhétorique anti-occidentale et/ou anti-israélienne. La nationalisation du canal de Suez en 1956 par Nasser et la retraite forcée, sur injonction américaine, des Français et des Britanniques après leur expédition militaire sur Suez sont perçues comme une revanche sur les Occidentaux. La guerre des Six jours de 1967, et la défaite éclair des armées arabes, nouvelle humiliation, marquent le début de l'agonie du nationalisme arabe. Les mouvements fondamentalistes commencent alors à prospérer sur fond de défaite du nationalisme, de crise sociale et d'identité, de condamnation de la corruption des élites compromises avec les États-Unis. L'unité *arabe* plutôt que *musulmane* reste certes revendiquée aujourd'hui encore par la plupart des habitants de la région ; mais ces pays vivent cependant dans un très grand morcellement politique caractérisé par de vives rivalités inter-arabes. Une autre contradiction réside dans le fait que les populations sont épidermiquement anti-américaines du fait du soutien, politique, militaire et financier, des États-Unis à Israël et à la politique de colonisation des territoires palestiniens occupés, et de la guerre d'Irak, alors que la plupart des régimes arabes ont des accords de sécurité avec les États-Unis. La persistance du conflit israélo-palestinien et l'absence d'État palestinien mobilisent les opinions du monde arabe. Cette cause est instrumentalisée depuis longtemps par certains régimes pour occulter les déficits démocratiques et sociaux internes comme, d'une autre façon, par les islamistes. La guerre en Irak a contribué à donner aux opinions publiques arabes, comme à certains régimes de la région, des motifs supplémentaires de radicalisation et de frustration. La démocratisation imposée de l'extérieur s'étant révélée impossible ou aventuriste, le monde arabe est plus que jamais confronté au triple défi de la modernisation, de la démocratie, et de la résorption de l'islamisme, sous la pression d'Occidentaux souvent maladroits et contre-productifs dans leurs interventions.

La cause palestinienne est instrumentalisée

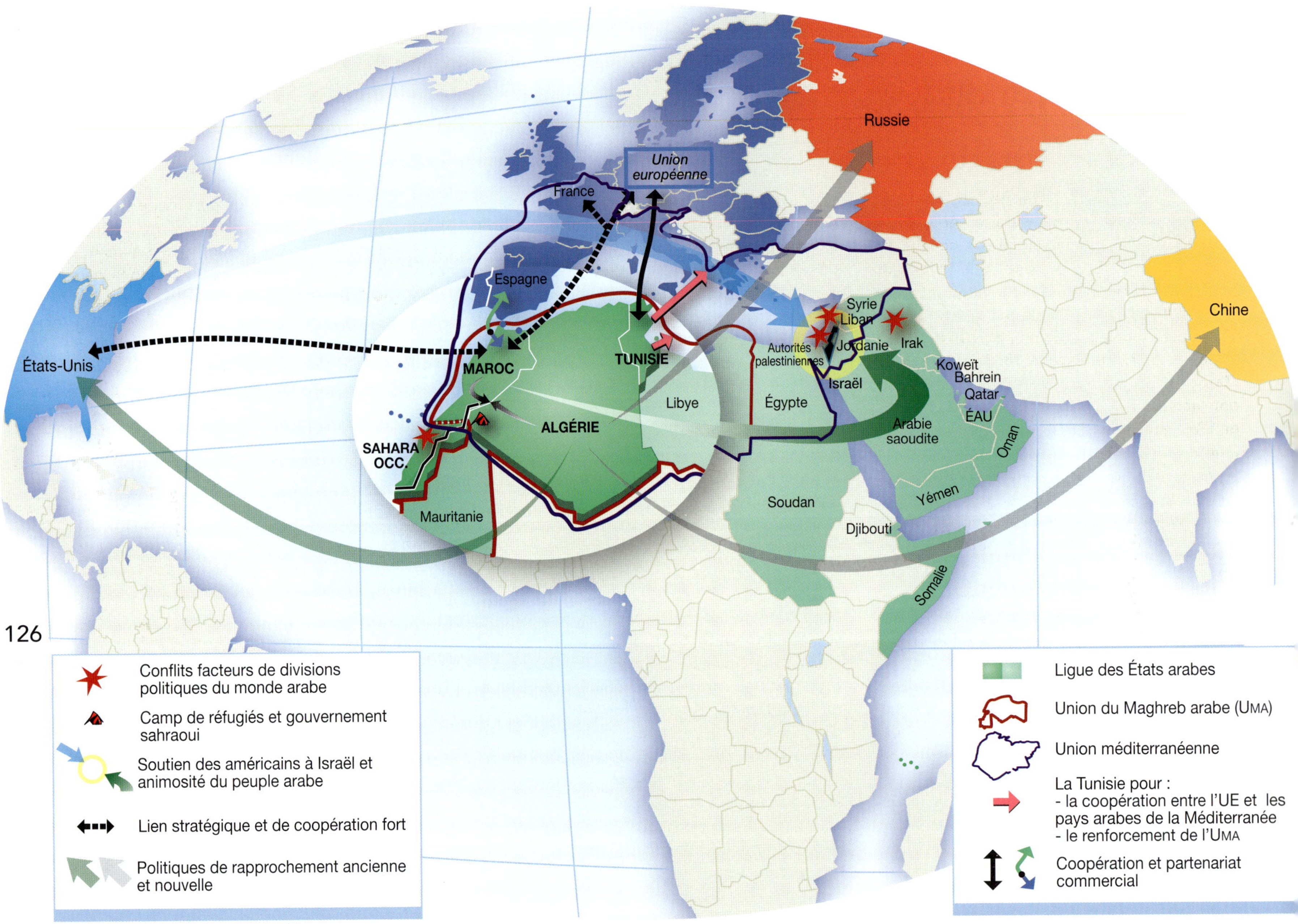

Conflits facteurs de divisions politiques du monde arabe

Camp de réfugiés et gouvernement sahraoui

Soutien des américains à Israël et animosité du peuple arabe

Lien stratégique et de coopération fort

Politiques de rapprochement ancienne et nouvelle

Ligue des États arabes

Union du Maghreb arabe (UMA)

Union méditerranéenne

La Tunisie pour :
- la coopération entre l'UE et les pays arabes de la Méditerranée
- le renforcement de l'UMA

Coopération et partenariat commercial

LE MONDE VU PAR...

LE MAGHREB

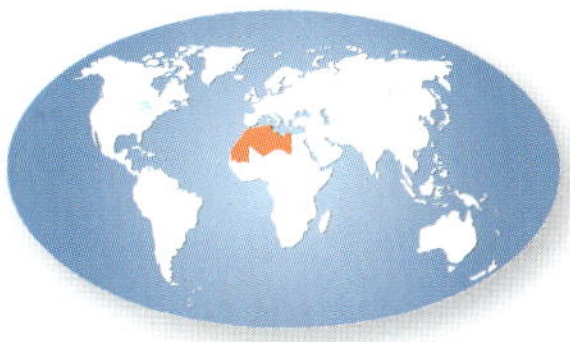

Le terme Maghreb vient de l'arabe *Al-Maghrib* qui signifie « couchant » ou « occident ». L'Afrique du Nord fut occupée par les Arabes au VIIe siècle avant d'être intégrée à l'Empire ottoman au XVIe (à l'exception du Maroc), puis d'être colonisée par la France (Algérie 1830, Tunisie 1880, Maroc 1912). Les trois États du Maghreb, qui ont acquis leur indépendance entre 1956 et 1962, sont membres de la Ligue des États arabes.

En dépit d'une identité arabo-musulmane commune très forte (sur un fond berbérophone vivace), les trois États ont connu depuis l'indépendance des évolutions politiques, intérieures et extérieures, tout à fait différentes et ne parviennent pas à définir une politique commune, en dépit de l'existence d'une « Union du Maghreb arabe ». Après l'indépendance, l'Algérie adoptait une ligne progressiste et tiers-mondiste, pendant que le Maroc suivait une politique monarchique pro-occidentale. En outre, le soutien de l'Algérie au Front Polisario, qui refuse de reconnaître la souveraineté marocaine sur le Sahara, bloque toujours la relation bilatérale. La frontière entre les deux pays reste fermée. De son côté, la Tunisie s'est développée plus régulièrement, sous les présidences de Bourguiba puis de Ben Ali.

Le commerce intrarégional des pays du Maghreb ne représente que 3 % de leur PIB (contre 60 % pour l'Union européenne, 22 % pour l'ASEAN, 20 % pour le Mercosur). Certains économistes estiment que ce coût du « non-Maghreb » et la non-intégration d'un marché de 75 millions de consommateurs entraînent une perte de croissance de 3 % par an. Un demi-siècle après les indépendances, les échanges économiques et humains de chaque pays du Maghreb sont tournés en priorité vers l'Europe.

Des liens culturels mais aucun partenariat réel

La politique internationale de chacun des États diffère néanmoins. Longtemps liée à l'Union soviétique, l'Algérie s'est rapprochée des États-Unis sous la présidence de G.W. Bush dans le cadre de la lutte contre le terrorisme. Le Maroc est un partenaire stratégique de longue date de la France, mais aussi de Washington. La Tunisie voyait également dans ses liens étroits avec la France une façon d'être pro-occidentale sans être considérée comme alignée sur Washington. L'atlantisme des gouvernements est cependant en contradiction avec l'antiaméricanisme des populations, très sensibles à la cause palestinienne et qui reprochent aux États-Unis leur alignement sur Israël. La guerre d'Irak, ressentie comme une agression contre le monde arabe, a également été violemment dénoncée par l'opinion maghrébine. Les trois pays sont confrontés, dans des proportions variées, à l'islam radical qui a même provoqué pendant des années une guerre civile en Algérie. Enfin, bien qu'appartenant à l'Afrique, les pays du Maghreb ont moins développé leurs relations avec les pays d'Afrique subsaharienne.

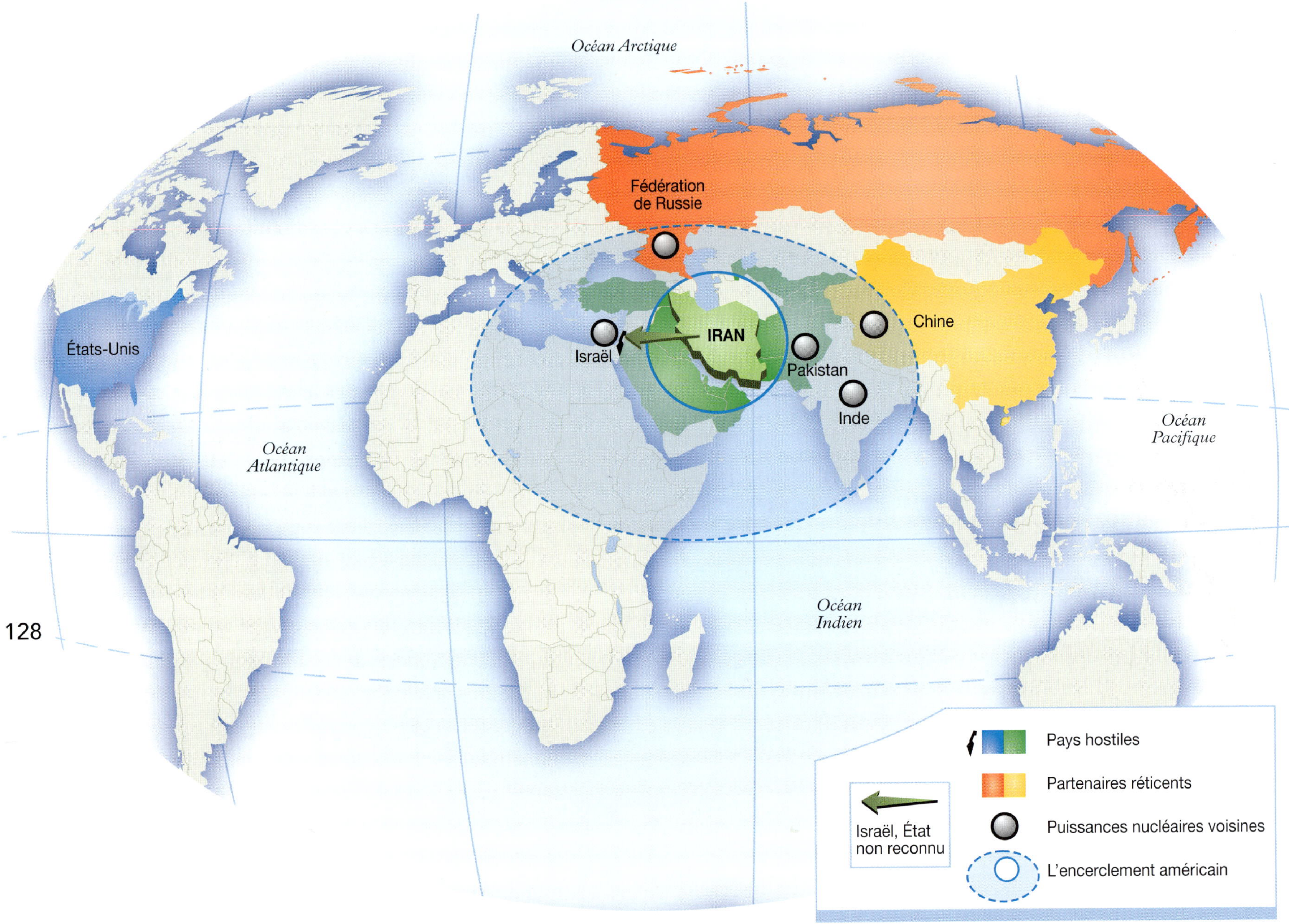
Océan Arctique
Fédération
de Russie
États-Unis
IRAN
Israël
Pakistan
Inde
Chine
Océan
Atlantique
Océan
Pacifique
Océan
Indien
Pays hostiles
Partenaires réticents
Puissances nucléaires voisines
L'encerclement américain
Israël, État
non reconnu

L'IRAN

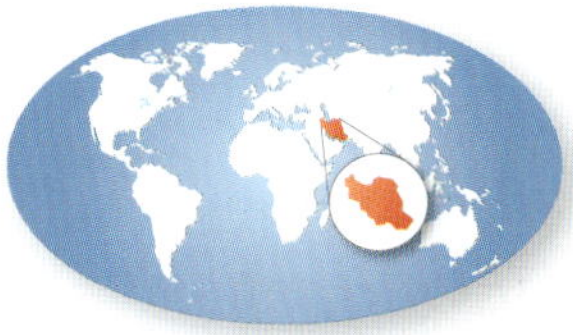

Les Iraniens sont partagés entre les réminiscences des splendeurs et de la puissance de l'Empire perse, le souvenir très vif des tentatives de domination des puissances étrangères ou des voisins attirés par ses richesses et leur position stratégique, leur faiblesse relative, et le sentiment d'un danger permanent et tous azimuts. La résultante en est un nationalisme exacerbé sur lequel s'est greffé un militantisme islamiste. L'Iran a peur du reste du monde, mais lui fait peur.

Le chiisme est la religion dominante dans l'Empire perse depuis le début du XVIe siècle, par opposition à l'Empire Ottoman sunnite. Au XIXe siècle et dans la première moitié du XXe, il a été confronté aux poussées impérialistes de Moscou et de Londres. Il a dû subir, en 1953, le renversement du régime démocratique du docteur Mossadeg, qui avait nationalisé le pétrole en 1951, et la mise en place, avec l'aide de Washington, du régime à la fois modernisateur et répressif du Shah, les États-Unis voulant faire de ce dernier le « gendarme du Golfe arabo-persique ». L'Iran présentait en effet l'avantage d'être un pays riche, non arabe, d'être un géant démographique par rapport à ses voisins arabes, et d'être lié stratégiquement aux États-Unis et à Israël.

Vingt-cinq ans après, en 1979, une révolution religieuse et sociale renverse le Shah en 1979 et porte l'ayatollah Khomeiny au pouvoir. Les pays du Golfe, dont certains comptent une grande part de population chiite, et, au-delà, tous les pays musulmans, craignent un expansionnisme religieux et politique du régime et une onde de choc. L'Iran rompt avec les États-Unis (présentés comme le « grand Satan »). Des diplomates américains en poste à Téhéran sont pris en otage, au mépris des conventions internationales. Les États-Unis échouent à les libérer. Les relations diplomatiques, stratégiques et commerciales entre les deux pays sont rompues. En 1980, l'Irak de Saddam Hussein attaque l'Iran, dans l'illusion d'une victoire rapide. L'Irak va jusqu'à utiliser des armes chimiques, tout en conservant le soutien de certaines puissances occidentales et des pays arabes, qui jugent plus grand encore le péril de la révolution islamique. La guerre dure huit ans, fait un million de morts, se solde par le *statu quo*.

> ***L'Iran a peur du reste du monde, mais lui fait peur en retour***

L'Iran se tient à l'écart de la guerre du Golfe de 1990-1991, sans que cela permette une réconciliation avec les Américains, malgré de petits progrès en ce sens au cours du second mandat du président Clinton. Son sentiment d'isolement, la perception d'une menace multiforme, et même d'un encerclement hostile (pays arabes, Afghanistan des talibans, Israël, Pakistan, Turquie, États-Unis), est profonde. La dénonciation par George W. Bush en janvier 2002 de « l'axe du mal » que l'Iran formerait avec l'Irak et la Corée du Nord accentue ce sentiment. La guerre en Irak renforce la présence militaire américaine aux portes de l'Iran mais en même temps brise la puissance irakienne hostile. Depuis, les menaces proférées contre Israël par le président Ahmadinejad et le programme nucléaire de plus en plus suspecté d'être à vocation militaire (entamé par le Shah d'Iran, interrompu par Khomeiny, repris après les attaques chimiques irakiennes) inquiètent le reste du monde, en particulier les Occidentaux et les pays arabes voisins.

L'Iran finira par occuper une place stratégique dans la région. Mais il est peu probable que cela se fasse sans que se soient produits une épreuve de force, un changement de régime, ou un bouleversement géopolitique.

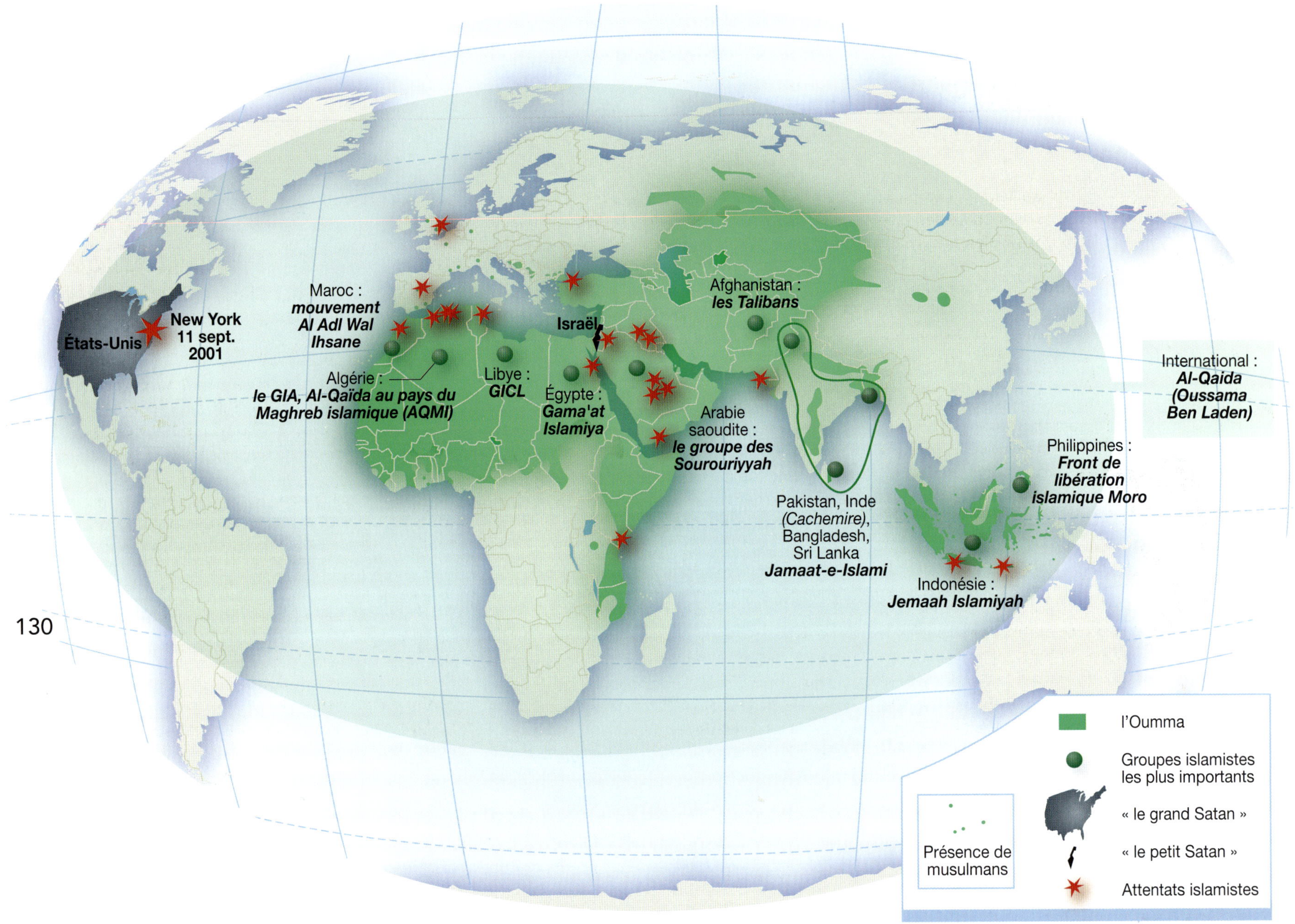
États-Unis
New York
11 sept.
2001
Maroc :
mouvement
Al Adl Wal
Ihsane
Algérie :
le GIA, Al-Qaïda au pays du
Maghreb islamique (AQMI)
Libye :
GICL
Israël
Égypte :
Gama'at
Islamiya
Arabie
saoudite :
le groupe des
Sourouriyyah
Afghanistan :
les Talibans
Pakistan, Inde
(Cachemire),
Bangladesh,
Sri Lanka
Jamaat-e-Islami
Indonésie :
Jemaah Islamiyah
Philippines :
Front de
libération
islamique Moro
International :
Al-Qaida
(Oussama
Ben Laden)
l'Oumma
Groupes islamistes
les plus importants
« le grand Satan »
« le petit Satan »
Attentats islamistes
Présence de
musulmans

LES ISLAMISTES

Il ne faut évidemment pas confondre les islamistes avec les musulmans en général, ni même avec les fondamentalistes religieux. La plupart des religions, surtout les religions révélées, ont vu surgir en leur sein, à un moment ou à un autre, de telles dérives. Quant aux terroristes, ils ne sont pas tous islamistes et tous les islamistes ne deviennent pas terroristes. Cependant, la vision islamiste du monde est importante à connaître, même si les islamistes militants demeurent très minoritaires. Cette vision était littéralement « impensable » par les Occidentaux épris de progrès et d'universalisme, avant d'être popularisée par la révolution islamique en Iran, plusieurs guerres civiles ou vagues de terrorisme et enfin symbolisés par Al Qaïda.

Chiites ou sunnites, les islamistes veulent établir dans l'ensemble du monde musulman la communauté des croyants, l'*umma*. Pour les plus radicaux d'entre eux, cela concerne aussi les pays où ont vécu des musulmans même quand ils ont été expulsés il y a longtemps – comme en Andalousie, en Europe occidentale – et partout où vivent maintenant des groupes importants de musulmans. D'après eux, cette communauté doit vivre strictement selon les règles du Coran interprété de la façon la plus rigoureuse. Il en résulte que les islamistes ne combattent pas en premier lieu les Occidentaux mais les régimes arabes, ou musulmans, qui ne respectent pas et n'imposent pas vraiment le Coran, c'est-à-dire, à leurs yeux, la quasi-totalité d'entre eux. Sauf en Iran à partir de 1979, en Afghanistan sous les talibans, et, jusqu'à un certain point au Soudan, nulle part ils n'ont atteint leurs buts. Néanmoins des partis islamistes, ou se réclamant de l'Islam, sont présents, plus ou moins tolérés ou acceptés par les autorités, dans tous les pays arabes ou musulmans qui organisent des élections, dès lors qu'elles sont relativement libres.

> *Les islamistes combattent d'abord les régimes arabes qui n'imposent pas le Coran*

Les islamistes combattent ensuite les Occidentaux – « les croisés » – parce qu'ils soutiennent les régimes arabes ou musulmans « corrompus », parce qu'ils soutiennent les Israéliens qui oppriment les Palestiniens – de façon moins systématique, cela peut viser les Russes à cause des Tchétchènes, les Indiens à cause du Cachemire, les Chinois à cause des Ouïgours –, parce qu'ils empêchent les musulmans qui vivent en Occident de vivre selon leur foi, parce qu'ils exercent une influence délétère sur les femmes, les jeunes, etc.

L'avenir de l'Islam, et donc d'une grande partie du monde, dépendra de l'issue de l'affrontement entre les minorités moderniste et islamiste pour le contrôle de l'immense masse centrale des musulmans « normaux », c'est-à-dire attachés à leur foi et à leur mode de vie mais sans extrémisme. La politique menée par les Occidentaux aidera, ou dans d'autres cas handicapera, la lutte des musulmans modérés contre les islamistes. Les terroristes ne peuvent pas gagner, mais aucune politique ne les fera non plus disparaître soudainement.

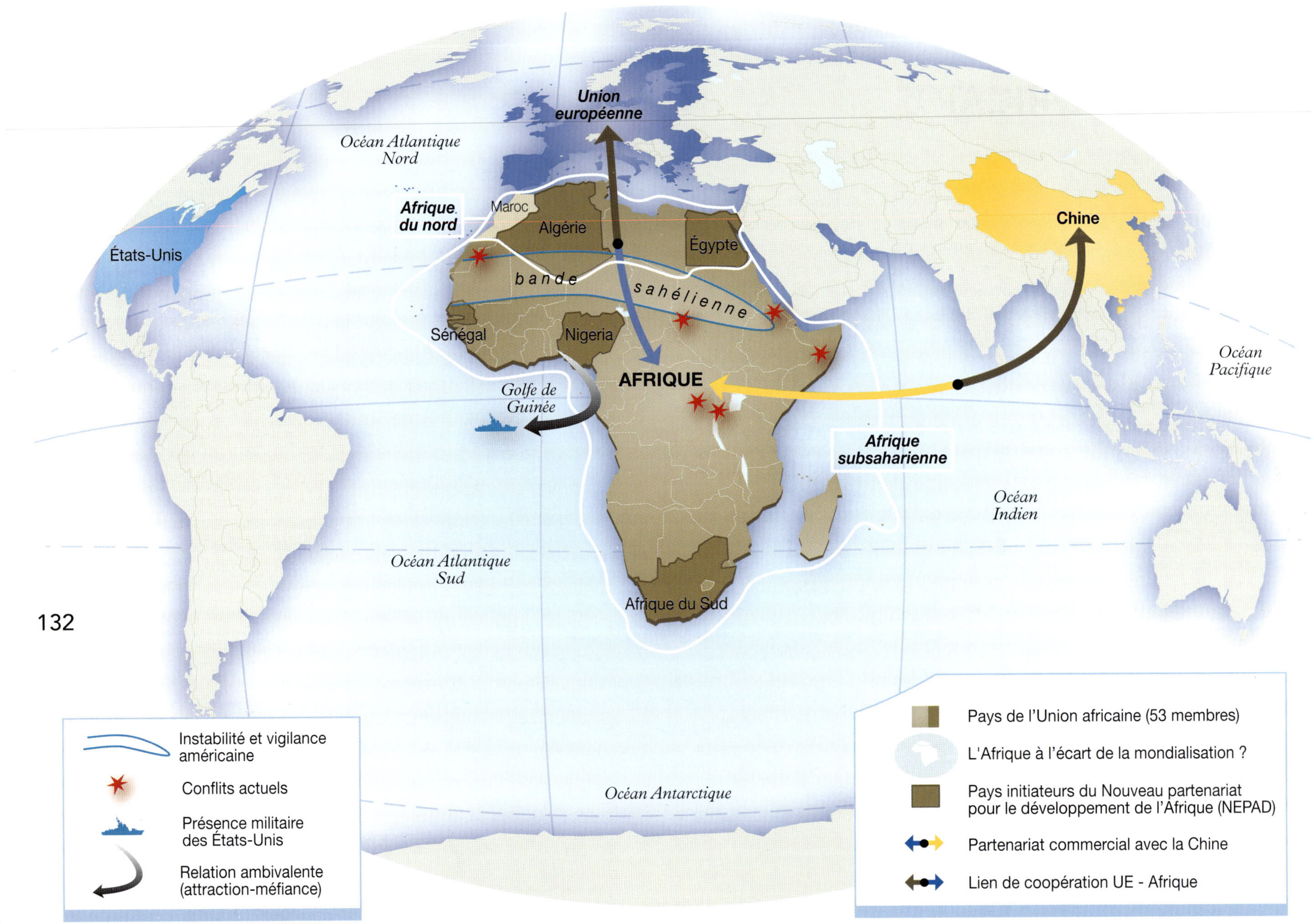
Union
européenne
Océan Atlantique
Nord
Afrique
du nord
Maroc
Algérie
Égypte
Chine
États-Unis
bande
sahélienne
Sénégal
Nigeria
AFRIQUE
Golfe de
Guinée
Afrique
subsaharienne
Océan
Pacifique
Océan
Indien
Océan Atlantique
Sud
Afrique du Sud
Océan Antarctique
Instabilité et vigilance
américaine
Conflits actuels
Présence militaire
des États-Unis
Relation ambivalente
(attraction-méfiance)
Pays de l'Union africaine (53 membres)
L'Afrique à l'écart de la mondialisation ?
Pays initiateurs du Nouveau partenariat
pour le développement de l'Afrique (NEPAD)
Partenariat commercial avec la Chine
Lien de coopération UE - Afrique

LES AFRICAINS

Pour beaucoup d'Occidentaux et d'Européens, l'Afrique est le continent des tragédies (Darfour), des pandémies (paludisme, SIDA), des putschs, des élections truquées, de la famine (Sahel), etc. Par remords et générosité, les riches Européens estiment qu'ils doivent à l'Afrique compassion et aide (APD, ONG, etc.).

Les Africains ne se voient pas, ou plus, ainsi. Sur les 54 États africains, plus de la moitié connaît une croissance économique à hauteur de 6 à 7 % l'an et se modernise vite. La boulimie mondiale pour les matières premières fait monter leur prix sur les marchés internationaux. Les Africains ne se sentent plus enfermés dans la relation avec l'ancienne métropole de l'époque coloniale : Paris, Londres, Bruxelles ou Lisbonne. Ni même aujourd'hui avec la Commission européenne, censée représenter une Union prête à aider et à encourager le développement. Certains pays africains spécialement dépourvus (Pays les Moins Avancés) continuent à demander en priorité de l'aide (APD, allégement de la dette). Ils attendent beaucoup, eux, de la « communauté internationale » et des organisations multilatérales, comme du système des Nations unies, seul cadre où ils peuvent avoir un certain poids. Ils protestent contre l'alourdissement des conditions économiques et politiques dont les Occidentaux, et les organismes qui dépendent d'eux, assortissent leur aide.

Ils apprécient donc comme une aubaine l'intérêt nouveau des Chinois pour les matières premières en Afrique, les aides chinoises, le lancement de sommets Chine/Afrique, même s'ils savent que c'est à double tranchant. Ils réagissent de même à la vigilance nouvelle que les États-Unis manifestent envers le golfe de Guinée (création d'un commandement militaire spécial) ou à l'égard de la bande sahélienne transversale (lutte contre le terrorisme) ou encore aux projets d'autres investisseurs (pays du Golfe). La plupart des pays africains cherchent à s'insérer dans l'économie globale de marché pour en tirer parti, sans avoir pour cela à renoncer aux bénéfices des politiques d'aide et aux relations bilatérales anciennes avec les capitales européennes, mais sans être soumis par celles-ci à des conditionnalités politiques exigeantes, et tout en gardant la possibilité de laisser une partie de leur jeunesse la plus dynamique aller tenter sa chance en Europe. L'Union africaine, qui a succédé à l'Organisation de l'Unité Africaine, est le cadre d'une tentative d'harmonisation de ces aspirations contradictoires. Des organisations régionales ont été créées à l'Ouest et au Sud de l'Afrique. L'Europe moderne pense à l'Afrique en termes de partenariat. Mais un partenariat ne peut être élaboré seul.

> *L'Afrique veut s'insérer dans l'économie globale sans avoir à renoncer aux politiques d'aide*

Les principaux royaumes africains

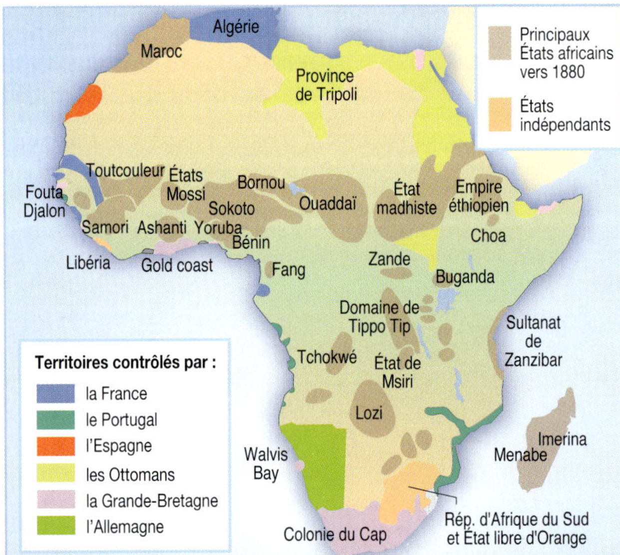

L'Afrique 1880-1885

134

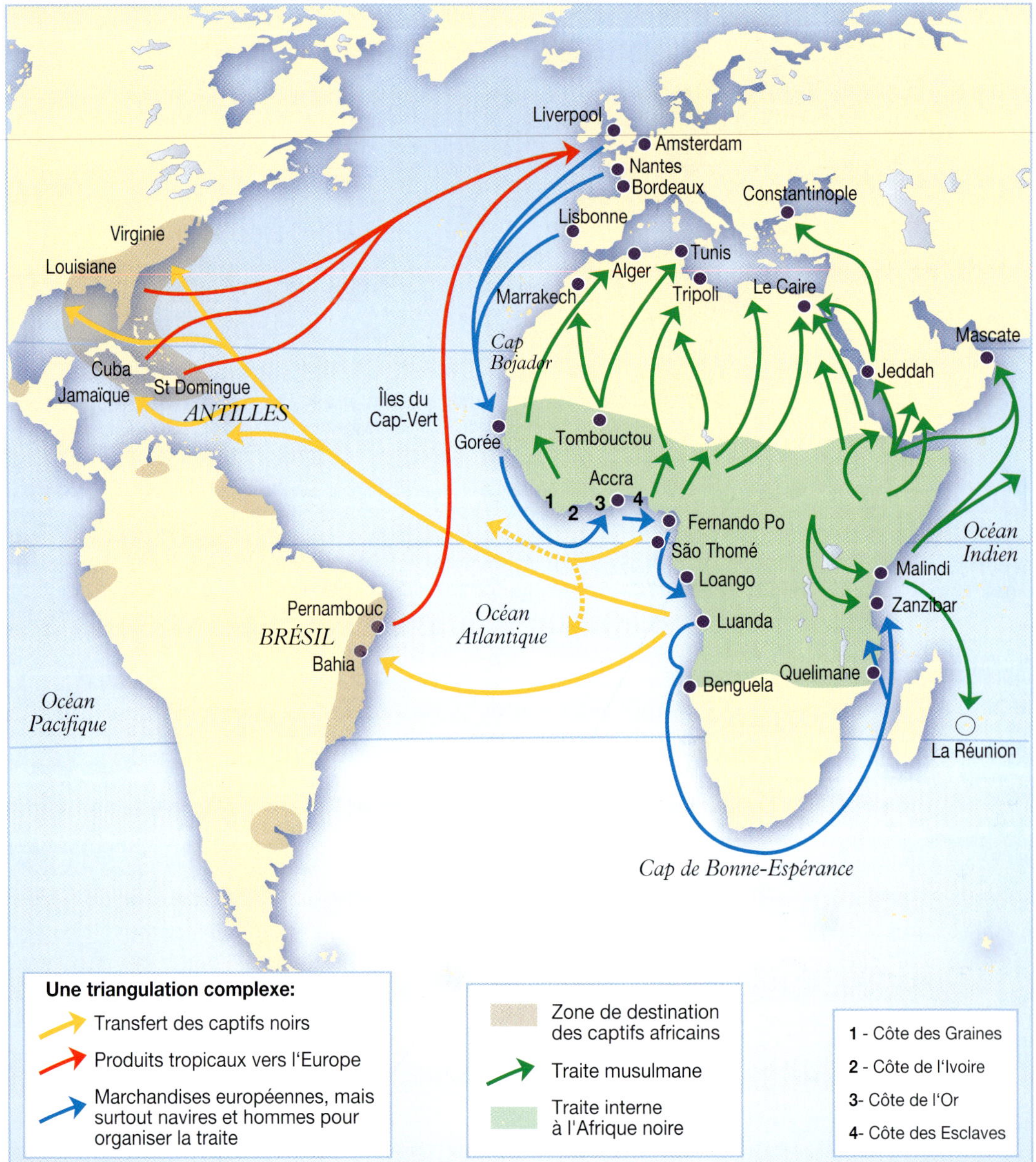

La traite des noirs (1450-1910)

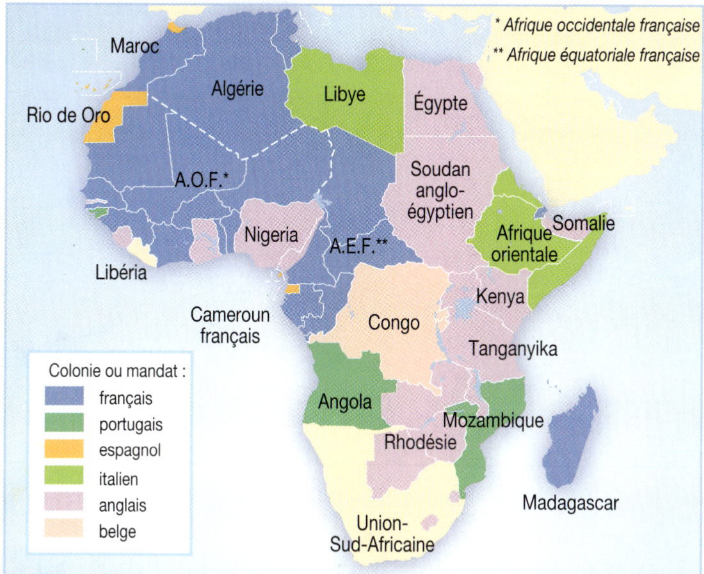

L'Afrique de 1922 à 1938

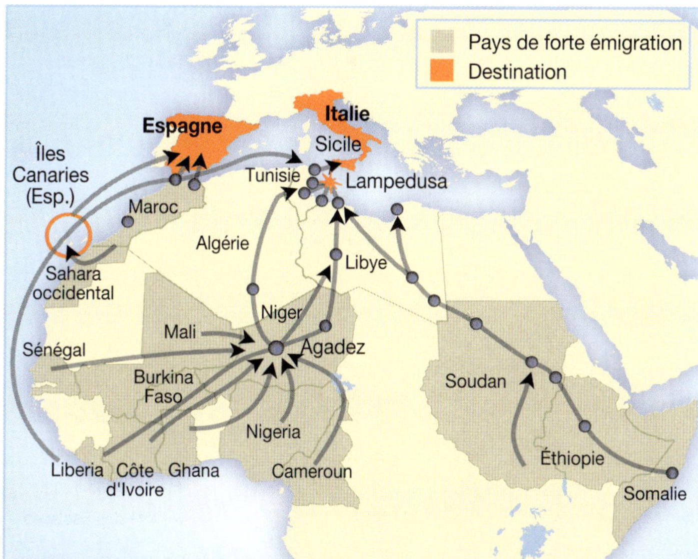

Filières de l'émigration subsaharienne, en 2010

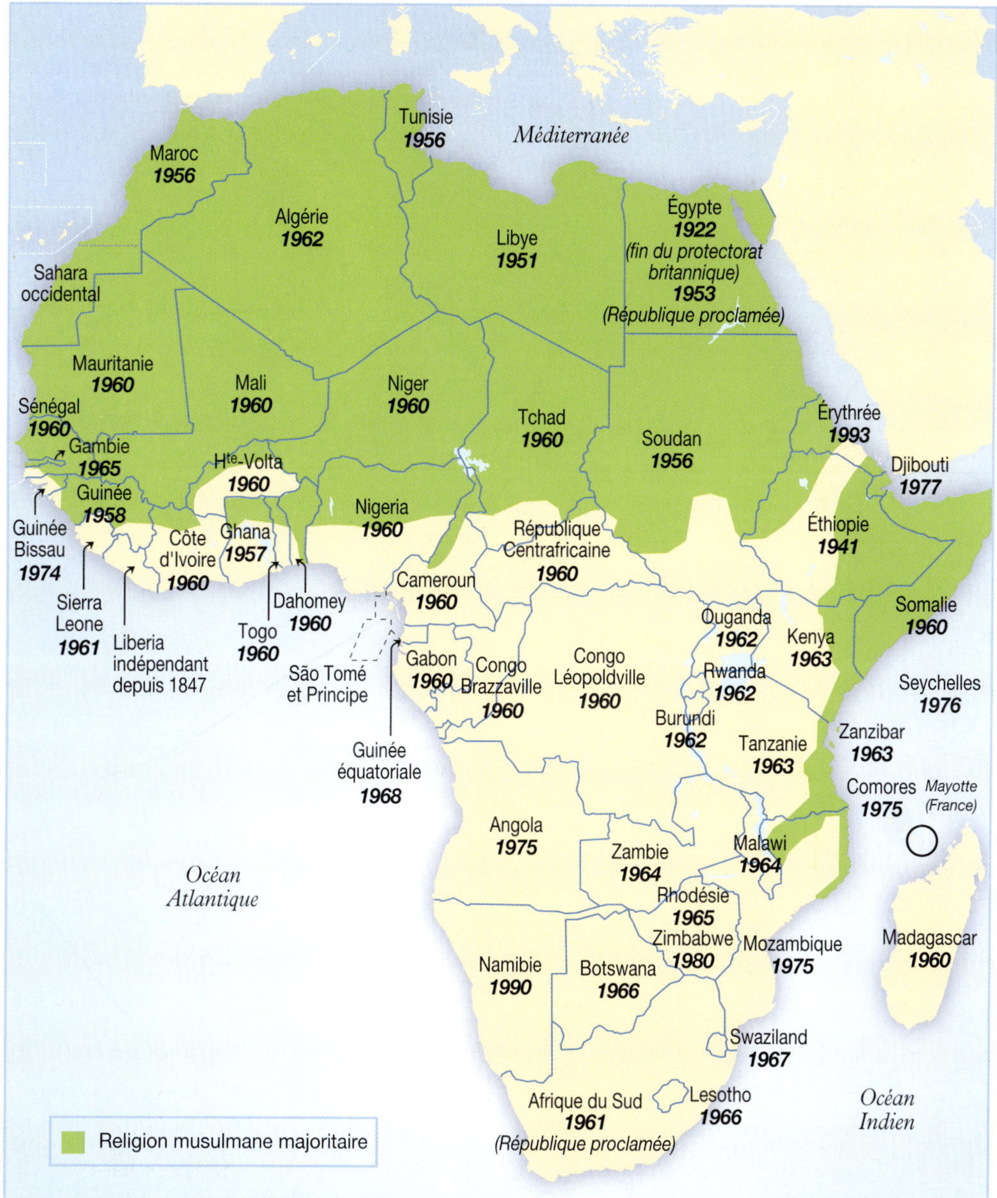

La décolonisation de l'Afrique et indépendance 1945-1993

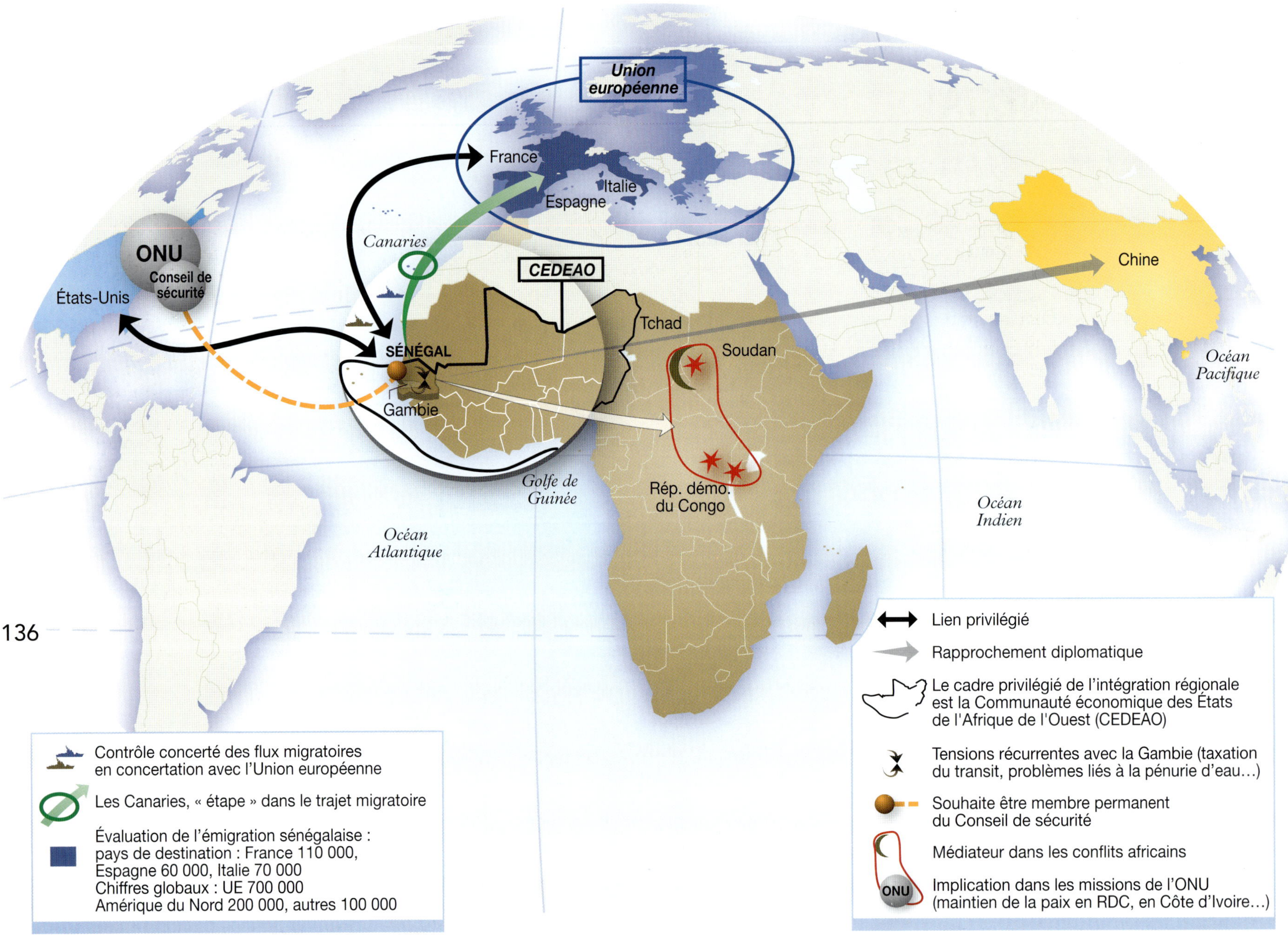
Union européenne
France
Italie
Espagne
Canaries
CEDEAO
ONU
Conseil de sécurité
États-Unis
SÉNÉGAL
Gambie
Tchad
Soudan
Chine
Océan Pacifique
Rép. démo. du Congo
Golfe de Guinée
Océan Atlantique
Océan Indien
Contrôle concerté des flux migratoires en concertation avec l'Union européenne
Les Canaries, « étape » dans le trajet migratoire
Évaluation de l'émigration sénégalaise : pays de destination : France 110 000, Espagne 60 000, Italie 70 000
Chiffres globaux : UE 700 000
Amérique du Nord 200 000, autres 100 000
Lien privilégié
Rapprochement diplomatique
Le cadre privilégié de l'intégration régionale est la Communauté économique des États de l'Afrique de l'Ouest (CEDEAO)
Tensions récurrentes avec la Gambie (taxation du transit, problèmes liés à la pénurie d'eau…)
Souhaite être membre permanent du Conseil de sécurité
Médiateur dans les conflits africains
ONU
Implication dans les missions de l'ONU (maintien de la paix en RDC, en Côte d'Ivoire…)

LE MONDE VU PAR...

LE SÉNÉGAL

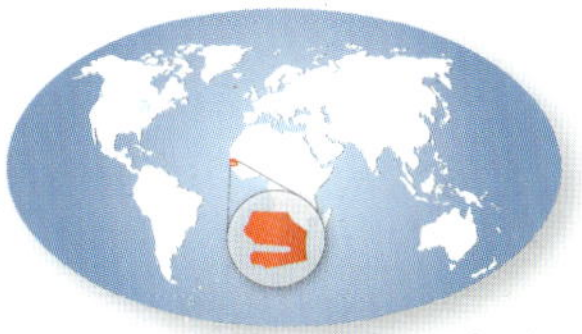

Dès 1659, la France établit un premier comptoir à Saint-Louis. Le pays est riche du commerce des esclaves, de l'ivoire et de l'or jusqu'au XIXe siècle. Lieu stratégique, le Sénégal est choisi comme centre du pouvoir colonial français en Afrique occidentale (AOF). Après l'indépendance, en 1960, la République sénégalaise connaît une stabilité institutionnelle et démocratique exemplaire. À la différence de ses voisins, le pays ne connaît ni coups d'États, ni gouvernements militaires ou autoritaires sous les présidences de Senghor et de Diouf. Après l'échec du parti socialiste en 2000, l'alternance confirme la solidité de la démocratie sénégalaise.

95 % de la population y est musulmane. Le pays ne connaît pas de tensions intercommunautaires ou interethniques et il n'y a jamais eu de guerre civile. Le conflit avec la région irrédentiste de Casamance a toujours été de très basse intensité. Il a pris fin en 2004. C'est une région riche, dotée d'un important potentiel hydraulique, et peuplée de Diolas, alors que les Wolofs sont majoritaires au Sénégal.

Grâce à sa bonne image, le Sénégal peut jouer un rôle en Afrique, à l'ONU comme au sein de la Francophonie, l'organisation internationale que préside son ancien président Abdu Diouf. En 2003, le président Wade a lancé, avec le président sud-africain Mbeki, un nouveau partenariat pour le développement de l'Afrique (NEPAD), premier plan de développement élaboré par les Africains. Le Sénégal est candidat au siège de membre permanent du Conseil de sécurité qui serait créé pour l'Afrique. Tout en restant très lié à la France, le Sénégal développe des relations aussi bien avec les États-Unis qu'avec la Chine. Sa diaspora est estimée à trois millions de personnes environ. Elle est extrêmement active et joue un rôle économique important.

> *L'ancienne colonie s'érige en modèle pour l'Afrique noire*

Pays pacifique, démocratique et socialement paisible, le Sénégal se voit reconnaître un rôle international supérieur à son poids effectif.

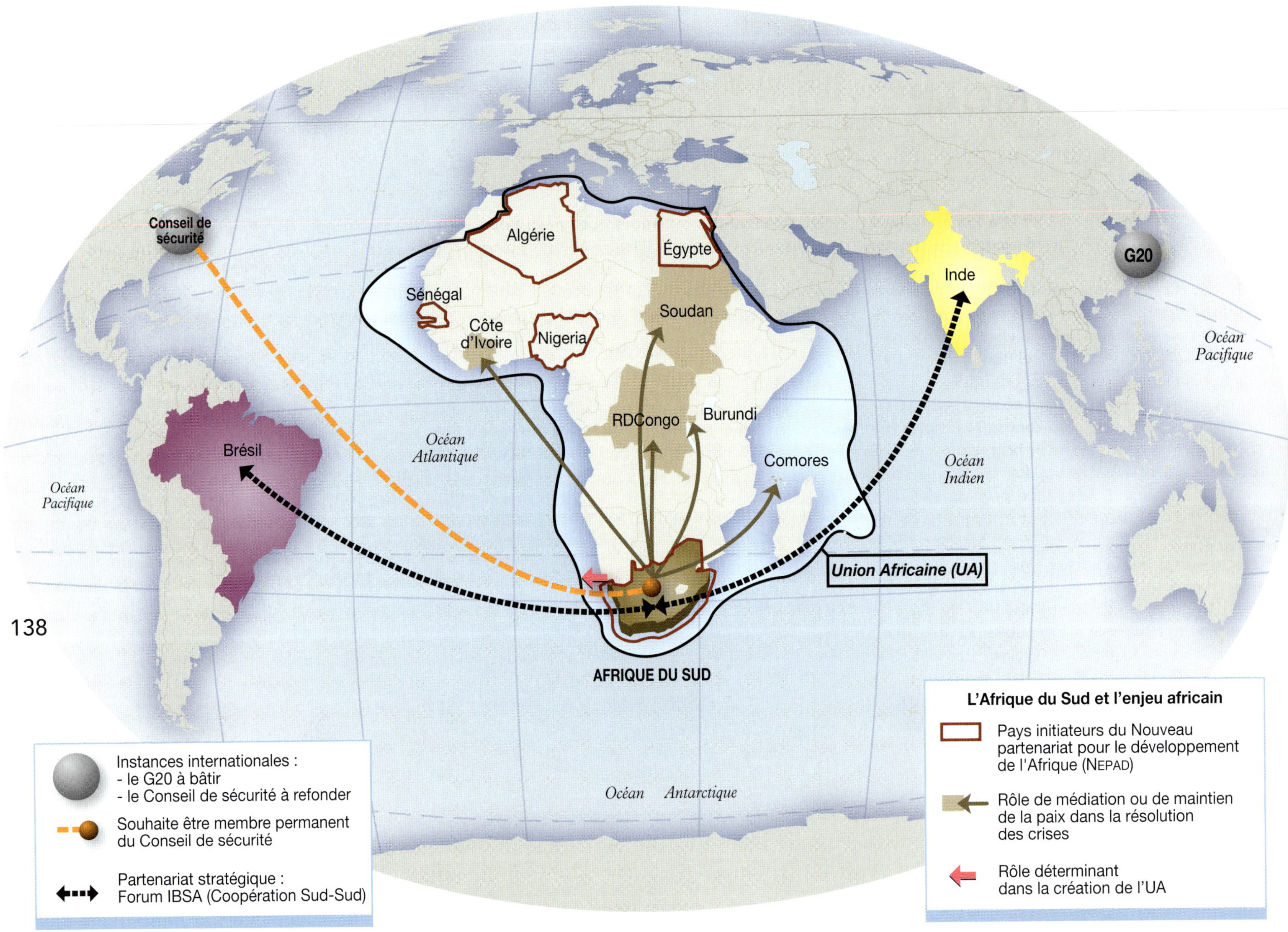
Conseil de sécurité
G20
Algérie
Égypte
Sénégal
Côte d'Ivoire
Nigeria
Soudan
Inde
Océan Pacifique
RDCongo
Burundi
Brésil
Océan Atlantique
Comores
Océan Indien
Océan Pacifique
Union Africaine (UA)
AFRIQUE DU SUD
Océan Antarctique
Instances internationales :
- le G20 à bâtir
- le Conseil de sécurité à refonder
Souhaite être membre permanent du Conseil de sécurité
Partenariat stratégique : Forum IBSA (Coopération Sud-Sud)
L'Afrique du Sud et l'enjeu africain
Pays initiateurs du Nouveau partenariat pour le développement de l'Afrique (NEPAD)
Rôle de médiation ou de maintien de la paix dans la résolution des crises
Rôle déterminant dans la création de l'UA

L'AFRIQUE DU SUD

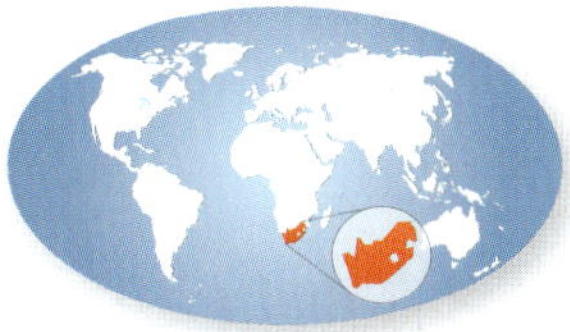

De 1948 à 1991, l'Afrique du Sud vécut sous le régime de l'*apartheid* ou « développement séparé ». Il s'agissait en fait d'un système de ségrégation raciale où la majorité noire ne disposait d'aucun droit et était dominée par la minorité blanche. Les relations entre blancs et noirs étaient interdites. Les indépendances africaines et la fin de la ségrégation raciale aux États-Unis dans les années 1960 firent de ce régime une anomalie historique inacceptable ; l'Afrique du Sud fut isolée et devint même un État « paria ». Le pays fut exclu du Commonwealth en 1961 et mis sous embargo de l'ONU à partir de 1977. Il était néanmoins considéré par les États-Unis comme un allié contre le communisme. Le durcissement des sanctions par les États-Unis, le lâchage sous l'impulsion de l'opinion publique, et notamment des Noirs américains, ainsi que la fin de la guerre froide privaient de toutes perspectives d'avenir l'Afrique du Sud en cas de maintien de l'*apartheid*. Une partie de la minorité blanche en prit conscience avec M. Deklerk et négocia avec l'ANC (African National Congres), pourtant illégal et dirigé par Nelson Mandela alors emprisonné. Le démantèlement de l'*apartheid* fut ainsi effectif en juin 1991. Le caractère négocié et paisible de son démantèlement et l'arrivée au pouvoir de Nelson Mandela, élu président en 1994, plus désireux de réconciliation que de vengeance, allaient donner une aura morale à l'Afrique du Sud à l'échelle mondiale. Nelson Mandela étant probablement l'homme politique le plus respecté au monde. Si l'apartheid a été démantelé, les inégalités sociales restent fortes.

> ***Riche et démocratique, l'Afrique du Sud se veut puissance régionale et modèle pour le Sud***

L'Afrique du Sud était enfin en mesure d'utiliser ses atouts, et notamment ses immenses richesses minières et sa base industrielle. L'économie sud-africaine représente 50 % du PNB de l'Afrique subsaharienne, et 90 % des internautes de cette région sont sud-africains, si l'apartheid a été démantelée, de profondes inégalités sociales demeurent. Candidate (comme le Nigeria) à un siège de membre permanent du Conseil de sécurité, l'Afrique du Sud se voit en leader régional africain et en puissance mondiale émergente. Elle s'implique dans différentes opérations de médiation et de maintien de la paix en Afrique où elle préférerait voir les puissances extérieures ne pas intervenir au niveau stratégique, même si elle peut s'accommoder de leur présence en cas d'extrême nécessité pour la stabilité du continent. L'Afrique du Sud entend être un exemple démocratique pour le continent ainsi qu'une locomotive économique. Elle se veut une des principales puissances du Sud, plaidant pour le multilatéralisme, le droit des peuples à disposer d'eux-mêmes et l'affirmation économique et stratégique des pays du Sud. Elle doit se réinventer un rôle post-démantèlement de l'*apartheid*.

table des

3

Les données globales 37

matières

4

Le monde vu par 67